上田正昭

「古代学」とは何か

展望と課題

藤原書店

「古代学」とは何か　目次

第Ⅱ部

＊　＊

「古代学」とは何か

展望と課題

序章　「古代学」の発展をめざして

1　文書と記録のありよう

古代史の研究は、差出人があって受取り人のいる文書や、日記・覚え書きのたぐいなどの記録によって、その考察がなされる場合が多い。しかしそれだけでは、古代の歴史や文化の実相をみきわめることはできない。なぜなら、文字を読み書きできる人びとのおよそは、大王（天皇）をはじめとする内廷（宮中）や外朝（府中）の官人や貴族・豪族層あるいは知識人層などに限られており、多くの被支配層の人びとは、文字を書いたり文字を読んだりすることはできなかった。文字に記された史料の多くは、支配者の立場にあった人びとによって使われた。したがってそこには支配層の立場から書かれたものが少なくない。民衆みずからが文字を使うようになる時代はかなり遅れる。

しかもそれらの文書や記録のなかに、かりに民衆の歴史や文化がみえていても、それはあくまでも支配層の立場から書きつづられたものがほとんどであって、民衆生活の実態がどこまで正しく述べられているか、疑問視せざるをえない場合が多い。

もとより文書や記録は、歴史や文化の研究にとって不可欠の史料である。ところがその文字使用の目的によって、その記述に誇張がなされたり、潤色や作為がなされたりする場合がある。その内容のどこが誇張であり、潤色や作為であるかを批判的に究明しなければならない。いわゆる文献批判が必要となる。

日本古典の文献批判を詳細に展開したすぐれた先学として有名なのは、津田左右吉《つだそうきち》博士である。昭和十五年（一九四〇）の二月に、発売禁止となった『古事記及び日本書紀の研究』・『古事記及び日本書紀の新研究』（岩波書店）ほか五冊のなかの、『古事記』・『日本書紀』にかんする研究は、本格的な『古事記』・『日本書紀』の批判的考察である。『古事記』・『日本書紀』のもとになったとみなされる、大王家・天皇家の系譜を中心とする『帝紀』、各氏族の伝承を主とする『本辞』（『旧辞』）がいつ成立したかを明らかにして、「欽明朝前後、即ち六世紀の中ごろに於いて」まとめられたとした。その研究は学界で高く評価されたが、私はそれよりは以前、五世紀の後半、具体的には雄略朝のころから六世紀のはじめの継体朝のころには原『帝紀』や原『本辞』がまとめられていたと考えているが（『日本の歴史2　大王の世紀』小学館。『私の日本古代史』上、新潮選書。『日本古代史をいかに学ぶか』新潮選書）、それにしても『古事記』・『日本書紀』の津田博士の文献批判は注目すべき研究であった。

ただし『古事記』や『日本書紀』における、のちの「追補」や「変改」については、津田博士は指摘されただけで、そのなかみを具体的に論究されなかったのは不充分であったといわざるをえない。

文書や記録を批判して使用することが不可欠であることを、津田史学を例として若干指摘したが、日本列島ではいつごろから文字が使用されるようになったのであろうか。その点については、「漢字文化の受容と展開」（『論究・古代史と東アジア』所収、岩波書店）で述べたが、重要な問題であるので、再説することにしよう。

日本列島における漢字の受容を物語る遺物には、銘文のある鏡・剣・大刀・墓碑・墓誌などのほかに、印・貨泉《かせん》・仏像銘・木簡・墨書土器などがある。

北九州の甕棺墓などから『楚辞《そじ》』系の詩句や吉祥句を鋳出した漢代の鏡が出土し、また「貨泉」の二字を鋳造した王莽《おうもう》の貨泉（銅銭）が長崎県対馬市豊玉のシゲノダン遺跡、福岡県志摩町御床松原《みとこまつばら》遺跡、同新町遺跡、山口県宇部市沖ノ山松原遺跡、大阪市東住吉区瓜破《うりわり》遺跡、京都府久美浜町函石浜《はこいしはま》遺跡などからみつかっている。沖ノ山松原遺跡の場合には、五銖銭と半両銭が百十六枚も甕のなかから検出された。

『後漢書』東夷伝倭人の条には、建武中元二年（五七）に、「倭奴国、奉貢朝賀す、使人自ら大夫と称す、倭国の極南界なり、光武賜ふに印綬を以てす」という有名な記事がある。天明四年（一七八四）に博多湾口の志賀島《しかのしま》から偶然に出土した「漢委奴国王」の金印は、この朝貢記事に対応する物証とみなされている。

これらの出土例から、日本列島の倭人たちが漢字文化とふれあったのは、現在のところ、弥生時代のころからであったと推測される。

弥生時代の遺跡から漢代の鏡や貨泉などの文字のある資料が出土していることはたしかだが、こうした文字資料の存在と文字の使用とを短絡的に結びつけるのは尚早であろう。この点で参考になるのが、鹿児島県種子島（種子町）の広田遺跡でみつかった「山」字をきざんだ貝符（貝札）である。広田遺跡は海岸砂丘に営まれた墓地の遺跡で、下層・中層・上層から多数の貝符類が出土しているが、弥生時代の終わりから古墳時代にかけての埋葬と考えられている上層から、「山」字をきざんだ貝符が出土した。貝符には装身具用のものと、副葬品としての葬具用のものとがあったと思われるが、上層から出土した貝符には身につけるための吊《つ》るし孔がなく、下層・中層出土の貝符の文様よりも簡単な文様になっている。これらの貝符は葬具用として作られたものであろう。この「山」字を、文字とみなすか非文字とするかで、意見がわかれているが、すでに指摘されているように、この「山」字は、後漢霊帝の光和六年（一八三）の白石神君碑《はくせきしんくん》の山の字（隷書体）と酷似する。私はこの「山」は文字と理解する方がよいと考えているが、しかし「山」字を文字としてきざまれているのか、まじない的意味の「呪字」としての「山」字としてきざまれているのか、そのありようは区別して論究する必要がある。貝符には呪符的・護符的要素をおびるものがあって、この「山」字は漢字の「山」と思われるが、呪符・護符としての「呪字」の「山」であったとみなす方が適当ではないか。これをなんらかのコミュニケーション的文字としてきざまれたものとは考えにくい（三重県嬉《うれし》野《の》町片部遺跡出土の「墨書」土器についての私見は後述参照）。

　ところで弥生時代後期の邪馬台国の段階のころの魏王朝との交渉の場合はどうであったか。『三国志』の『魏志（魏書）』東夷伝の倭人の条には、次のような記載がある。景初三年（二三九）の十二月、魏の明帝は邪馬台国の女王卑弥呼に対して「親魏倭王卑弥呼に制詔す」以下の有名な詔書を与えており、正始元年（二四〇）には、魏の使節梯儁《ていしゅん》らは「詔書・印綬を奉じて倭国に詣《いた》り、倭王に拝仮し幷《あわ》せて詔を齎《もた》らす」と記す。さらに「倭王使に因《よ》りて上表して詔恩に答謝す」と述べる。ここに「上表」と明記していることを軽視できない。

　当時の外交が「文書」の伝達を媒介としてなされていたことは「王、使を遣はして京都・帯方郡・諸韓国に詣り、及び郡（帯方郡使）の倭国に使するや、皆津に臨みて捜露し、文書を伝送し、賜遺の物は女王に詣《いた》らしめ、差錯するを得ず」とあるのにもうかがわれる。『魏志』の文には「倭王」が「上表」の主体であることを明記しており、その「上表」の文が邪馬台国女王の上表文であったことはまちがいない。使者を通じての「上表」であっても、その上表文はあくまでも邪馬台国女王の提出した「上表」の文であった。

当時の邪馬台国の外交関係者に渡来系の人びとが加わっていたことは充分に推測しうる。それらの人びとのなかには文字を理解し使用する人たちがあったと考える方が自然ではないか。

したがって正始八年（二四七）のころ、魏の使節張政らが派遣されて「因りて詔書・黄幢を齎らし、難升米に拝仮せしめ、檄《げき》をつくりて之を告諭」した、その「檄」とは檄文のたぐいを意味したと考えられる。戦乱のなかで檄文・檄書・檄召がだされた古例は多く、「檄」の本義は木札の文書であった。

文字の使用は、木簡・竹簡・金石文・漆紙文書あるいは墨書土器や墨書瓦のほかヘラ書きの遺物などによってもたしかめられるが、他方筆記具類の存在にもとづいて、その状況をうかがうことも必要である。

ここでは朝鮮半島における筆記具類の発掘成果を若干かえりみることにしよう。楽浪郡内において文書のたぐいが使用されていたことは、多くの印章や封泥が出土し、彩篋塚や楽浪第九号墳から硯が、また王光墓から長さ二・九センチの筆頭がみつかっているのにも察知される。さらに参考となるのは、韓国義昌郡東面茶戸里遺跡の茶戸里一号墓から出土した竹籠内の筆五点と漆鞘に入った鉄製の刀子である。

筆軸は黒漆木心で、筆毛が両側についており、筆軸の中間部と両端部にそれぞれ一つずつの小孔がある。両端部の小孔は筆毛の下端を糸で縛っている。これは挿入を容易にするためのものであり、中間部の小孔は、紐を通して書架などに吊り下げるためのものではないかと推定されている。筆の長さは約二十三センチ前後である。筆にともなってみつかった刀子は、柄の端に環頭をもつ片刃の刀子であった。

この筆については、漆器用の漆の塗り筆、化粧筆、はたまた絵画用の絵筆などの説もあるが、李健茂説のとおり、筆記用の筆と考えてよいのではないか。筆にともなってみつかった刀子は木簡などに書いた誤字を削る書刀（削刀）であり、後漢の王充《おうじゅう》（二七―一〇〇年？）の『論衡』などに「一尺之筆」とあるのに、茶戸里一号墓出土の筆の長さは相当する。

この一号墓の時期は紀元前一世紀後半とみなされているが、朝鮮半島南部ではすでに筆記用の筆が使用されていたことが推測される。北部九州から出土する鉄製素環頭刀子のなかには書刀として使用された可能性があり、弥生時代後期の遺跡から、今後の調査で筆記具類が出土する可能性は充分にあると予想している。

平成八年（一九九六）の一月、三重県一志《いちし》郡嬉野《うれしの》町の片部遺跡の第三次調査で検出された墨書土器の報道があって、注目をあつめた。堰3の流水路内から弥生時代末の土器や四世紀のはじめの土師器に「田」の字ではないかとみなされている「墨書」があって、俄然学界をはじめ多くの人びとの反響をよんだ。「田」字説については、「虫」字説あるいは「[illegible]（巫）」字説などもある。「田」とみなされている字の下の左右の「∟」・「┘」が書かれていないためだが、たとえば松江市八雲立つ風土記の丘地内の岡田山一号墳の円頭大刀銘文の「額田部臣」の「田」の字が「田」とされている例などもあって、この土師器を実見した私自身は、「田」の字の可能性が高いと思っている。

この土器は酒器のたぐいというが、光沢をおびた高さ七センチ、直径十二センチの「墨書」土師器は、まつりに用いたと考えられる土器群のひとつで、あるいは農耕のまつりなどに用いられたものかもしれない。奈良時代などの墨書土器には一字を書いた例が多いが、四世紀のはじめのころの、この土器の「墨書」は、種子島の広田遺跡の「山」字貝符と同じように、まつりのなかでの意味をもった「呪字」としての「田」字であったものではないかと考えている。平成九年（一九九七）の八月二十五日、片部遺跡の近くの貝蔵遺跡で、三世紀初頭とみなされている墨書土器四点が出土して注目をあつめた。文字の墨書ではないが、墨書がすでに行なわれていたことを物語る貴重な資料といえよう。

私が片部遺跡で実感したのは、この「墨書」土器が、他の土師器よりは光沢をおびていて祭具ではないかと推測したほかに、後述するように五世紀後半のころの金石文の記録者が、いわゆる「史部《ふひとべ》」系の人びとであったことにつながる要素もあるのではないかと考えたからである。象形文字の「史」は、祝詞を入れた器を枝につけて捧げた形に由来するといわれているが、神まつりなどのかかわりで、文字が使われる場合もあったはずである。

さきに朝鮮半島の筆記具類の若干を紹介したが、高句麗の壁画古墳のなかには、貴重な筆録者の姿が描かれている例がある。黄海南道安岳郡の安岳三号墳の壁画がそれである。墨書によって永和十三年（三五七）のころの築造であったことが判明するが、この古墳の被葬者と思われる人物のそばに、筆をもって記録にたずさわっている「文官」と思われる人がリアルに描かれている。日本風にいえば「史《ふひと》」にあたる人物と考えられる。

このように検討してくると、日本列島における文字の使用は、弥生時代の後期とりわけ三世紀のころからであって、渡来系の人びとがまず文字を用い、それがしだいにひろまって、須恵器のヘラ書き墨書の文字資料、さらに『万葉集』における防人《さきもり》の歌などへと民間にひろがっていったことがわかる。

それにしても、文書や記録のとりあつかいには批判的な考察が必要であり、とりわけ支配層による文字使用のありようには注意をおこたるわけにはいかない。

2　木簡と金石文の問題

文字関係資料には地中から出土する墨書のある木札のたぐい、すなわち木簡もあれば、金属器や石材などに文字を記した金石文や、瓦や土器などに文字を書いたものがある。これらの文字資料には比較的に史実を誇張したり虚偽の記述をしたりしたものは少ない。

木簡がはじめて注目を集めたのは、一九〇一年にスウェーデンの地理学者であり探険家であったスウェン・ヘディン（Sven Hedin）が新疆の楼蘭《ろうらん》遺跡で、魏晋代の木簡を発見したのがはじまりであった。日本では昭和三十六年（一九六一）に平城宮跡でみつかったのが最初である。

木簡によってあらたな史実の内容がたしかとなった例は近時においてもいくつかある。たとえば、持統天皇四年（六九〇）すなわち庚寅の年、六年ごとに作った戸籍の最初である「庚寅戸籍」の木簡が、平成二十四年（二〇一二）福岡県太宰府市の国分松本遺跡でみつかった。「国」の下に置かれた行政組織「郡」がまだ「評」とよばれていたことを物語ると共に筑前国嶋（福岡県糸島）地域の十六人が名記されていた。

大宝二年（七〇二）の戸籍としては、御野国味蜂間郡春部里戸籍・御野国本簀郡栗栖太里戸籍・御野国肩縣郡肩々里戸籍・御野国山方郡三井田里戸籍・御野国加毛郡半布里戸籍・筑前国嶋郡川

邊里戸籍・豊前国上三毛郡塔里戸籍・豊前国上三毛郡加目久也里戸籍・豊前国仲津郡丁里戸籍が正倉院に所蔵されているが、それらの戸籍には二つのタイプがあって、個人ごとに苗字と名をきっちりと書く西海道（九州型）と、戸主のみは苗字と名を書き、戸主の後は次に、次に、と名だけを書く御野（美濃型）とがあることがわかっている。正倉院の筑前国嶋郡の戸籍は西海道型であるのに、今回出土した筑前国嶋の木簡は御野型であり、「庚寅戸籍」と大宝二年の戸籍ではその書き方に違いのあったことがたしかめられた。そして「去」とか「附」とか住民の増減を示す文字があり、さらに「兵士」の文字があった。国家が各地の集落の人びとのなかから兵士を徴発してゆくプロセスを物語って興味深い。木簡としては異例に大きく、筑前国を統治していた役所かあるいは大宰府が保管していたのであろう。

　木簡のなかには歌を書いた歌木簡もある。歌木簡としてみつかった古いのは奈良県明日香村石神遺跡出土の〝朝なぎにきや（よ）る白波〟（『万葉集』一三九一）で、墨で書いた木簡ではなく、鋭利な刃物で刻んでいる刻字の十四文字である。平成十五年（二〇〇三）に出土した木簡だったが、万葉歌と判明したのは平成二十年であった。時代の古いのは平成十八年の九月に難波宮跡で出土した〝波留久佐乃波斯米之刀斯《はるくさのはじめのとし》〟の歌木簡で、この「波斯米之刀斯」はおそらく白雉元年（六五〇）と思われる。

　平成十九年の十月九日から京都府埋蔵文化財調査研究センターによる木津川市馬場南遺跡の発

掘調査がはじまって、翌年の六月二十七日に〝阿支波支乃之多波毛美□《あきはぎのしたはもみち》〟の万葉歌木簡（『万葉集』二二〇五）が検出された。その遺跡のそばには神雄寺という神仏習合の寺院があって、有意義な記念講演とシンポジウムが平成二十一年の八月十五日に開催された（『天平びとの華と祈り』柳原書店）。私見では馬場南遺跡での万葉歌木簡は出土状況が明確であり、手習いの習書歌木簡ではなく、神雄寺となんらかのかかわりをもつ万葉歌木簡と考えている。

平成二十年の五月、滋賀県甲賀市信楽町宮町遺跡でも歌木簡がみつかったが、それよりは十年ばかり前に出土していた木簡に歌が書かれていることが改めて確認された。この木簡は大変薄く、わずか一・二ミリで、何度も何度も削って使った木簡であった。そして木簡の表と裏には〝奈迩《なに》波ツ尓佐久夜己能波奈布由己母《はつにさくやこのはなふゆこも》〟と〝阿佐可夜麻加氣佐閇美由流夜真《あさかやまかげさへみゆるやま》〟の歌が書かれていた。前の歌は『古今和歌集』の「仮名序」が、應神朝に渡来した百済の王仁博士が詠んだとする〝難波津に咲くや木の花冬ごもり今は春べと咲くや木の花〟の上の句であり、後の歌は〝安積山影さへ見ゆる山の井の浅き心をわが思はなくに〟（『万葉集』三八〇七）のやはり上の句である。

『古今和歌集』の「仮名序」が、このふたうた（両歌）は、うたの「ち、は、」（父母）のやうにてぞ、てならふ人の、はじめにもしける」と述べて、仮名のつづけ書きを習う人は、この二首の歌をまずはじめに用いるのが常であったとするように、宮町遺跡出土の歌木簡は習書木簡のたぐいであろう。『論語』にかんする木簡などが徳島市観音寺遺跡から出土して注目を集めたが、歌木簡でもっとも多いのは〝難波津〟の歌である。

『古今集』の「仮名序」は前述したように應神朝に百済から倭国へ渡来した百済の王仁博士が詠んだ歌とするが、王仁博士の伝承については、「王仁伝承の虚実」（『古代日本のこころとかたち』所収、角川叢書）で詳述したので、ここでは簡単に述べることにするが、『古事記』や『日本書紀』はもとよりのこと、『懐風藻』の「序」に「王仁始めて蒙を軽島《かるしま》（應神朝）に導き」と記載し、また『古語拾遺』でも「軽島豊明の朝（應神朝）に至りて、百済王博士王仁を貢《たてまつ》る」などと述べるように、少なくとも七世紀後半から九世紀の段階に、儒教あるいは儒教の典籍をわが国（倭国）へ伝えた人物として百済の王仁博士の存在が知られていたことは明らかである。『日本霊異記』（『日本国現報善悪霊異記』）もその「序」で「原《たず》ぬるに夫《そ》れ、内経（仏典）外書（儒書）日本に伝はりて興り始めし代、凡そに二時あり。みな百済国より将《も》ち来る。軽島豊明宮御宇誉田《ほむた》天皇（應神天皇）の代に外書来り、磯城島金刺宮《しきしまかなさしのみや》御宇欽明天皇のみ代に内典来るなり」と記載するように、儒書が初めて應神朝に百済から招来されたとする伝承は、九世紀にも受け継がれていた。

したがって、天慶六年（九四三）に宮中で行なわれた『日本紀』（『日本書紀』）竟宴のおりにも、大内記の橘直幹《たちばなのなおもと》が、王仁をテーマに〝わたつみの千重のしら波こえてこそやしまの国にふみは伝ふれ〟と詠んだのである。

だが王仁博士の伝承の全てを短絡に史実とみなすわけにはいかない。「王仁」をワニとよんだことは、『古事記』が「和邇吉師《わにきし》」と書いているのに確かめられる。吉師は「吉士」、「吉之」なども表記し（新羅の官位十七階ではその十四階に吉士・吉次・吉之がある）、わが国では渡来系氏族の姓《かばね》の一つとなった。

ところで『古事記』によれば、百済の照古《しょうこ》（肖古）王が、牡馬壹匹・牝馬壹匹を阿知吉師《あちきし》につけて貢上し、次いで和邇吉師が渡来したことになるのが、『日本書紀』では王仁が渡来したときは百済の阿花《あか》王の代ということになって、両書の渡来の時期が必ずしも一致しているわけではない。そしてより大きな問題となるのは、『古事記』に和邇（王仁）が「論語十巻、千字文一巻」をもたらしたと記述することである。『論語』十巻とあるのは、二十巻（編）と矛盾するが、あるいはその前十巻（編）・後十巻（編）のいずれかを指すものかもしれない。

それよりも「千字文一巻」が問題である。『千字文』は梁の武帝が周興嗣《しゅうこうし》（四七〇？～五二一）に命じて編集させた文字習得のテキストであり、千字を集めた初級の教科書であった。いわゆる應神天皇の代よりは遅れた時代にできあがっており、王仁博士が渡来したとする時代には存在しない。

そこでさまざまな解釈がなされてきたが、本居宣長は、「千文字を此時に貢りしと云ことは、心得ず、此御代のころ、未《いまだ》此書世間に伝はるべき由なければばなり」と断じて、「されば、此は実には遥に後に渡参来たりけめども、其書重く用ひられて、殊に世間に普《あまね》く習誦《ならいよ》む書なりしからに、世には應神天皇の御世に、和邇吉師が持参来つるよしに、語伝へたりしなるべし」と妥当な見解を述べている（『古事記伝』）。

『千字文』の記述は本居宣長が指摘するとおりであって、百済から王仁博士が、『論語』はともかく『千字文』も持ち来たったとするわけにはいかない。このように、王仁渡来の伝承内容についてはなお検討すべき課題を残す。それなら『古今和歌集』の「仮名序」が、王仁博士の詠とした〝なにはづ〟の歌はどうであろうか。

『古今集』の「仮名序」にのべるとおり〝なにはづ（難波津）〟の歌が文字手習いの始めとして、古くから有名であったことは、たとえば『源氏物語』（若紫）に「まだ難波津をだにはかばかしう続けはべらざめれば、かひなくなむ」とあり、また謡曲「蘆刈《あしかり》」にも、「われらごときの、手習ふ始めなるべし」とあるのにも明らかである。

〝なにはづ〟の歌にかんする資料としては、現在のところ、奈良県山田寺跡から出土した奈良県斑鳩町中宮寺出土の七世紀ごろの瓦に「ツ《つ》尓《に》佐《さ》久《く》移《(や)》己《こ》」と刻まれた例や、奈良県桜井市山田寺跡から出土した七世紀後半の瓦のヘラ書きがもっとも古いが、奈良県明日香村石神遺跡から「奈尓波ツ尓（難波津に）佐児矢己乃波奈（咲くや木の花）」と墨書した手習いの木簡（習書木簡）が出土し、さらに徳島市国府町の観音寺遺跡からは「奈尓波ツ尓佐久矢己乃波奈」の習書木簡や、『論語』の一節を記した木簡が検出されている。これらの木簡は七世紀後半ごろのものとみなされているが、奈良県橿原市の藤原宮跡からは八世紀はじめの木簡と一緒に「奈尓皮ツ尓佐久矢己乃波奈」だけでなく「布由己母利（冬ごもり）伊真皮々留卩（部）止（今は春べと）」と木簡の右半分に書き、その左半分には「佐久」と記す木簡がみつかっている。

さらに平城宮跡からは〝なにはづ〟の歌や「九九八十一」と書いた習書の墨書土器（四点）が出土している。また「□（合カ）請請解謹解申事解□奈尓波津尓（表）佐久夜己乃波奈□□□」の上中文書の習書につづく〝なにはづ〟の歌の木簡もみつかっている。

法隆寺の五重塔初層の天井組子には「奈尓」や「奈尓波都尓佐久夜己」の落書があり、また平城宮出土土師器の皿の外面に「尓波都」、平城宮出土木製容器に「奈尓波」などの墨書があった。現時点では平成二十三年（二〇一一）の平安京左京三条一坊の藤原良相《よしみ》邸跡の発掘調査でみつかった檜扇に書かれた「奈尓波津」（九世紀後半）を加えて、時代的にはもっとも新しいのは、十世紀中頃以前の京都の醍醐寺五重塔の初層の天井板に書かれた墨書、富山県高岡市の東木津遺跡の九世紀の後半から十世紀の前半までのものまでである。

〝なにはづ〟の歌が書かれた時期としては七世紀から十世紀前半までにわたっており、地域は東は越中（富山県）から西は阿波（徳島県）にまたがり、木簡十八点・土器十二点・建築部材三点・瓦二点・檜扇一点を数える。

〝なにはづ〟の歌がなぜこのように多数を占めるのか。『古今和歌集』の「仮名序」がいうように手習いの歌の「ちちはは」であったのであれば、『万葉集』の〝安積山《あさかやま》〟の歌はまだ一例しか出土していない。〝なにはづ〟の歌に多くの人びとが親しみやすく、難波の津（港）のもってい た神まつりとのかかわりがあったかもしれない。難波は西日本の海上ルートの表玄関であり、孝徳朝・聖武朝の都であった。そしてわが国の国生み神話の舞台は大阪湾であり、『日本書紀』の欽明天皇元年九月の条にはわざわざ「難波祝津宮《はふりつのみや》」と書かれていた。それは神まつりと難波の津が関係があったからではないか。持統天皇五年（六九一）からはじまる即位の翌年の皇位継承のまつりである大嘗祭《だいじょうさい》の翌年に、天皇の御衣《ぎょい》を納めた箱をもって難波の津に勅使が下向し、大八洲の御霊《みたま》を御衣に付着する鎮魂の八十島《やそじま》祭を八世紀ごろから平安時代にかけて執行された形跡があるのもそれなりの理由がある。

いまは庚寅戸籍の木簡や万葉歌木簡あるいは百済の王仁博士の〝難波津〟の歌木簡などを中心に、木簡によってたしかとなった若干の例を紹介してきたが、金石文はどうであろうか。

金石文としては、昭和五十三年（一九七八）の九月、X線調査によって明らかになった埼玉県行田市の稲荷山古墳出土の百十五字の金象嵌の鉄剣銘文のように、金石文には正確な記述を内容とするものが多い。この銘文の「獲加多支鹵大王《わかたけるだいおう》」は雄略天皇であって、五世紀後半の王権の内容をたしかめるのに寄与する金石文であった。

しかし金石文だからというので、そのすべてを信頼するわけにはいかない場合もある。古代日本の金石文ではないが、高句麗の広開土王（好太王）陵碑は、長寿王の二年（四一四）に、先の王であった広開土王の功績をたたえるために建立された碑である。高さ六・三二メートルの四角柱の角礫凝灰岩の四面に文字を刻する貴重な資料である。一行四十一字で一面は十一行、二面は十行、三面は十四行、四面は九行にわたっており、その内容は三つの部分から構成されている。第一段には鄒牟（朱蒙・東明）王による建国神話と広開土王にいたるまでの由来、そして王の経歴と建碑の意義を簡潔にしるす。第二段には永楽五年（三九五）から永楽二十年（四一〇）までの広開土王をめぐる動静と武勲を編年的に述べる。第三段には守墓人・烟戸（墓を守る家）にかんする記述と守墓人をめぐるさだめを記載している。

従来の研究では、碑文の第二段の永楽五年からはじまって、永楽二十年にいた広開土王の動静と武勲を編年体で記した箇所の「百残（百済）・新羅、旧是れ属民にして、由来朝貢す。而るに倭、辛卯の年を以て、来りて海を渡り、百残を破り、□□新羅、以て臣民と為す。六年丙申を以て、王、躬ら水軍を率ゐ、残国を討滅す」の「而《しか》るに倭、辛卯の年を以て、来りて海を渡り、百残を破り、□□新羅、以て臣民と為す」の部分がとくに注目されてきた。

「辛卯の年」は三九一年で、碑文でいうと永楽元年にあたる（ただし『三国史記』では三九一年は広開土王の永楽元年の前年である故国壌王の八年となる）。この「辛卯年」の部分の読み方と解釈は、大韓民国や朝鮮民主主義人民共和国、そして日本や中国、台湾の研究者によってさまざまになされてきたが、日本の陸軍参謀本部は倭（大和朝廷）が辛卯の年に海を渡って、百済や新羅などを破って臣民としたとみなして大きな関心を示し、明治十七年（一八八四）当時参謀本部員であった酒匂景信《さこうかげのぶ》中尉によって「雙鉤《そうこう》加《か》墨《ぼく》本」（碑文の文字のまわりを縁どりして、墨を塗った拓本）が参謀本部に持ち帰られた。そして広開土王陵碑文の研究にとりくんだ。

なぜ陸軍参謀本部が広開土王陵碑を、熱心に検討したのか。それは「倭」が朝鮮半島の百済・新羅などを「臣民」にしたとする記述は、朝鮮半島を植民地化するのにきわめて好都合であったからである。

これまでの日本人研究者のなかには碑文の解釈において倭をなんの論証なしにヤマト朝廷としたり、あるいはこの碑文をよりどころに「任那日本府」の存在したことの確証としてきた人もいたが、全く拡張解釈のそしりをまぬがれない。「倭」の意味は、時期と史料・資料の性質によって、かならずしも一定してはいないし、碑文にいう「倭」の主体についてもあらためて吟味しなければならない。金石文だから史実として信用できるというわけにはいかぬ。一一四五年に高麗の金富軾がまとめた『三国史記』についても、文献批判が必要であるが、『三国史記』には、三九一年前後に、「倭」が百済に侵入したというような状況は物語られていない。三九七年から対倭関係の記事がみえるが、それは「王、倭国と好みを結ぶ」とするような友好的な外交関係を記す。新羅と倭の関係については、三九三年・四〇二年・四〇五年・四〇七年・四〇八年に「倭兵」・「倭人」との交戦のさまが記されており、その襲来がみえているが、しかし「倭」の「臣民」になったとする伝えはない。

百済の地域から日本系の遺物などが出土していることによって、「臣民」の傍証とするような説もあるが、文化の伝播をもってすぐに征服・被征服の関係におきかえることはできないし、それをもって「臣民」の内容とすることもできない。

さらに辛卯年（三九一）に高句麗が海を渡って百済を撃破したとする解釈や、高句麗が百済や新羅を破って臣民としたとみなす見解にも問題はのこる。それは文の構成と表現よりみて無理と思われるからである。辛卯年部分の前の段には「百残、新羅、旧是属民、由来朝貢」と「碑文」にあるとよまれている。つまりこの「碑文」では辛卯年以前に「百残や新羅は属民であって、由来朝貢してきた」として、「而倭以辛卯年」とつづく。もともと属民であったのに、それが倭の「臣民」になったので「以六年丙申王躬率水軍」（六年丙申（三九六）に広開土王みずからが水軍をひきいて）討つということになる。

いまもし、三九一年に高句麗が海を渡って百済を破って臣民にしたとか、あるいは高句麗が百済や新羅を破って臣民にしたとかというようによめば、広開土王は、もともと「属民」であって「由来朝貢」していた「百残、新羅」を破って、ふたたび「臣民」にしたとする文になる。

碑文自体の信憑性があらたな問題になろう。というのは、辛卯年を三九一年とし、その前の段にある「百残新羅旧是属民由来朝貢」をそれ以前のありさまとすると、百済が三九一年以前に高句麗の「属民」であった確証が必要になってくる。ところが『三国史記』にはその明証がない。むしろ高句麗の故国原王の代には百済に攻撃されて王は戦死し（三七一年）、つぎの小獣林王の代にも百済は平壌城に侵入し（三七七年）、広開土王の先王である故国壌王の代にも、百済は高句麗の都坤城を破るというありさまであった（三九〇年）。

碑文において「辛卯年」のみに、「六年丙申」、「八年戊戌」、「十年庚子」、「十四年甲辰」、「十七年丁未」というような、年次がついていないのも注目すべき点であろう。広開土王の顕彰碑であるという陵碑の性格からして、この辛卯年部分の前の段には「百残、新羅」が高句麗の「旧属民」であり、「由来朝貢」してきたことが強調されているといえよう。

すでに指摘されているように、いま考察してきた「百残新羅旧是属民由来朝貢而倭以辛卯年来渡海破百残□□□羅以為臣民」（B）の部分は、「永楽五年歳在乙未」ではじまる文（A）と、「以六年丙申王躬率水軍」ではじまる文（C）とのあいだに位置している。

すなわち「永楽五年歳は乙未に在り」（三九五年）と、「（永楽）六年丙申、王躬《みずから》水軍を率い」（三九六年）との文のあいだに、突如として元号年を付していない「辛卯年」にかんする文がはいっている。たしかに『三国史記』によっても、三九二年以後の記述においては高句麗が百済を攻撃した事情が述べられていて、そのかぎりでは碑の内容に対応するところがあるけれども、辛卯年部分については、文全体の構成からいっても問題があって、単純に史実とみなすことはできない。

金石文だからといって、その内容のすべてをただちに信頼できないひとつの例を、高句麗の広開土王陵碑文について考察してきた。これまでの研究では、あまり検討されていないが、第一段の鄒牟王による建国神話は重要であって、高句麗の建国神話が五世紀のはじめには存在していたことを、この碑文が物語っている。広開土王陵碑の建国神話が高句麗神話研究の定点になりうることをみのがすわけにはいかない（『私の日本古代史』上、新潮選書）。

3　遺跡の検証

文書や記録あるいは木簡や金石文などばかりによっても、日本古代史の実相をかなり明らかにすることができるけれども、それだけでは不十分である。それらのみで古代の日本の歴史や文化をすべてみきわめたとすることはできない。考古学の発掘成果に注目する必要がある。

文字を知らない人びとでも、どのような生活を営んでいたかは、遺物・遺構・遺跡の発掘調査によって知ることができる。また文書や記録に書きとどめられていない遺物・遺構・遺跡が検出されたり、文書や記録に断片的に記述されていても、その実体がわからないものもかなりある。

それらが考古学によって明らかになる場合も多い。

その場合、遺物も軽視できないが、より肝心なのは遺構であり遺跡であった。なぜなら遺物は持ち運びが可能であり、場合によっては加工することもできる。しかし遺構や遺跡は動かすことはできず、かりに小規模なものは移動できても、遺構や遺跡にあっては、その場所そのものに歴史的な意味があるからである。

西晋の陳寿が太康年間（二八〇―二八九）にまとめた『三国志』の『魏書（魏志）』東夷伝倭国の条『魏志倭人伝』には、魏の明帝が景初三年（二三九）の十二月、邪馬台国の女王卑弥呼に「詔」をだして「今、汝を以って親魏倭王となし金印紫綬を假し」たと明記している。その邪馬台国が九州の「ヤマト」にあったか、いわゆる畿内の「ヤマト」にあったか。『日本書紀』や『隋書』以来の邪馬台国や女王卑弥呼をめぐる論議が現在にいたるまでつづいている。

なぜ『日本書紀』や『隋書』以来と書いたかというと、養老四年（七二〇）の五月二十一日に「奏上」した『日本書紀』が神功皇后摂政の三十九年・四十年・四十三年の条に引用しているように、『日本書紀』は卑弥呼を神功皇后と対応する人物と考えていた可能性があるからである。

そして唐の魏徴が隋王朝の歴史を著わした『隋書』の東夷伝倭国の条（「隋書倭国伝」）は、「邪《や》靡堆《まと》に都す、則ち魏志の所謂邪馬台なり」と記して（唐の李延寿が編纂した『北史』は邪摩堆と書く）、開皇二十年（六〇〇）からの奈良県のヤマトにあった飛鳥朝廷との外交を具体的に述べるなかで、

『魏志』の邪馬台国に言及しているからである。

ところで、いまかりに「親魏倭王」の金印が、いわゆる畿内ヤマトから出土しても、畿内説の有力な遺物には違いないが、それで邪馬台国問題が決着したというわけにはいかない。北九州の邪馬台国の女王に与えられた金印が、なんらかの事情で畿内のヤマトに持参されたり、あるいは移動した可能性もあるからである。


遺構や遺跡がいかに重要であるかを、ここでは葛城氏の関係遺跡・朝鮮式山城・明日香村の飛鳥池の三つの場合をとりあげて考えてみることにしよう。ひとつは四世紀の後半から六世紀なかばのころまで、大豪族としてヤマト王権に重きをなした葛城氏関係の遺跡である。

『万葉集』二十巻の巻第一の冒頭に大泊瀬若武《おおはつせわかたける》天皇（雄略天皇）の「御製歌」とする〝籠《こ》もよみ籠持ち　掘串《ふぐし》（菜を掘るヘラ）もよ　み掘串もち　この岳に　菜摘ます児〟を置き、巻第二のはじめに「磐姫《いわのひめ》皇后」の歌とする〝君が行き　日《け》長くなりぬ　山尋ね　迎へか行かむ　待ちにか待たむ〟を位置づけているのは、『万葉集』編者らの歴史の画期にたいする認識を反映する。

『万葉集』巻第二のはじめに位置づける磐姫皇后は、仁徳天皇の大后であり、公家の位階・官職・姓名などを編集した『公卿補仁《くぎょうぶにん》』では武内宿禰の曾孫とする葛城襲津彦《かつらぎのそつひこ》の娘であった。そして履中・反正・允恭各天皇（大王）の母でもあった。

磐姫は奈良盆地の西南部葛城の地域を本拠として勢力を伸長してきた葛城氏の勢威を象徴する存在であり、石之日売（『記』）・磐之媛（『紀』）とも書く。

この磐姫が大きくクローズアップされたのは、藤原不比等と橘三千代の間に生まれた安宿媛《あすかべひめ》（光明子）が聖武天皇の夫人から皇后となったおりであった。それは神亀六年（七二九）の八月五日に年号を天平に改元し、同年八月十日に安宿媛を皇后としたさいに明らかである。

そもそも神亀という年号を天平と改元したのは、同年の六月二十日、河内国古市郡の人である賀茂小虫《かものこむし》が、亀の背に「天王貴平治百年」と書かれていたと称して、この「瑞亀」を献じたのにはじまる。古市郡は安宿媛の母の県犬養《あがたいぬかい》（橘）三千代の本貫があった郡であり、その名安宿は古市郡の安宿（飛鳥戸）郡の「安宿」に由来する。安宿郡は不比等の乳母田辺史《たなべのふひと》の娘の本拠地であり、そして「瑞亀」の献上をとりついだのは、当時京職《きょうしき》大夫従三位であった藤原麻呂（不比等の四男）であった。

こうして改元五日後の八月十日、安宿媛は皇后となる。そして、同年の八月二十四日には、立后を弁明した宣命がだされたのである。その宣命には、（1）即位してからすでに六年を経たが、この六年の間に慎重に択び試みて、藤原夫人を皇后とする、（2）わが祖母天皇（元明天皇）が安宿媛を朕に賜える日にいわれた言葉に、夫人の父である大臣（藤原不比等）の朕を補翼奉仕する出精ぶりは忘れがたいところであり、藤原夫人に過失がなければ見捨て顧みざることなかれとあった、（3）臣下の娘を皇后とするのは朕の時のみではなく、仁徳天皇は葛城曾豆比古《そつひこ》（襲津彦）の娘の伊波乃比売命を皇后とされた例があることが強調されていた。

前述の葛城襲津彦は『日本書紀』によれば朝鮮半島へ出兵して軍事や外交に活躍した人物として描かれ、そして『日本書紀』の神功皇后摂政六十二年の条には、『百済記』を引用して襲津彦を「沙至比跪《さちひこ》」と記し、壬午年《みずのえうま》（三八二）新羅征討に派遣されたと述べる。四世紀後半にはヤマト王権を支える有力氏族となり、仁徳天皇の大后に娘を擁立した。

奈良県御所市の秋津遺跡で、四世紀前半の大型建物跡がみつかった。幅約二十センチの溝で区画した跡が三つあって、掘立柱の大型建物跡（東西七メートル、南北一〇―一三・五メートル）が四棟あり、そのうちの三棟が最大の区画（南北五〇メートル、東西四八メートル以上）内に一列で検出された。襲津彦ゆかりの葛城氏の始祖にかかわりある大型建物に違いない。

葛城氏の勢力がたかまった背景には、朝鮮半島からの渡来の技術者の技術力があったと思われる。『日本書紀』の神功皇后摂政五年三月の条には襲津彦が漢人たちを連れて帰り、桑原・佐《さ》糜《び》・高宮・忍海《おしぬみ》の地に居住させたと記述する。そのいずれもが葛城氏の拠点に所在する。興味深いのは御所市の南郷・井戸・佐田・下茶屋・多田にひろがる南郷遺跡群では六つの遺跡で韓国に多くみられる大壁造りの建物が検出され、各所の工房で各種の金属製品や玉・ガラスなどが産された当時のハイテクタウンの要素をみいだすことができることである。

葛城襲津彦の孫玉田宿禰《たまだのすくね》の子とする葛城の都夫良意富美《つぶらおおみ》（『記』）が、『日本書紀』の履中天皇二年十月の条にみえる円大使主《つぶらのおおみ》であって、彼は雄略天皇元年三月の条には葛城円大臣とみえる。その娘韓媛は雄略天皇の妃になっているが、安康天皇三年八月には眉輪王・坂合黒彦皇子をかくまって、大泊瀬皇子（雄略天皇）によって居館を焼かれ焼死した。

『古事記』の仁徳天皇の条に磐媛が山代（山城）から那良（奈良）山の山口に到着した時に詠んだとするつぎの歌がのっている。

〝つぎねふや　山代河を　宮上り　我が上れば　あをによし　奈良を過ぎ　小楯　倭を過ぎ
我が見が欲し国は　葛城高宮　吾家のあたり〟

京都府南部の山代河（木津川）をさかのぼって奈良盆地の奈良山の入り口のあたりから、葛城の高宮郷を中心とする葛城氏の居館をはるかに眺め偲んだかもしれない。実際に御所市極楽寺のヒビキ遺跡は、金剛山の中腹、標高二四〇メートルにあって、東西五一・五メートル、南北二三・五メートルの敷地に二重の塀で囲まれた正方形の大型建物跡がみつかった。床面積一五メートル四方で二層（二階）建てで四面に庇があったという。焼土があったのもみのがせない。ここからは奈良山丘陵を眺望できる。

ヒビキ遺跡の北東約四〇〇メートルに標高三三五メートルの南郷安田遺跡がある。縁のある二層の建物で三重の柱列からなり、外側は桁行六間（一七メートル）×梁行六間（一六・五メートル）

の大型の掘立柱遺構であった。〝葛城高宮　吾家のあたり〟とよぶにふさわしい。ヒビキ遺跡といい、南郷安田遺跡といい、勢威を誇った葛城氏の居館跡であったと考えられる。葛城氏の首長の墓と考えてよい御所市室《むろ》の西北部に位置する室の大塚（全長二三八メートルの前方後円墳）すなわち宮山古墳からは、高さ一・二メートルの大型の家型埴輪が出土した。これらの遺跡や遺物に葛城氏のありし日を偲ぶ。

古代日本の歴史や文化を日本国内の状況だけから論ずるわけにはいかない。たえず東アジアの動向のなかで検討する必要がある。その史実を傍証するものに、日本国のなかに存在する朝鮮式山城がある。

永徽二年（六五一）に、唐の高宗は、百済王（義慈王）の遣使朝貢にたいして璽書《じしょ》（印を押した国書）を与えた。璽書には、その前年新羅の金春秋《きんしゅんじゅう》（後の太宗武烈王）の子である金法敏が遣使奉書したところをよりどころに、百済が兼併した新羅の城は本国（新羅）に返還し、新羅が百済から捕虜としたものは百済に返すべしと記載されていた。そしてさらに王（百済の義慈王）がもし指示に従わなければ、金法敏の要請によって王と決戦するにまかせようとするものであった（『旧唐書』東夷伝百済の条）。宋の司馬光がまとめた編年体の史書である『資治通鑑《しじつがん》』の「唐紀」（高宗上之上条）では唐の高宗が百済の王にたいして、「然らずんば、吾まさに兵を発して汝を討たむとす」と記載する。

『旧唐書』の前掲の条に記す璽書にはまた、百済の隣国高句麗王（宝蔵王）に約束せしむることとして、高句麗がもし高宗の命令を承知しなければ、シラ河と土河（老哈河《ラオハ》＝ムレン）の合流地点を本拠とする「契丹《きったん》諸蕃」を動員して侵入するとのただならぬ決意が付記されてもいた。唐の朝鮮三国にたいする政策のこのようなありように注目したい。百済にとっては、こうした新羅勢力支持を前提とする唐の朝鮮三国への干渉は、大きな脅威になった。

『三国史記』（百済本紀）には、義慈王十三年（六五三）の八月、義慈王が「倭国に好《よしみ》を通ず」と記述する。『日本書紀』によれば白雉二年（六五一）・白雉三年には百済使・新羅使があいついで「調」を貢し、「物」を献じている。六五一年の唐が新羅を授けて百済・高句麗を討つという政策を打ちだしていた情報は、百済側からも新羅側からも倭国に伝わっていたに違いない。

唐が新羅と連合して、百済を滅ぼし、ついで高句麗を打倒しようとする政策は、まず六六〇年の百済の滅亡として具体化する。

六六〇年の六月、唐の蘇定方《そていほう》は十万の軍を率いて百済へ向かうために、山東半島から船団をくんで海を渡った。新羅王金春秋は陸路百済へと軍を進め、唐は五万の軍をもって援軍し、熊津城（公州）、泗沘《しび》城（扶余）があいついで陥落し、百済の義慈王・王族や貴族は唐へ連れ去られた。

唐は熊津都督府をはじめ五つの都督府を設けて百済の統治をこころみたが、都督や各地の行政官人には在地豪族を任命した。結果として百済の遺民たちが百済の復興をめざすのには好都合となった。

六六〇年の十二月、唐は永徽《えいき》二年（六五二）の方針どおり、百済のつぎには高句麗を滅ぼすために、蘇定方らが大軍を率いて高句麗の王都長安（平壌）城へ向かった。百済の遺民はその間隙をねらって鬼室福信《きしつふくしん》や余自信《よじしん》らが百済遺民を率いて各地で抵抗をつづけることになる。

ヤマトの朝廷は斉明天皇六年（六六〇）の九月に百済滅亡の情報を入手、同年十月には福信の使者が救援を求め、舒明朝に「人質」として渡来していた王子豊璋《ほうしょう》を国王にするため帰国させるよう要請した。帰国する豊璋を倭の水軍百七十艘が援護し、豊璋が即位したのは六六二年の五月であった。

六六三年三月には、前将軍上毛野君稚子《かみつけぬのきみわかこ》・中将軍巨勢神崎臣訳語《こせかんざきのおみおさ》・後将軍阿倍引田臣比羅夫ら二万七千人が新羅を攻撃した。『日本書紀』は近江の「犬上君《いぬがみのきみ》馳せて兵事を高麗に告げて還る」と記しているが、倭軍は高句麗軍ともなんらかの連絡をしながら唐・新羅の連合軍に対峙したのであろう。

ところが、六六三年六月、再建されたばかりの百済王権で内紛がおこり、名将鬼室福信が豊璋の命によって殺された。この内紛が悲劇のはじまりであった。六六三年の八月二十七日には唐の水軍百七十艘が白村江（錦江）河口のあたりで倭の水軍を待ちうけて戦ったが、一時退却して好機をうかがい、二十八日再び会戦となったが、唐の水軍が倭の水軍を挟み撃ちにして、倭国の軍勢は大敗した。死者多数、四百艘が焼失した。この両日の戦いが、世にいわれる白村江の戦いである。

国王豊璋は白村江におもむいていたが、敗北するや高句麗へ逃亡、百済最後の拠点周留城（州柔《つぬ》城）も陥落した。最終的に百済の復興は達成できなかった。倭軍の兵力は約五万人におよび、その動員には西日本の豪族たちが数多く加わっていた。

前述したように百済を滅ぼした唐・新羅はつぎに高句麗の征討をめざす。唐に降服した百済王子扶余隆を熊津都督に任じて旧百済領の安定を計らしめ、新羅との和平を進めた。しかし倭国には百済の義慈王の王子の善光がおり、高句麗には逃亡した豊璋がいる。

唐と新羅は倭国の動向が気がかりである。六六三年五月、百済を平定した将軍劉仁願は、郭務《かくむ》悰《そう》らを倭国へ派遣した。京都相国寺の僧周鳳《しゅうほう》が著わした史書『善隣国宝記』所引の「海外国記」によると、「将軍の牒書」を持参させたという。おそらく唐・新羅への協力を要請したのであろう。しかし称制の天智天皇は唐皇帝の勅使にあらずとして直接に交渉することはなかった。

むしろ唐・新羅の侵入を警戒して、天智称制三年（六六四）には対馬・壱岐・筑紫などに防人《さきもり》を配置し、烽《とぶひ》（のろし台）を設けた。翌年九月唐の使節劉徳高が渡来、わが方からも守君大石《おおいわ》らを遣唐使として派遣した。唐への協力を示さざるをえなかったのであろう。

六六六年、唐の天子が天帝を祭る泰山封禅に、高句麗の宝蔵王は太子福男を入唐・参加させて和議の姿勢をみせたが（『三国史記』）、唐と対抗する高句麗の実力者泉蓋蘇文《せんがいそぶん》が急死した。そして長男の泉男生《だんせい》が後継者になったが、内紛がおこって弟の男建《だんけん》らによって追われ、国内城（吉林省集安市）におもむいて唐の救援を求めることとなった。唐の高宗がこの好機を逃すはずはない。高句麗征討軍が大攻勢をかけ、新羅軍がこれに呼応して六六八年九月ついに平壌城は陥落した。

こうして唐・新羅が倭国へ侵入してくる可能性がたかまった。六六四年のころには博多海岸にあった筑紫の大宰府を内陸部（太宰府市）へ移し、全長一・五キロ、高さ一三メートルの防塁と、博多湾側に幅六〇メートル・深さ四メートルの濠を構築した。いわゆる「水城《みずき》」がそれである。

国土防衛はそれのみにはとどまらない。逃げ城の性格をもつ朝鮮式山城をつぎつぎに造築していった。六六五年の八月、渡来した百済の官人答㶱春初《とうほんしゅんしょ》をして長門の城を、同じく憶礼福留《おくらいふくる》・四比福夫《しひふくぶ》をして筑紫に大野城・椽《き》（基肄《きい》）城を、翌年の十一月には大倭（大和）に高安城・讃岐に屋嶋城さらに対馬の金田城などを築城する。

九州から瀬戸内海周辺にかけて朝鮮式山城が現在までにおよそ三十ばかり確認されているが、伊予の永納山城・肥後の鞠智《きくち》城・備中の鬼《き》ノ城などは注目すべき朝鮮式山城である。とくに鞠智城では池ノ尾門跡・堀切門跡・深迫門跡・石垣・土塁などのほか貯水池跡・八角形建物跡を含む七十二棟の建物跡・八角形の鼓楼《ころう》跡がみつかっており、さらに百済系の青銅製の菩薩立像が検出されている。

鬼ノ城では門が四、水門が六、発掘調査で明らかとなり、食糧を蓄える倉庫のゾーン、駐屯した兵士の兵舎のゾーン、武器などを作った鍛冶の工房などがある工房のゾーンが明らかとなり、さらに管理棟や西門の左側では角楼の存在がたしかとなった。

発掘調査の成果によれば、その時期は七世紀後半から八世紀のはじめとされており、私見では「政の要《かなめ》は軍事なり」の詔をだした天武朝のころから築城がはじまって、文武朝のころに完成したと考えている。この段階では新羅よりも唐への警戒に重きがおかれていたといえよう。

朝鮮式山城が天智朝にすべてできあがったとみなす説もあるが、それは明らかに誤りである。

そして六六八年のころからは、唐と新羅との関係は同盟よりも対立へと変化していった。

高句麗滅亡後の遺民鉗牟岑《かんむこん》が、唐に反抗して安東都護府のある平壌を奪還しようとした。唐と同盟していた新羅がこれを支援して、鉗牟岑の擁立した高句麗の王族安勝《あんしょう》を、新羅の文武王が高句麗王に冊立した。同じころ（六七〇年）、新羅は唐の支配している百済に侵攻し、旧百済領の大半を占領する。さらに翌年には泗沘《しび》（扶余）を掌握して百済を制圧した。

六七〇年は唐にとっては、版図拡大の失敗の歳となった。チベットを支配していた吐蕃《とばん》が唐の西へ侵入した年が六七〇年であり、高句麗を統治していた唐の薛仁貴《せつじんき》が大軍を率いて吐蕃と戦ったが大敗を喫した。新羅による百済の支配も、その間隙をついたものであった。薛仁貴は新羅軍とも交戦したが、ここでも敗北した。

唐は倭国の征討よりも倭との同盟を求めてきたが、天智天皇は天智天皇十年（六七一）九月から病床につき、同年の十二月三日には崩御した。外交関係は、いつの世でも国益によって流動する。

六七四年に唐は新羅王の冊封官爵を剝奪した。そこで新羅王は謝罪して旧に復すというありさまであった。こうして六六九年の第六回遣唐使から七〇二年の第七回遣唐使までの三十三年ばかりの間、遣唐使の派遣は中絶した。この遣唐使中絶の期間に、日本国がもっとも頻繁に交渉したのは新羅であった。『日本書紀』によれば、新羅使は二十五回来日し（送使などは除く）、遣新羅使は十回新羅におもむいている。それらの記事をすべて信頼しうるか検討を要するが、このおり、新羅から貴重な「調」の貢進と海外の新知識が伝来したことは確かであり、「飛鳥浄御原令」や「大宝律令」の完成にも大きな影響をおよぼした（「古代の日本と新羅」、『有光教一先生白寿記念論叢』所収、高麗美術館研究所）。新羅は日本国に「朝貢」してその絆を強化し、唐の圧迫に対抗しようとし、日本の支配者層は新羅を「蕃国」視して、いわゆる日本版中華思想を強要したのである。

さらに例としてとりあげるのは、奈良県明日香村の飛鳥池遺跡から出土した、大量の富本銭をめぐる発掘成果である。富本銭については、『日本古代史をいかに学ぶか』（新潮選書）などでも言及したが、『日本書紀』の記述の内容を発掘調査によって、よりたしかなものとした代表的な好例であるから、再度紹介することにする。

飛鳥池遺跡は、崇峻天皇元年（五八八）から造営がはじまって推古天皇四年（五九六）に竣工した飛鳥寺の東南の谷あいに位置し、丁丑《ひのとうし》（天武天皇六年〈六七七〉）の木簡と共に出土した「天皇」木簡をはじめとする貴重な木簡が検出されたばかりでなく、金・銀・銅・鉄を素材として装飾品や仏具、工具や建築用金物あるいは武具など、さらにガラスや水晶・コハク・メノウなどの玉類を含むさまざまな製品を作った工房の存在がたしかめられた。谷の西奥に金・銀・ガラスの工房があり、谷の入口近くに鉄・銅・漆の工房があったことも明らかとなった。

とりわけ注目されるのは、富本銭の鋳型・鋳棹ばかりでなく、大量の富本銭が出土したことである。この富本銭が天武朝の鋳造銅貨であったことは、出土木簡やその地層からも推定できる。『日本書紀』の天武天皇十二年（六八三）四月十五日の条には、「今より以後、必ず銅銭を用ゐよ、銀銭を用ゐること莫《なか》れ」という天武天皇の詔が記されている。この詔にいう「銅銭」が、飛鳥池遺跡でみつかった富本銭に相当すると考えられる。

飛鳥池遺跡で富本銭が数多くみつかるまでに、平城京跡で三点、藤原京で一点、大阪市天王寺区の細工谷遺跡で一点などが出土していたけれども、これらの富本銭は、まじないに用いられた厭勝銭とみなされてきた。しかしこのたびの鋳型をともなう大量の富本銭によって、天武朝の銅銭であることがたしかとなった。

飛鳥池遺跡からの富本銭の出土にかんするマスコミの報道では、そのほとんどがわが国最初の貨幣とされたが、それは必ずしも正確ではない。なぜなら天武天皇十二年四月の詔にも述べられているとおり、すでに銀銭が用いられていたから、必ず銅銭を使用せよ、銀銭を使うなと命じたのである。通貨としてどこまで流通したかは疑問だが、いわゆる無文銀銭が存在した。無文銀銭は十七カ所でみつかり、その数は二百点を超える。天智天皇の創建と伝える近江の崇福寺の塔心礎から十二枚が出土していて、少なくとも天智朝には使用されていたことがわかる。

『日本書紀』の天武天皇十二年四月十五日の詔につづいて、四月十八日の条には、みのがすことのできない記事がある。「銀用ゐることを止むること莫れ」の詔がそれである。この詔は地金としての銀の流通は従来どおり認めたことを示す。和銅元年（七〇八）の五月、銅銭にさきだって和同銀銭が発行されたのも、地金としての銀の流通がさかんに行なわれていたことと関連する。和銅元年八月に和同銅銭が発行されたが、銀銭は流通しつづけて、養老五年・六年（七二一・七二二）のころから和同銅銭の流通が増大した。

富本銭が通貨としてどれくらい流通したかは、貨幣として富本銭が鋳造されたこととは別の問題である。銅銭として富本銭が発行されたことはたしかと思われるが、実際にはあまり流通しなかったのではないか。なぜならあまりにも出土例が少ないからである。富本銭発見の報道のあと、長野県下伊那郡高森町下市田の武陵地第一号墳から、明治末期にみつかったと伝える富本銭一点、群馬県藤岡市の上栗須《かみくりす》遺跡で一九九五年に出土した一点、さらに長野県飯田市の高岡・新井原古墳で、明治～昭和初期にみつかったという富本銭が確認されたが、これらを加えても、出土地の範囲は限られている。

長野県（信濃）の場合は、『日本書紀』の天武天皇十三年二月の条に、三野王らを信濃に派遣して地形を調査させ、同十四年十月の条に軽部朝臣足瀬らが信濃に行宮を造ったと述べているのが参考になる。あるいは飛鳥の都から派遣された官人らを媒体に信濃へ伝えられたものかもしれない。

現実には頴稲《えいとう》と布が銭貨にかわる機能をはたしていた。しかし大宝元年（七〇一）の大宝律に銭貨の私鋳が禁じられているのをみても、和同開珎発行以前に、富本銭などが貨幣としての意味をもっていたことを軽視するわけにはいかない。

私が注目してきたのは、この銅貨の名称の「富本」である。富本の思想は古代中国にあって、たとえば後漢の班固が編集した『漢書』の食貨志に、「食足り貨通じ、然る後に国實り、民富む」と記載するように、食物の充足と貨幣の流通は、「富民の本」とする中国為政者の理念のひとつであった。唐の欧陽詢が編纂した『芸文類聚』（巻六十六、産業部下）に後漢の名将馬援が、光武帝に五銖銭の再鋳を進言したおり、「富民の本は食貨に在り」と奏したと述べるのも、この富本思想の反映である。

この富本の思想がわが国にも受容されていたことは、霊亀元年（七一五）十月の元正天皇の詔に、「国家の隆泰は、民を富すに在り、民を富ます本は、務《つと》めて、食貨に従《よ》る」とあるのをみてもわかる（『続日本紀』）。

これまで『日本書紀』の天武天皇十二年四月十五日の条の「今より以後、必ず銅銭を用ゐよ、銀銭を用ゐること莫れ」という語の内容はわからず、これは和同開珎に先立つ「古和銅銭」などと、きわめてあいまいに理解されていたのが、飛鳥池遺跡の工房跡と大量の富本銭の鋳造にかんする遺物によって、わが国最初の銅貨である富本銭が、この詔の「銅銭」であったことがはっきりしたのである。考古学の発掘成果が、史料のなかみを正確にした好例であった。

4　民間伝承の活用

考古学の研究成果ばかりではない。民俗学はもとよりのこと、国語学・言語学さらに歴史地理学などによる調査の結果にも学ばなければならない。民俗学は民間伝承を通して生活文化の変遷の跡をたどり、それぞれの民族文化を明らかにする学問だが、日本民俗学は柳田國男や折口信夫をはじめとする先学によって大きく前進した。

民間伝承には、口から耳へ、耳から口へと語りつがれる口頭伝承もあれば、年中行事や民間信仰あるいは民俗芸能など、さまざまな分野にまたがった内容によってうけつがれてきた。

日本古代史の研究にとっては、そのいずれもが不可欠だが、ここでは口頭伝承としての神話・伝説・昔話を中心とする私見を述べることにしよう。なぜなら研究者によってそれぞれの定義が異なる場合が少なくないからである。

まず神話について考えることにしよう。神話という文字やことばが、日本で用いられるようになったのは、明治になってからである。それもそのはずであった。神話や神話学という文字とことばじたいが、英語のMyth、Mythologyやドイツ語のMythe、Mythologieなどの訳語として使われるようになったものだからである。したがって神話とは何かを考えようとするときには、Myth、Mythe、Mythus、Mythosのもとになったギリシア語のミュートスがいつも問題になる。また神話学とは何かを論じるときには、いきおい十八世紀以降のヨーロッパで本格的となった神話学の歩みをふりかえる必要に迫られる。

すでに指摘されているように、ミュートスの意味するところは、人間生活のなかで生じたことや生ずる定めになっていることについて語られたことばであった。考えられた説得的なことばの世界が、ロゴスの世界であるというなら、「頭の中で考えられた事柄にかかわる言葉では決してなく、この世のはじめにおける神と人との聖なるできごとにかかわる言葉」の世界が、ミュートスの世界であったというべきであろう(『日本神話』岩波新書)。

私は「神話」という訳語じたいが必ずしも正確でなく、「古典」の言葉や用例からすれば「カムカタリ」(神語)と訳すべきであったのではないかと思っている。

それなら、訳語としての「神話」以前の、古代日本の文字やことばとして、神と人間との間のできごとを表現した、権威あるミュートス的な世界は、どのようにいわれ、どのように訳されたのであろうか。それに近いものに「神語」がある。「神語」という用語は、『日本書紀』の皇極天皇二年(六四三)二月や、翌三年六月・七月の条などにみえている。

このばあいの「神語」の意味は、はたしてどのようなものであったろうか。皇極二年二月と三年六月の記事には重複があるが、つぎのようにのべられている。「国の内の巫覡(男女の呪術者)ら、枝葉を折り取りて、木綿を懸掛《しでか》けて、大臣の橋を渡る時を伺《うかがひ》候ひて、争ひて神語の入微(神秘的で微妙)なる説を陳《の》ぶ」というのがそれである。「入微」という文句は、梁の昭明太子が編集した詩文集である『文選』班固の幽通賦にもみえていて、その文に文飾のあったことは否定できない。けれども、この文にいう「神語」の表現は日本独自のものであって、神託ないし神言の意味がこめられていた。しかもその伝達者は男女の巫覡であった。枝葉と木綿の採り物やよそおいをもって、その微妙なることばを伝えたというのである。

この「大臣」は蘇我蝦夷で、国学者谷川士清《ことすが》の『日本書紀通釈』は、蘇我大臣が大和(奈良県）の葛城の高宮に詣でるために葛城川の支流である広瀬川の橋を渡った時のできごとと解釈している。その解釈の当否はともかく、この「神語」もまた神聖な時間と空間のなかで語られる言葉を本質とし、その神託が神まつりの場を媒体とする行為のなかで伝えられたことを示す。「神語」のにない手が巫覡であったことを物語るこのエピソードは、かなり興味深い。

皇極天皇三年七月の「神語」のばあいもそうである。これは常世神《とこよのかみ》（ここでは不老不死の神）のまつりに関連して物語られる説話にみえている。「巫覡ら、遂にあざむきて、神語に託せて（神の託宣として）曰はく『常世の神を祭らば、貧しき人は富を致し、老いたる人は還《かえ》りて少《わか》ゆ』といふ」。この「神語」は、明らかに神託にひとしい意味で使われており、その託宣をしたのはやはり東国の巫覡らであった。カムガタリ、それは日本神話の古い面影を浮き彫りにする古代日本のことばであった。

神話は非日常のマツリのハレ（晴）の場で語られる聖なる言葉であり、その内容がいかに不合理なカタリの場合であっても、語る人と聴く人にとっては信ずべきあるいは信じている神聖性と信仰性に裏づけられていた。

それに対して伝説や昔話、笑話や世間話は日常生活のケ（褻）の場におけるカタリであって、神話とはおもむきを異にする。伝説 legend と昔話 folktale はしばしば混同して用いられるが、そのありようは全く異なる。

伝説と昔話との相違について、注目すべき指摘をしたのは柳田國男であって、柳田は『口承文芸史考』(『定本柳田國男集』第六巻所収、筑摩書房)のなかで伝説と昔話の違いについて、つぎのように指摘している。

「(イ)一方(伝説)は是を信ずる者があり、他方(昔話)には一人も無いこと、(ロ)片方(伝説)は必ず一つの村里に定着して居るに對して、こちら(昔話)は如何なる場合にも「昔々或處に」であること、(ハ)次には昔話には型があり文句があつて、それを變へると間違ひであるに反して、傳説にはきまつた様式が無く、告げたい人の都合で長くも短かくもなし得るといふこと」

この柳田説はおおむねそのとおりであるといってよい。伝説はかつての祖先たちが体験したできごととして語られ、必ずそれぞれの地域の池・川・巨木・石・井戸など、モノにかかわって語られる。私はこれを伝説の体験性と即物性と規定している。ところが昔話は必ず「昔々或所に」から語られ、何々川・何々山というような具体的な場所は語られず、昔話の登場人物の多くは吉備太郎とか吉備花子とかというような固有名詞をもたない。「昔々あるところにおじいさんとおばあさんが住んでいました。川から桃が流れてきました」という「桃太郎」の昔話ひとつをとりあげても、具体的な場所や固有名詞は登場しない。そして伝説のようにそれぞれの地域のモノにそくして語られ、時には何年何月何日というような年次さえはっきりしている。その語りは多様であって、語りそのものにきまった様式はない。それに対して、昔話にはきまった型があって、語る人によって長くも短くもすることは許されない。そしてその昔話の中間、とくに重々しい部分には「とさ」とか「げな」などという言葉をそえて、語る人が「自分はそのように聴いている」という。さらに最後は「であったとさ」とか「それもそれっきり」・「そればっかり」、あるいは、地域の言葉で「トウビント」などと語りの終りを告げる。昔話は非特定性を特色とし、変えられない型があって、われらの祖先の夢や教訓が語られ、話の内容はすべて過去のできごとであったと客観視される。伝説は史実として信じられやすいのに対して、昔話はいわゆる昔語りとして伝えられてきた。

昔話については主人公の生い立ちを以てはじまり、あらゆる危難や障害を乗り越えて大事業を成しとげ、幸福な結婚生活に入る非凡な人物の説話あるいは一門の始祖の由来を説く完形（本格）の昔話と、ある一事件あるいは一人の若干の業績をその主題にした派生の昔話とに分類する説が有力である。

こうした神話や伝説あるいは昔話などの考察も日本古代史の研究に欠かすわけにはいかない。とりわけ伝説には地名の由来を語るものが多く、古代の地名研究の手がかりとなる。

さきに国語学や言語学の研究についても、学ぶ必要があることを述べたが、たとえば「天皇」を、『古事記』や『日本書紀』をはじめとする日本の古典の古訓が、なぜ「スメラミコト」と訓《よ》んでいるかという問題も、国語学や言語学についての知識がなければ理解することはできない。

このスメは「統《す》べ」ではなく、モンゴル語で最高の山とするsumelと同源の言葉で、至高を意味する。すなわち至高なる神のミコトモチ（命令の伝達者）が「スメラミコト」であった。

飛鳥池遺跡から「丁丑《ひのとうし》」（天武天皇六年〈六七七〉）の木簡と共に、あざやかに「天皇」と墨書した木簡が出土したので、天武朝には「天皇」号が使われていたことがたしかとなった。

天武朝に具体化して持統朝に施行された「飛鳥浄御原令」には「詔書」に天皇を用いることが記されていたにちがいない。

大宝元年（七〇一）にできて翌年から施行された、「大宝令」の「公式令《くしきりょう》」の「詔書式」について、「大宝令」の註釈書ともいうべき『古記』（天平十年〈七三八〉成立）には、「明神御宇日本天皇詔旨」は大事を「隣国（唐）・蕃国（新羅・渤海など）に対して詔するの辞」としながらも、「隣国（唐）に通ずるは別に勘《かんがう》べし」と解釈している。

「大宝令」にみえる「隣国」は唐であって、唐の皇帝にだした詔書については、別に検討すると『古記』は書いている。どのような国書が中国にだされたか、たしかな史料がないので推定するしかないが、玄宗皇帝の時の宰相であった張九齢の文集『唐丞相曲江張先生文集』が残されていて、その巻十二にはつぎのような示唆を与える玄宗皇帝の「勅書」がある。

これは天平五年（七三三）に派遣された遣唐副使中臣《なかとみの》名代《なしろ》が帰国するさいに唐の玄宗皇帝が与

えた勅書で、張九齢が起草した（西嶋定生『日本歴史の国際関係』東京大学出版会）。その「勅書」の冒頭には「勅日本国王主明楽美御徳《すめらみこと》」と書かれていた。この「勅書」は日本の天皇の国書に対する返書であって、唐王朝が周辺の国々に与えた「勅書」はすべて国名・称号の順で書かれているから、日本の天皇の国書には「日本国王主明楽美御徳」と記載されていた可能性が濃厚である。「スメラミコト」の称号は国内ばかりでなく、中国王朝においても使われていたことがわかる。

　歴史地理学も日本古代史の解明に役立つ場合がある。そのよい例をいわゆる『魏志倭人伝』の描く邪馬台国の位置をめぐって顧みることにしよう。

『三国志』の『魏書』東夷伝倭人の条は、二千字ばかりだが、東夷伝のなかでは詳しい方に属する。その文はおよそ三つの部分から構成されている。

（1）方位・里数・日程・戸数・官名・国名などの記事。「倭人は帯方の東南大海の中に在り」から「其の道里を計るに、当《まさ》に会稽の東冶《とうや》の東に在るべし」まで。

（2）倭人の風俗の記事。「其の風俗淫《いん》（みだら）ならず」から「倭の地を参問するに、海中洲島の上に絶在し、或は絶え或は連なり、周旋五千余里可《ばか》りなり」まで。

（3）外交記事。「景初二（三の誤り）年六月、倭の女王、大夫難升米等を遣はし郡に詣《いた》り、天子に詣りて朝献せんことを求む」から最後の「因《よ》つて台《たい》（洛陽）に詣り、男女生口三十人を献上し、白珠五千孔、青大勾珠二枚、異文雑錦二十匹を貢す」まで、である。

邪馬台国がどこにあったかについては、主として（1）の方位・里数・日程などの記述をめぐっての解釈からいわゆる畿内説・いわゆる九州説などに分かれてくる。すなわち朝鮮半島南部の狗邪韓国→（千余里）→対馬国→（千余里）→一大（壱岐）国→（千余里）→末盧国→（東南陸行五百里）→伊都国→（東行百里）→不弥国→（南水行二十日）→投馬国→（南水行十日陸行一月）→邪馬台国という、方位・里数・日数を書く記事をどう読むかが問題となる。

この里は魏晋尺の短里（一里＝約四三五メートル）だが、この記載のとおり連続して読んでゆくと、邪馬台国は九州南方海上に没してしまう。そこで古くからさまざまな解釈がなされてきた。九州説でいえば、たとえば榎一雄《えのきかずお》東京大学教授の説のように、伊都国につくまでの行程記事は、方位・距離を示してつぎに国名の順で記すのに、伊都国からは方位・国名・距離の順で書いていることに注目して、伊都国以後の行程記事は伊都国から奴国、伊都国から不弥国、伊都国から投馬国、伊都国から邪馬台国というように、伊都国を起点に読むと邪馬台国は北部九州に近づく。そして「水行十日陸行一月」も連続して読むべきではなく、「水行スレバ十日、陸行スレバ一月」と読んで「水行十日＝陸行一月」と解釈したり、あるいは「陸行一月」は「陸行一日」の誤写とする読み方まで登場する。

畿内説では、たとえば同志社大学の教授であった三品彰英説のように『三国志』の『魏書』を参照した『後漢書』（東夷伝倭人の条）が「女王国より東、海を度（渡）ること千余里、狗奴国に至る」と書くとおり、邪馬台国を東方に求めており、この文は明らかに倭地を東西に長く連なっていたとする認識を物語っているとする。そして『後漢書』が奴国を「倭国の極南界なり」とするのも、邪馬台国を九州に求めていないあかしとする。『三国志』の原本は残っておらず、古写本に「東」を「南」と誤写した例をあげて、「南投馬国」・「南邪馬台国」の「南」は東のあやまりとみなす説もある。

しかし「魏志倭人伝」の方位・里数・日程の記事をそのままに信頼できないことは、陳寿みずからが、「其の道里を計るに、当《まさ》に会稽の東冶の東に在るべし」と明記するとおり、邪馬台国を中心とする倭地を会稽郡の東冶県つまり福建省の閩侯《びんこう》県付近の東に推定していたのである。海南島あたりの南方海上に求めていたから、その方位も「南投馬国」・「南邪馬台国」というように南と書かざるをえなかったのではないか。一四〇二年の『混一疆理歴代国都之図』という地図でも、日本国は朝鮮半島の南方の海上に描かれている。十五世紀のはじめにあっても、この程度の理解しかされていなかったことがわかる。歴史地図もまた日本古代史の重要問題を考えるさいの参考となるよい資料である。

5 「古代学」の軌跡

「古代学」とは、文書・記録や木簡・金石文をはじめとして、考古学・民俗学など、歴史学に隣接した諸科学を総合して古代を研究する学問であるといってよい。

日本において「古代学」という用語を、いつごろ、だれが使用したのか。日本古代史・考古学・民俗学に造詣の深かった喜田貞吉博士は、明治四十二年（一九〇九）に『東亜の光』という雑誌に「考古学と古代史」という論文を発表した。ところが還暦を記念してまとめられた『六十年之回顧』では「考古学と古代学」とされている。しかし原題は「考古学と古代史」であり、「古代学」の内容について喜田博士はなんら言及されてはいない。したがって古代学という問題の提起がなされていたわけではない。

古代学についてかなり明確な用語を使い、おのれの学問を特徴づけたのは、柳田國男の高弟であり、すぐれた国文学者・民俗学者であって、作家であり歌人でもあった折口信夫（釋迢空）博士であった。

折口は、昭和三年（一九二八）に『氷川学報』（第十五号）に「上代文化研究法」を発表して「古代学」の用語を使い、昭和四年から昭和五年にかけての大著『古代研究』（国文学篇、民俗学篇第一冊・第二冊、大岡山書店）を出版した。折口における「古代」とは、時代区分としての古代ではなく、中世や近世においてもうけつがれてゆく古代的精神であって、昭和十四年の「訓詁の新意義」あるいは昭和十七年の「日本文学の発生序説」などにも古代学が用いられた。折口における「古代学」は国文学と民俗学の古代的要素の究明にその目的があったといえよう。

考古学者のなかでは、後に京都大学教授となった小林行雄が「古代学」に言及して、文献史学と考古学の併用を主張し、森浩一同志社大学名誉教授は文献ばかりでなく、民間伝承をも視野におさめた古代学をめざした。

昭和二十六年の十月一日に古代学協会を設立した角田文衛博士は、たんなる考古学者でもなければ歴史学者でもなかった。奈良時代や平安時代の研究にとりくみ、たとえば『律令国家の展開』（塙書房）や『紫式部とその時代』（角川書店）、早くから国分寺の研究にとりくみ『新修国分寺の研究』（吉川弘文館）などの名著のほか、イタリアのポンペイやイラクの発掘調査など、まさに古代学の立場からの研究を幅広く展開した。

そして昭和二十九年には『古代学序説』（山川出版社）、さらに平成十七年（二〇〇五）には『古代学の展開』（山川出版社）を出版した。角田は遺物・遺構・遺跡にもとづいて人類の過去を研究する考古学や、文献史料によって歴史を探究する歴史学には、それぞれに限界があって、「古代史の研究が、これをあらゆる史料に基づいて総合的に進める『古代学』によってのみ可能である」とし、「古代研究の新しい本質学として古代学を提唱」した。そしてその「古代研究の正当なる立場」と「その体系化」をめざしたのである。

「古代学者は、古代史を究明し、再構成する為に、古代遺物学（考古学）や古代文献学を十二分に利用されねばならないし、また伝承学や創造史料学に対しても同様である。更に古代学者は、一つの史料を遺物学や伝承学の両方面から研究するといった諸方法の併用も要請されるであろう。かかる方法によってのみ、古代史の研究は可能とされるであろう」と述べた（『古代学序説』）。

日本のみならずヨーロッパの考古学にも精通した角田は、世界における初期王権の究明にとりくみ、平成十年三月二十七日、角田先生を委員長、私が副委員長に指名され、世界における初期王権の研究会が組織された。研究メンバーは総勢六十五名、文献・考古学は勿論、カルチャー・アンソロポロジー（Cultural Anthropology）、いわゆる文化人類学分野の方も参加された。第一部から第九部まで研究会が編成され、第一部は日本及び朝鮮半島、第二部は中国、第三部は中央アジア、以下南アジア・東南アジアの部会、西アジア・アフリカの部会、東北ヨーロッパ部会、南ヨーロッパ部会、西ヨーロッパ部会、アメリカ大陸部会というように六十五名のメンバーが九つの部会に所属して研究を行い、部会ごとに研究会を開催した。そして完成したのが『古代初期王権の誕生』（四部作、角川書店）である。なお残された課題もあるが、角田古代学の画期的なこころみであったといえよう。

早くから古代学の必要性を痛感していた私が、『大王の世紀』（日本の歴史2、小学館）や『私の日本古代史』上下（新潮選書）のほか、古代学の視角から『日本神話』（岩波新書）、『日本の神話を考える』（小学館）、あるいは東アジアの視点から『帰化人』（中公新書）、『倭国の世界』（講談社現代新書）、『渡来の古代史』（角川選書）、さらに古代の伝承や古代の芸能を究明して『古代伝承史の研究』（塙書房）などを公にしてきたのも、これからの日本古代史は日本古代学でなければならないと考えてきたからである。

第Ⅰ部

第一章　倭の五王の実相

1　倭の五王の正体

倭の五王とはいったいどの大王（天皇）であったのか。五世紀の倭国の王であったことはたしかだが、江戸時代以来多くの学者がいろいろと解釈してきた。

研究が進む中で、中国南朝梁の沈約《しんやく》がまとめた『宋書』が倭国の五人の王を一字で表記したところの「珍」が、反正《はんぜい》天皇の諱《いみな》（実名）のミズハワケのミズ（瑞）の意味にもとづく義訳表記「珍」であるという説。そして「武」が雄略《ゆうりゃく》天皇の諱ワカタケルのタケル（武）の音訳表記「武」であるという説が、有力となった。この二人の倭王の比定には、もはや異論はない。

問題はほかの三人（讃・済・興）が『古事記』や『日本書紀』の五世紀における歴代天皇のいずれにあたるかである。

だがその前に、『記』・『紀』の天皇の系譜がいつ成立し、どれくらい信憑性があるのか、検討してみなくてはならない。

天皇の歴代は皇室の系譜などを中心とする『帝紀《ていき》』によってまとめられたと考えてよい。『帝紀』は各氏族などの伝承を中心とする『旧辞《くじ》』（『本辞』『先代旧辞《せんだいのくじ》』）と共に『古事記』・『日本書紀』の編集に大いに活用された。

『帝紀』や『旧辞』がいつごろから編纂されたかについて注目すべき説を提起したのは、早稲田大学の教授であった津田左右吉博士であった。博士は「欽明朝前後、六世紀中ごろに」『帝紀』と『旧辞』の最初の編纂がなされたとする見解を発表し、この説は学界で高く評価されてきた。

だが系譜が文字に記される実例がそれよりも早いことが、昭和五十三年（一九七八）九月の、埼玉県行田市の稲荷山古墳から出土した、鉄剣のX線調査によって明らかとなった。「辛亥年《かのといのとし》（四七一）七月中記」ではじまる百十五字の銘文では「獲加多支鹵《わかたける》」（武王）が大王を称し、中国の古典に見られる、「中国皇帝の徳が天下のすべてに行きわたるべきである」とする世界観「治天下」を標榜していたことが記されている。そして倭王・武に代々杖刀人首《じょうとうじんのかしら》として乎獲居臣《おわけのおみ》の氏が奉仕していたことが述べられ、さらにその祖先の系譜が刻まれていたのである。

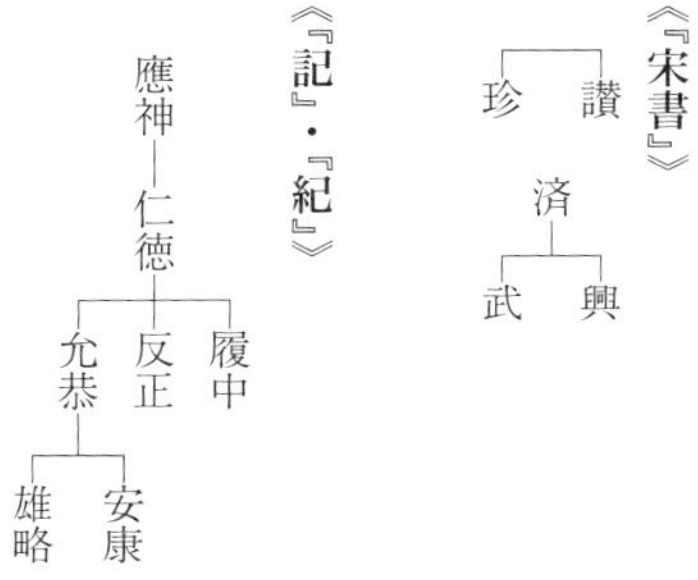

倭の五王の系譜

銘文には「上祖」の意富比垝《おおひこ》（大彦）にはじまる八代のタテ系譜が記述されていた。これはつまり五世紀の後半のころには、すでに氏族の系譜が記録されていたということを傍証する。おそらくは大王（天皇）家の系譜も、そのころには編纂されていたであろう。つまりは五世紀の王者の『古事記』・『日本書紀』の系譜もまた、それなりに信用してよいということになろう。

そこで『古事記』・『日本書紀』に登場する、倭の五王と関係があると思われる系譜をあげてみよう。

『宋書』の五王の系譜では済王の子が興王であり、興王の弟が武王であるとしている。そこから武イコール雄略天皇であることを基準に、『記』・『紀』の大王の系譜にあてはめていくと、済王が允恭《いんぎょう》天皇、興王が安康《あんこう》天皇であることが想定できる。

問題は讃王と珍王の関係である。この二王は兄弟の関係だから、父と子の関係にある應神《おうじん》天皇と仁徳《にんとく》天皇ではない。

珍王が反正天皇であることはたしかだから、その兄といえば履中《りちゅう》天皇が讃王として浮かびあがってくる。そして珍王の弟といえば済王つまり允恭天皇であって、私見によれば讃王は履中天皇、珍王は反正天皇、済王は允恭天皇、興王は安康天皇、武王は雄略天皇ということになる。

ところで先の鉄剣の銘文には、もう一つ注目すべき点がある。倭王武が「治天下」の「大王」を名乗った形跡は、稲荷山古墳の鉄剣銘文だけでなく、熊本県和水《なごみ》町の江田船山古墳出土の大刀銘文にも記されている。だが現在のところ、朝鮮半島などからは高句麗や新羅あるいは百済などの王が「治天下」を名乗ったという史料はみつかっていない。これはどういうことか。

中国王朝に朝貢して軍号や爵号の賜与をうける体制を冊封《さくほう》体制というが、武王が自ら「治天下」を称したということは、冊封体制からの自立をめざしていたことを表していると筆者は考える。武が君臨した四七八年ごろから、六〇〇年の遣隋使の派遣まで、倭国は中国に朝貢していない。このことも、倭国王が冊封体制からの自立をめざした状況を反映しているように思える。

2　日本の巨大古墳

五世紀の日本に実在した、倭の五王の王朝とはどのようなものだったのだろうか。それを考える上では、当時築造された古墳群が大きな材料となりうる。

日本の巨大古墳のなかでもっとも注目されるのは巨大な前方後円墳である。その巨大な前方後円墳で、全長が二八〇メートルをこえる古墳は、全国で十一基ある。そしてその分布は河内国《かわちのくに》（大阪府）三基・和泉国《いずみのくに》（大阪府）三基・大和国《やまとのくに》（奈良県）三基・備中国《びっちゅうのくに》（岡山県）二基となっている。

和泉国は天平勝宝九年（七五七）の五月に、河内国の南部の大島郡・和泉郡・日根郡をあらたに分立した国であって、もともとは河内国であった。したがって河内国に分布する巨大古墳は和泉国を含め六基となる。その六基のうちの大塚山《おおつかやま》古墳は六世紀後半の築造で、他の五基は五世紀に構築されている。五世紀の巨大な前方後円墳がもっとも多く集中している地域が河内国であったことがわかる。

なぜ五世紀の巨大な前方後円墳が河内に多く存在するのだろうか。古墳は今のお墓とは異なって、その地域を支配する政治的権威のシンボルであった。よって、これらは五世紀の倭の五王の王朝を考える際の有力な遺跡となる。

北は堺市堺区北三国ヶ丘町、南は中区土師町、東は北区中百舌鳥《もず》町、西は堺区石津町まで、東西・南北とも約四キロばかりの間に、百舌鳥古墳群がある。この古墳群を代表するのが仁徳天皇陵と伝える堺市の大山《だいせん》古墳で、全長約四八六メートル、もとは三重の濠《ほり》をめぐらし、甲子園球場が十二も入る面積を占める。大林組の推計によると、その築造には古代の工法で作業者延べ六百八十万七千人、工期は十五年を要したとされている。

またこの大山古墳の東方十・五キロの場所には、古市《ふるいち》古墳群の象徴とされる羽曳野市の誉田山《こんだやま》古墳（伝應神天皇陵）がある。全長約四三〇メートルだが、表面積や総容量では大山古墳を上まわるとみなされている。こうした巨大な前方後円墳が河内に集中したのは、「五世紀の政治勢力の拠点が奈良盆地から河内平野へ遷ったからだ」という説がある。これを「河内王朝説」という。

この河内王朝説には、大和盆地の王権とは全く別の王統が樹立したとみなす見解と、そうではなくて、大和盆地の王権が勢力を伸長して河内平野に本拠を遷したと考える見方がある。私の考える河内王朝説は後者である。それは『古事記』や『日本書紀』の王統譜をみても、應神天皇の大后（皇后）には景行天皇の王統の娘・中日売《なかつひめ》（仲姫）が迎えられており、母系ではつながっているからだ。したがって四世紀の大和盆地の古墳の副葬品と五世紀の河内平野における古墳の副葬品の間に連続する要素があってもおかしくはない。

そのような時代状況を示すひとつの証左として、四世紀の王者と五世紀の王者の和風の諡《おくりな》の差異がある。崇神《すじん》天皇の諡はミマキイリヒコイニエ、垂仁《すいにん》天皇はイクメイリヒコイサチというように「イリ」が入っており、その王子・王女が十九名もイリヒコ・イリヒメを名乗っている。ところが五世紀の王者になると、たとえば應神天皇がホムタワケ、履中天皇がイザホワケ、反正天皇がミヅハワケと「ワケ」を多く称しているのである。

また五世紀の王者の名は、和風の諡ではなく、諱（実名）であった可能性も高い。四世紀の段階では、朝廷の機構は充分にととのっていなかった。だが五世紀後半の河内王朝においてようやく官僚組織が明確となり、氏《うじ》・姓《かばね》による政治的身分秩序が整備されてきたのである。

我が国の古代からの習わしや言い伝えにも、河内からのつながりが感じられる要素は多い。大《おお》八洲《やしま》をはじめとする国生み神話が大和盆地を背景にせず、河内の王者の君臨した大阪湾を舞台にしていること。そして八世紀ごろから元仁元年（一二二四）まで、大嘗祭の翌年に淀川の河口の難波へ勅使（典侍）が天皇の衣装の入った箱を持って赴き、八十島《やそじま》のみたまをまつる八十島祭が執行されたこと。いずれも河内王朝との関わりがあるのではないかと思われる。

3　冊封体制からの自立

『宋書』には、讃王が永初二年（四二一）に南朝宋に朝貢したことが記されている。だが、どのような軍号を宋の王朝から与えられたかについては、述べられていない。他の珍王・済王・興王たちも皆、「安東将軍」の軍号を与えられていたから、当時の讃王も「安東将軍」だったと考えられる。しかし讃王は元嘉二年（四二五）に再び朝貢しており、「安東将軍」より一ランク上の「安東大将軍」という軍号を南朝宋の王朝に要求している。

意外に思われるかもしれないが、当時の国際社会における倭国の王の地位は低く、たとえば百済の王は永初元年（四二〇）には「鎮東将軍」から「鎮東大将軍」となり、高句麗の王も同年に「征東将軍」から「征東大将軍」に任じられていた。

しかも高句麗王の場合は、大明七年（四六三）にはさらに上位の開府儀同三司《かいふぎどうさんし》となっていた。開府儀同三司というのは、中国王朝からうける待遇が三司（大尉・司徒・司空の三公）と同じで、開府つまり役所を設けて役人を従えることができる、最高のポストであった。

武王（雄略天皇）はそのような扱いを不当とし、昇明二年（四七八）の上表文では、高句麗を「無道」と批判して、みずから開府儀同三司と称して、武王の支配下にある有力者たちに「宋王朝の承認なしに軍号を与える」と伝えた。そうしてようやくランクを一つ上げ、安東大将軍になることができた。

しかし依然として武王は、高句麗との処遇の差に不満を持っていた。そこで先に指摘したように、武王は「（中国の）皇帝の徳が天下のすべてに及ぶ」とする「治天下」を自ら称し、以後推古天皇八年（六〇〇）の第一回遣隋使の派遣まで、中国への朝貢を中断した。中国に朝貢して軍号や爵号などをもらう冊封《さくほう》体制から、自立した冊封関係をめざしたからである。

貞観十年（六三六）に完成した隋の歴史書『隋書《ずいしょ》』には、大業三年（六〇七）の第二回遣隋使が、隋の皇帝煬帝《ようだい》に提出した国書に「日出《ひい》ずる処《ところ》の天子《てんし》、書を日没する処の天子に致す、恙《つつが》なきや」

とあったのをみて、「蛮夷の書、無礼なる者あらば、復《ま》た以って聞《もん》する勿《なか》れ」と激怒したという有名なエピソードがある。

世間では倭国の王が、中国の隋を「日没する処」と称したことを指して「無礼」としたと解釈されているが、それは誤りである。

たとえば夕暮れを「日入」とよんだ例は、奈良県斑鳩《いかるが》町の中宮寺《ちゅうぐうじ》にある刺繍の「天寿国繍帳」の銘文にも「癸酉《みずのととり》日入」とあるほか、第四回遣唐使の「伊吉連博徳書《いきのむらじはかとこのふみ》」にも「十五日日入」などとある。さらに「日入」という用語は中国の古典にも見られるし、天平五年（七三三）の遣唐使が唐を「日入国」と呼んでいる例もある（『万葉集』巻第十九、四二四五）。つまり隋を「日没する処」と書いたから問題になったのではないのだ。

激怒したのは東夷の王者が、自らを「日出づる処の天子」と名乗ったからである。「天子」が中国皇帝のみが使いうる称号であることは、聖徳太子らも充分理解していたはずである。なぜ「天子」を称したのだろうか。

私はその前提には、先に述べたとおり、倭王の武王（雄略天皇）が五世紀の後半から、「治天下」を称していた状況があったからだと考えている。

そしてこの「治天下」の表記は、大宝元年（七〇一）完成の「大宝令」で「御宇日本天皇」と詔書に書くことを定めた時まで、ひきつづき使用されていたことが、天智天皇八年（六六九）の

「船王後墓誌《ふねのおおごのぼし》」や天武天皇六年（六七七）の「小野毛人墓誌《おののえみし》」によって確かめられる。

のちの遣隋使や、舒明天皇二年（六三〇）からはじまる遣唐使もまた、五王が派遣したのと同じ朝貢使であった。にもかかわらず、倭国王や日本の天皇が、隋や唐の皇帝から軍号や爵号などを与えられた形跡は全くないのである。

冊封体制からの自立をめざした「治天下」の王者の姿勢、その対中国の強気の政策は、聖徳太子らにもひきつがれた。そして倭国（日本）の王者がみずから「天子」を名乗る外交として、具体化してくるのである。

第二章　治天下大王から御宇天皇へ

1　治天下大王の意味

昭和五十三年（一九七八）の九月、埼玉県行田市稲荷山古墳出土の鉄剣銘文のX線調査の結果明らかとなった百十五字の金象嵌銘文によって、前述したように「獲加多支鹵《わかたける》大王（雄略天皇）」が「治天下」の「大王」と称されていたことがたしかとなった。しかもこの銘文は「辛亥年（四七一）七月中（中は時格で、七月に）」に刻されたものであることが判明し、その「時格」の「書者」は渡来系の人物であることを指摘した（「辛亥銘鉄剣の意義」、『論究・古代史と東アジア』所収、岩波書店）。

それまでにも熊本県和水町の五世紀後半の前方後円墳、江田船山古墳出土の銀象嵌銘文の大刀に「書者張安」と記され、「治天下獲□□□鹵大王」とあった。この大王は「復之宮瑞鹵《たじひのみやみづは》大王」すなわち反正天皇とみなされていたけれども、これも「治天下獲加多支鹵」であることが稲荷山鉄剣銘文によって確実となった。

五世紀後半の雄略大王の代に、大王が「治天下」の大王と称されたことは史実となった。「治天下」という用字は、中国の『孟子』や『漢書』をはじめ『三国志』の『魏書』あるいは北魏の『魏書』などにもみえている。中国王朝が「天下」の中心であり、その皇帝の徳は天下のすべてに行きわたるべきものとする世界観を前提とする表記であった。

雄略天皇は南朝梁の沈約《しんやく》が撰者である『宋書』にみえる倭の五王のひとり倭王武であるが、その「治天下」は倭国の領域を倭王が「天下」として統治するという日本版中華思想を反映している。

この「治天下」の「大王」はその後もうけつがれて継体天皇を「伊波礼《いわれ》宮治天下乎富等《おほど》大王」(『上宮記』逸文)などと表現した。私がかねがね思案してきたのは五世紀を中心とする時代に、「治天下」を表明した王者は中国の皇帝以外には史料にほとんどみえないことである。

鴨緑江をへだてた満浦鎮の対岸、下羊魚頭の北方山麓の十数基の古墳のなかに高句麗人牟頭婁《むとうる》の塚がある。その墓誌に「聖王」(広開土王)の「天下四方知此国郡」とあるのは、広開土王の統治する「天下四方」を指すが、「治天下」とは表現していない。

なぜ倭王武（雄略大王）は「治天下」の「大王」を称したのであろうか。私は倭王武が順帝の昇明二年（四七八）を最後の朝貢とし、倭国の王が開皇二十年（六〇〇）の遣隋使の派遣（『隋書』東夷伝倭国の条）まで中国へ使節を派遣しなかったという史実は、中国を中心とする冊封体制から自立しようとする動きがかかわっていたのではないかと考えている。

唐の魏徴が編集した『隋書』（東夷伝・倭国の条）には、大業三年（六〇七）の国書には、「日出づる処の天子、書を日没する処の天子に致す。恙《つつが》無きや」とあって、煬帝《ようだい》はこの国書を覧て四夷にかんする朝貢・入国などをつかさどる長官である鴻臚卿《こうろけい》に「蛮夷の書、無礼なる者あらば、復《ま》た以つて聞《もん》する勿《なか》れ」とつげた（『隋書』）。

煬帝が激怒した理由を、俗説では東夷の倭国自らが「日出づる処」と称し、中華の国である隋を「日没する処」と表現したところにあるという。しかしその説が誤りであることは前述したとおりである。「日入」という用語は中国の古典にみえるにとどまらず、天平五年（七三三）の遣唐使の場合、唐を「日入国」とよんでいるように（『万葉集』巻第十九、四二四五）、隋を「日没する処」と称したのが問題になったのではない。

問題なのは、東夷の倭国の王者が「日出づる処の天子」を名乗った箇所にあった。「天子」は中国皇帝のみが使いうる称号であることは倭国の聖徳太子たちも充分理解していたはずである。

それなのになぜ「天子」を称したのか。そこには、この派遣を進めた太子らに、国際関係における「和」は、自主対等でなければならないとする理念が投影されていたからではないか。

そして私はその前提には、倭国の大王が五世紀後半から中国皇帝の徳化が天下におよぶとする「治天下」（『孟子』、『論語』、『魏書』など）を称していた状況があったと考えている。

遣隋使も朝貢使であった。にもかかわらず、倭国王が隋の皇帝から爵号・官職や軍号などを与えられた形跡はない。遣唐使の場合でも、倭国の大王・日本国の天皇が冊封のあかしとしての称号を賜与された例はない。大使などには、たとえば押使粟田朝臣真人《おうしあわたのあそみまひと》が王宮の料理などを掌る礼部の司膳卿《しぜんけい》を与えられたように称号を賜与された例はかなりあるが、夷狄《いてき》のなかで倭国の大王や日本国の天皇が称号を賜与されていないのは重要である。冊封体制から冊封関係へと移行したことがわかる。

ここで「治天下」に類する若干の例を参考までにあげておくことにしよう。天平五年（七三三）成立の『出雲国風土記』には、「所造天下大神大穴持命」（七例）、「所造天下大神命」（八例）、「所造天下大神」（十一例、ほかに註一例）、「所造天下大穴持命」（一例）と記す。この「大穴持命」の「天下」、あるいはまた『日本書紀』（巻第一）が三貴子分治の神話に関して、素戔嗚尊《すさのおのみこと》の「可以治天下」（第六の「一書」）とする「治天下」などは、出雲神話や出雲系神話における「天下」であり、これもまた中国的「天下」の変形用字というべきものであろう。

2　治天下天皇の時代

「治天下」の用語は大王を称した時代ばかりでなく、天皇を君主の号とした時代になってもうけつがれていた。天皇号は大阪府柏原市の松岳山の山上から出土した戊辰年（六六八＝天智天皇七年）の百済系の渡来氏族船王後の墓誌に、「乎娑陀宮《おさだみや》治天下天皇」（敏達天皇）・「等由羅《とゆら》宮治天下天皇」（推古天皇）・「阿須迦《あすか》宮治天下天皇」（舒明天皇）とみえるのが早い例だが、遅くとも天武朝に「天皇」号が使われていたことは、奈良県明日香村の飛鳥池遺跡から丁丑年《ひのとうし》（六七七＝天武天皇六年）の木簡と共に出土した木簡にはっきり「天皇」と墨書されていたのに明らかである。

したがって、天皇号の使用がはじまってからはそれより以前の大王にも天皇号をさかのぼって用い、継体天皇を「伊波礼宮治天下乎富等大公王」（『上宮記』逸文）と書きながら、他方では欽明天皇を「斯帰斯麻《しきしま》宮治天下天皇」（同書）と書くようになる。そして用明天皇を「池辺大宮治天下天皇」（法隆寺薬師如来像光背銘）、推古天皇を「小治田《おはり》大宮治天下天皇」と表現したりした。

京都市左京区上高野でみつかった小野毛人《えみし》の墓誌は丁丑年《ひのとうし》（天武天皇六年）十二月に墓が造られたことを記しており、天皇号が使われていた時期で、その墓誌には「飛鳥浄御原宮治天下天皇」と記されていた。

奈良県桜井市初瀬の長谷寺にある「法華説相図」には「飛鳥清御原大宮治天下天皇」（天武天皇）とみえているが、銘文中の「降婁」（戊年）は朱鳥元年（六八六）か文武天皇二年（六九八）で、やはり天皇号が使われていた時期である。

問題は『古事記』の「序」によれば和銅五年（七一二）の正月二十八日に献上されたとする『古事記』である。天武天皇の「勅語」にもとづき、稗田阿礼が天皇家の系譜を主とする『帝紀』と各氏族の伝承を中心とする『本辞』を「誦習」し、それを太安万侶が「撰録」して元明天皇に「献上」した「フルコトブミ」であった。

ところが大宝元年（七〇一）に完成した「大宝令」の公文書にかんする諸規定である「公式令《くしきりょう》」では、「詔書」においてはつぎのように「明神御宇日本天皇詔旨」と書くことが定められていた。これは天平十年（七三八）の「大宝令」の注釈書の『古記』が、「隣国及び蕃国に対しての詔の辞」とし、「隣国は大唐、蕃国は新羅なり」としたとおり、外国に「大事を以って宣するの辞」であった。そして「養老令」の公的注釈書である『令義解《りょうのぎげ》』は「明神御宇天皇詔旨」は「次事を以つて宣する辞」とし、「明神御大八洲天皇詔旨」は「朝庭の大事に用ひるの辞」とした。『古記』にいう「蕃国」とは野蕃国の意味ではなく、日本への朝貢国を意味し、渤海も蕃国とみなした。「大宝令」では「治天下」は用いずに「御宇」・「御」を使う定めになっていた。

ところが「大宝令」施行後にできあがった『古事記』はこの定めに従わず、「治天下」と記述し、たとえば敏達天皇の孫で押坂彦人大兄《ひこひとおおえ》皇子の子田村皇子（後の舒明天皇）をその系譜のなかで「坐岡本宮治天下天皇」と記載する。

なぜ「治天下」を多用し、舒明天皇を「治天下天皇」と明記したのであろうか。そこには『古事記』の編纂の開始が、天武天皇の「勅語」にもとづき、天武天皇の父が舒明天皇であった事情のほかに、『古事記』が古き代に重点をおいた「フルコトブミ」であったことが「治天下天皇」という「大宝令」以前の表記をする理由であった可能性がある。

『日本書紀』は巻第一・巻第二を神代巻とし、巻第三から巻第三十までを神武天皇から持統天皇までとするが、雄略天皇の代から実録風となり、外交関係記事も多くなる。そればかりでなく、南朝宋の何承天が元嘉二十年（四四三）に作った元嘉暦によって雄略天皇の巻以降を編集しており、壬申の乱（巻第二十八）・天武朝（巻第二十九）・持統朝（巻第三十）というように重視している。

ところが『古事記』は逆にフルコトを重視して、仁賢天皇以後は「帝紀」中心の記述となっており、継体天皇の条に「此の御世に、筑紫君石井《いわい》（磐井）、天皇の命に従はずして多く礼無《いや》かりき」と筑紫君磐井の乱をきわめてわずかに述べるにすぎない。

こうした『古事記』編述の方針が、「治天下」を用いた理由のひとつであったのであろう。

3 「大宝令」の御宇天皇

「大宝令」が「治天下」を「御宇」に改めたのは、刑罰法の律《りつ》や、民法や行政法などの令《りょう》によって土地と民衆を統治する律令国家の確立と対応していた。「御宇」とは宇内を御する（治める）ことであって、後世でもたとえば、鎌倉時代の歴史書『吾妻鏡』の元暦二年（一一八五）二月二十四日の条に「崇神天皇御宇」とみえている。もとより崇神天皇の代に「御宇」という用語があったわけではなく、「大宝令」以後の「御宇」の使用にならって、皇統の歴代で第十代とする崇神天皇の代に「御宇」を適用したにすぎない。

「御宇」という表現は「治天下」よりもスケールの大きい用語であった。私見では『日本書紀』の天武天皇三年（六七四）三月の条にみえる「倭国」以後に「日本国」は使われるようになったとみなしているが（『私の日本古代史』新潮選書）、日本国という国家意識にもとづいて「御宇」を使い「御宇日本天皇」と定めたのではないか。

「御宇」に類する例に、文武天皇二年（六九八）にその造営がほぼ完了した、薬師寺東塔擦銘《さつめい》の「馭宇」があるが、慶雲四年（七〇七）七月の元明天皇即位の宣命《せんみょう》には、「大宝令」の規定によって「藤原宮御宇」（持統天皇）、「今御宇豆留《あめのしたしろしめしつる》天皇」（文武天皇）、「近江大津宮御宇」（天智天皇）というように「御宇」が用いられた。

そして慶雲四年の威奈大村《いなのおおむら》の骨蔵器銘文にも、「大宝令」の定めのとおりに「御宇天皇」が使われていた。もっとも『日本書紀』の大化元年（六四五）の七月の条に、高句麗使に対する詔に「明神御宇日本天皇詔旨」とみえるのは、『日本書紀』の編纂者が、「大宝令」の知識によって潤色した例であり、同じく大化二年二月の条の鐘匱《しょうひつ》（鐘をたたいたり、大きな箱に投書する）にかんする詔に、「明神御宇日本」とあるのも同様であった。

大化二年三月の条に、「現為明神御八嶋国天皇」とあるのも「大宝令」の定めに従っての加筆であったといってよい。

儀式などにかんする各種の規定である「儀制令」には「天子」は「祭祀に称する所」とあり「皇帝」は「華夷に称する所」と規定されているが、養老四年（七二〇）の五月二十一日に奏上された『日本書紀』には「天子」の用例は十一例ある（註二を含む）。ただし神功三十九年の条の註に引用する「天子」は『魏志』の文で、魏の「天子」のいる洛陽を指し、さらに白雉五年二月・同五年七月・同五年閏十月（註）・斉明天皇六年七月（註）の各条の「天子」も唐の「天子」である。これらを除くと履中天皇五年十月の「天子の百姓」は祭祀とは全くかかわりのない「天子」の用例であり、顕宗天皇二年八月の条にみえる「天子」も祭祀とは無関係の天皇のことであった。

継体天皇元年二月の条の「天子の鏡剣」の天子も天皇を指すが、それらには「御宇天皇」の意識にもとづく「天子」の思想が投影されているといってよいのではないか。

それは天皇を「皇帝」と表現した例にもうかがうことができる。『古事記』の「序」が仁徳天皇を「大雀《おおさざき》皇帝」、元明天皇を「皇帝陛下」と表現したり、『続日本紀』がたとえば天平宝字六年（七六二）九月の条に聖武天皇を「聖武皇帝」と表記しているのにも明らかである。

律令国家の支配者層は、中国からみれば日本は東夷だが、東夷のなかの「中華」が「日本」であり、その君主は「天子」であり、「皇帝」であるとみなしたのであろう。

第三章　大和飛鳥の倭京誕生

1　河内の飛鳥

飛鳥というと、多くの人びとが奈良県明日香村の大和の飛鳥を想い浮かべる。しかし飛鳥という地名は、大和の飛鳥以外にもあって、とくに河内の飛鳥の存在はきわめて重要であった。

私は昭和四十六年（一九七一）の春、大阪府羽曳野市飛鳥を中心とする地域を調査したおりから河内の飛鳥の存在に注目し、同年六月一日の『朝日新聞』（朝刊）に、大和の飛鳥の保存ばかりでなく、飛鳥千塚をはじめとする古墳やかつては『延喜式』所載の名神大社であった飛鳥戸《あすかべ》神社などが、葡萄園や宅地の開発等々によって破壊され縮小しつつある現実を実感し、河内の飛鳥の保存もまた不可欠であることを指摘した。

もっとも大和や河内の飛鳥のほかにも古代の飛鳥があったことは、たとえば『万葉集』巻第六の「大伴坂上郎女の元興寺の里を詠《うた》ふ」〝古郷《ふるさと》の　飛鳥はあれど　あをによし　平城《なら》の明日香を見らくしよしも〟（九九二）と詠まれている〝明日香〟は元興寺のある平城京の飛鳥であり、元興寺の旧境内には「明日香（飛鳥）井」があって、流れる小川を飛鳥川とよび、その地域の鎮守を飛鳥神社として祭祀した。手向山八幡宮の社家上司家所伝の「元興寺古図」にも、はっきりと明日香井や飛鳥神社が描かれているのも参考となる。

さらに和歌山県新宮市の阿須賀《あすか》もその例のひとつであり、熊野川河口右岸に位置し、蓬莱山のふもとには阿須賀神社が鎮守する。藤原宗忠の『中右記』の天仁二年（一一〇九）十月二十七日の条にも「参阿須賀王子奉幣」とあるのも興味深い。

しかし大和の飛鳥（後述参照）について注目すべき古代の飛鳥は河内の飛鳥であった。それは『古事記』や『日本書紀』に書く、顕宗天皇の「近つ飛鳥宮」が、河内の飛鳥の宮であったことにもうかがわれる。

論者のなかには、『日本書紀』の顕宗元年正月の条に記載する「近つ飛鳥八釣宮」で天皇が即位したとあるのは、大和の飛鳥の八釣宮であると説く人もいるが、「日本古典文学大系」の『日本書紀』（岩波書店）の頭註にも「この飛鳥宮を大和国高市郡飛鳥とみる説もあるが、それでは遠飛鳥宮を大和飛鳥と考えられるのと矛盾する」と指摘し、明日香村大字八釣の「地は地形上宮址にふさわしくないので、この近飛鳥宮は河内安宿郡飛鳥であり、八釣もその地に求むべきかもしれない」と書くとおりである。

「遠飛鳥宮」については「遠飛鳥」(『古事記』序)「遠飛鳥宮」(『古事記』允恭天皇条)さらに『万葉集』(巻第二)の〝君が行き　日長《け》くなりぬ　やまたづの　迎へを行かむ　待つには待たじ〟(九〇)の左註に、「右の一首の歌は古事記と類聚歌林(山上憶良の撰集)と説《い》ふ所同じくあらず(中略)遠飛鳥宮に天の下治《しろし》めたまふ雄朝嬬稚子宿禰《おあさづまわくご》天皇(允恭天皇)」などとみえている。

この「遠飛鳥宮」・「近飛鳥宮」の「遠」・「近」は時代の「遠」・「近」ではなく、「遠淡海(浜名湖)」・「近淡海(琵琶湖)」のように距離の「遠」「近」であり、おそらく難波に近い飛鳥の宮が「近飛鳥宮」(河内飛鳥の宮)、それよりは遠い飛鳥の宮が「遠飛鳥宮」(大和飛鳥の宮)とよばれたのであろう。

『日本書紀』の雄略天皇九年七月の条には、河内国の言上とする文のなかに「飛鳥戸《あすかべ》郡の人田辺史伯孫が女《むすめ》は、古市郡の人書首《ふみのおびと》加龍《かりょう》が妻なり」と記す。ここに郡と表記するのは、「大宝令」以降の用字であって、もとの表記は「飛鳥戸評」であった。この「評」の由来が朝鮮半島の評制にあったことは、新羅の「啄評」(『梁書』)、高句麗の「内評」・「外評」(『隋書』)、百済の「背評」(『日本書紀』継体天皇二十四年九月の条)などによってたしかめられる。「評」を「コホリ」と訓《よ》むのは、朝鮮三国の「コホル」に由来する。そして飛鳥戸郡は好字二字へと改められて安宿郡と書かれるようになる。この安宿郡は明治二十九年（一八九六）に南河内郡に編入されるまで存続した。その範囲は大阪府羽曳野市飛鳥のあたりから大阪府柏原市国分のあたりにかけての地域を中心とし、北は大和川をもって大県《おおあがた》郡、東は大和国葛下郡、南は古市郡、西は石川をもって志紀郡・古市郡に接する。河内国大県郡高井田鳥坂寺《とさかでら》跡から出土した平瓦ヘラがきに、「飛鳥（戸）評」とあるのが注目される。

『日本書紀』の履中天皇即位前紀にみえる「飛鳥山」は河内飛鳥の飛鳥山であり、『続日本紀』の天平六年四月・天平勝宝元年十月・神護景雲三年十月の各条に記す「安宿郡」あるいは平城京出土の木簡に「河内国安宿郡」とあるそのもとは、河内飛鳥の飛鳥戸評であった。『万葉集』巻第十の、〝明日香河 黄葉《もみじば》流る葛木の山の木の葉は今し散るらし〟（二二一〇）の「明日香河」は大和飛鳥の明日香川ではなく、河内飛鳥の明日香河であり、また同じく『万葉集』巻第十六の「乞食者詠」のなかの〝今日今日と　飛鳥に到り　置くとも　置勿《おくな》に到り〟と読みあげる「飛鳥」も河内飛鳥であった。

『日本霊異記』（中巻）の第七話に述べる釋智光の「安宿郡鋤田寺の沙門」の安宿郡もやはり河内飛鳥であった。『延喜式』の河内国安宿郡の「飛鳥戸神社」は名神大社で、月次《つきなみ》・新嘗《にいなめ》の祭に幣帛を献上される官社であった。いまの祭神は素戔鳴尊《すさのおのみこと》とされているが、古き代にあっては、百済の昆支《こんき》(現伎王)を祀っていたという。『新撰姓氏録』(河内国諸蕃)によれば、河内飛鳥の安宿造《みやつこ》の祖先は昆支王あるいは末多《まった》王とされている。

「正倉院文書」のなかの安宿造大広・安宿造里麻呂・安宿造直・安宿公広成らや『続日本紀』の延暦二年四月の条にみえる飛鳥戸造弟見らも、河内の飛鳥戸評(安宿郡)を本貫(籍)とする人びとである。そして飛鳥戸(安宿)の氏人が百済系であったことは、安宿公奈杼《など》麻呂を百済安宿奈登麻呂と明記しているとおりである(「二つの飛鳥新考」、『「大和魂」の再発見』所収、藤原書店参照)。

河内の飛鳥戸が和銅年間のころから好字二字の安宿と書かれるようになってからも、古代宮廷人の河内飛鳥への想いには、なみなみならぬものがあった。八世紀はじめの政界に重きをなした藤原不比等の娘に安宿媛《やすかべひめ》がある。聖武天皇の妃《きさき》となり、ついに皇后となった有名な光明皇后がその人である。なぜ彼女は安宿媛と名づけられたのか。母の県大養《あがたいぬかい》(橘)三千代が河内の安宿と深いつながりをもっていたことにも関連があると思われるが、その名の安宿の由来は、河内の飛鳥にもとづくものであった。

藤原不比等のことが、史上にはじめてみえるのは、持統天皇三年(六八九)であるが、そのおりには藤原史《ふひと》と書かれていた。不比等の名が史であるのは、彼が文筆の才にたけていたばかりでなく、山科に居宅をもっていた田辺史のもとで養育されていたこととつながりがあろう。ところでこの田辺史の本貫は、この河内の飛鳥であった。不比等や三千代らがわが娘を安宿媛とよんだ想いの底には、朝鮮渡来文化へのあこがれが宿されていたのではないか。そういえば、長屋王の夫人となった、不比等の別の娘が生んだ人も、安宿王と名づけられている。

2 大和飛鳥の開発

允恭天皇（大王と書くべきだが、以下天皇とする）の宮居があったと伝える「遠飛鳥宮」はまぎれもなく大和の飛鳥にあったが、それは允恭朝のみの宮居であって、舒明天皇の飛鳥岡本宮をはじめとして皇極朝の飛鳥板蓋宮、孝徳朝の飛鳥河辺行宮、斉明朝の飛鳥川原宮・後飛鳥岡本宮、天武・持統朝の飛鳥浄御原宮というように宮居がつづいて、大和飛鳥が「倭京」（都）とよばれるようになった。

大和の飛鳥といえば奈良県明日香村の地域がその範囲であると思っている人が少なくない。たとえば推古朝の小墾田宮《おはりだのみや》や豊浦宮《とゆらのみや》は飛鳥小墾田宮とか飛鳥豊浦宮とはよばない。古代日本の壁画古墳の代表といってよい高松塚古墳やキトラ古墳は、明日香村の檜前《ひのくま》に存在するが、飛鳥檜前とは称さない。

古代の大和飛鳥は、香具山以南で橘寺の南のミハ山以北でおよそ飛鳥川右岸の地域を指すとみなすのが妥当であろう。なぜそのような、必ずしも広くはないところに宮居をつづけて造営して、都としたのであろうか。最初から藤原京のような広大な地を撰んでもよかったはずである。

このことは私のかねてからの疑問であった。その点にかんしての私見は、今のところつぎのように考えている。はたして的確な解釈かどうか、識者の教示を待ちたい。

奈良文化財研究所の調査によれば、大和の飛鳥では縄文時代の遺物がかなりみつかっている。とくに飛鳥川右岸地域に遺跡や遺物が多く、早くも縄文時代から人びとが居住していたことがわかる。しかし弥生時代の後期になると、状況は一変する。飛鳥川の大洪水によって、ムラの姿は消滅したという。

大和の飛鳥が復活するのは五世紀後半のころからであって、新しい技術をもった今来《いまき》の才伎《てひと》たちが居住するようになり、大和飛鳥の開発が進行した。

『日本書紀』の雄略天皇七年是歳の条に、

「天皇《すめらみこと》、大伴大連室屋《おほとものおほむらじむろや》に詔《みことのり》して、東《やまとの》漢《あやの》直《あたひ》掬《つか》に命《みことおほ》せて、新《いまきの》漢《あやの》陶部《すゑつくり》高貴《かうくゐ》・鞍部《くらつくり》堅《けん》貴《くゐ》・畫部《ゑかき》因斯羅我《いんしらが》・錦部《にしごり》定安那錦《ぢやうあんなこむ》・譯語《をさ》卯安那《しうあんな》等を、上桃原《かみつももはら》・下桃原《しもつももはら》・眞神原《まかみのはら》の三所《みところ》に遷《うつ》し居《はべ》らしむ」

とあるのは、その状況を反映するといってよい。陶部は須恵器の製作者であり、畫部は画師のグループ、錦部は錦や綾《あや》など高級の織物技術者であり、譯語は通訳であった。そして桃原・真神原はいずれも大和の飛鳥の地名であって、あらたな渡来の技術者たちが大和飛鳥に居住した。

やがてその大和飛鳥の地を掌握したのは蘇我氏であった。蘇我氏の本拠地については諸説があるが、畝傍山の西を北流して大和川に至る曽我川の中流域を拠点としたとする和田萃《あつむ》説（『飛鳥』岩波新書）に従いたい。延喜五年（九〇五）から編纂がはじまり延長五年（九二七）に完成した『延喜式』の神明帳（巻第九・巻第十）の大和国高市郡の「宗我に坐す宗我都比古神社二座」（並大、月次・新嘗）が鎮座し、橿原市に今も曽我町という地名が残るのも偶然とはいいがたい。

宣化天皇の元年（五三六）に蘇我稲目《いなめ》は大臣《おおおみ》となり、三十四年の間大臣となって、その権力を確固たるものとし、やがて畝傍山東南の軽の地域（橿原市大軽町から石川町にかけての一帯）に本拠を移す。そしてその後半になると稲目は飛鳥川左岸の向原《むくはら》・豊浦《とゆら》に住むようになった。稲目についでその子馬子《うまこ》も大臣となり、主として外交・財政を担当し、百済と親密な関係を保持した。孫の稲目の孫（馬子の子）蝦夷《えみし》を「蘇我豊浦蝦夷」とか「豊浦大臣」と称するようになるのも、稲目が豊浦に居宅を有し、豊浦で蝦夷が誕生したからであろう。

その外交と財政の実務を処理したのが今来の東漢氏《やまとのあやうじ》であり、彼らは大和飛鳥や檜前に本居地をおいた百済・加耶系の技術者たちであった。そして稲目の子馬子は大和飛鳥の飛鳥川のほとりに居宅をいとなみ、推古天皇三十四年五月の条に、「乃ち庭の中に小なる池を開《ほ》れり。よりて小なる嶋を池の中に興《つ》く。故《かれ》、時の人、嶋大臣と曰ふ」と記述するとおり、中の島のある庭を造った。馬子の時代には大和飛鳥は蘇我氏の勢力圏に入った。

ついでながらにいえば『三国史記』の百済本紀には百済の武王がその三十五年（六三四）の三月、宮南に池を穿《ほ》り、四岸に楊柳を植え、水中に嶋嶼を築いて「方丈仙山に擬す」と書かれており、馬子（嶋大臣）の中の島の構築には、百済の道教の神山（方丈山）の思想とのつながりもあったと思われる。推古天皇十年（六〇二）の十月に渡来してきた百済僧観勒《かんろく》が、暦本や天文物理の書のほか道教と関係のある遁甲《とんこう》方術の書を伝えていることもみのがせない。

なお『日本書紀』の推古天皇三十二年十月の条には蘇我の馬子が推古天皇に「葛城県《かつらぎのあがた》は元《もと》臣《やつがれ》が本居なり。故《かれ》、その県によりて姓名をなせり、是を以て、ねがはくは、常《ときわ》にその県をたまはりてよさせる県とせむと願ふ」と奏言する記述があるけれども、蝦夷の子入鹿は「林臣」とか「林太郎」とも称されており、母親が葛城（奈良県御所市朝妻のあたり）の林臣の出身であった。そして馬子の子である蝦夷が葛城の高宮に祖廟を立てて、天子にのみ許される八佾《やつら》の舞を行なったという『日本書紀』の叙述は、本来大王の直轄地であった葛城県（倭の六御県のひとつ）を蝦夷のころから事実上領有していたことの反映であろう。

3　蘇我氏と外交

蘇我氏は大和飛鳥とその周辺を拠点としながら、奈良盆地の中央から金剛山麓、さらに河内の石川や錦織《にしごり》などの地域にも同族を居住させて権力の充実をはかった。

大和飛鳥を本居とした蘇我氏は仏教を信奉し、崇仏・排仏の論争はついに戦いとなって、蘇我馬子らは用明天皇二年（五八七）に物部守屋らを滅ぼした。馬子は高句麗の恵便《えべん》を師としたが、司馬達等《しばたちと》の娘嶋《しま》を得度させて善信尼となし、善信尼の弟子二人（禅蔵尼《ぜんぞうに》・恵善尼《えぜんに》）をあわせた「三の尼を崇敬」したという。そして崇峻天皇元年（五八八）には、善信尼らを百済へ仏法を学ぶために留学させている。記録に残るはじめての海外留学尼であり、その留学先は百済であった。善信尼らが百済から帰国したのは同三年三月であり、櫻井寺《さくらい》（向原寺《むくはら》）に居住した。

善信尼らが百済へおもむいた崇峻天皇元年は、百済と倭国の関係の密接なつながりを象徴するできごとがあった。百済から百済使のほか百済僧の慧總らが渡来して、仏舎利を贈ったばかりでなく、聆照律師《りょうしょうりつし》・令威《りょうい》・恵衆《えしゅう》・恵宿《えしゅく》・道厳《どうこむ》・令開《りょうけ》ら、寺工太良未太《てらたくみだらみだ》・文賈古子《もんけこし》、鑪盤博士《ろばんのはかせ》の将徳白昧淳《しょうとくはくまいじゅん》、瓦博士《かわらのはかせ》の麻奈文奴《まなもんぬ》・陽貴文《ようきもん》・㥄貴文《りょうきもん》・昔麻帝彌《しゃくまたいみ》、画工《えかき》の白加《びゃくか》らが大和へ入った。そして蘇我馬子は、百済の僧らに戒律を受ける法《のり》について教えを請《こ》うた。

そして同年に蘇我馬子は法興寺《ほうこう》（飛鳥寺《あすか》）の建立に着手した。百済僧ばかりでなく、寺工・鑪盤博士・瓦博士・画工ら多数が渡来したことをみのがせない。法興寺は蘇我氏の氏寺《うじでら》として建立されたが、日本の初期仏教の段階では最も規模が大きく、『日本書紀』では「大法興寺」とも記されている。推古天皇四年（五九六）の十一月に完成し、馬子の子である善徳《ぜんとこ》を寺司に、百済僧慧総・高句麗僧慧慈らが住んだ。

法興寺は発掘調査の結果、高句麗の清岩里廃寺（金剛寺）や定陵寺と同じタイプの一塔三金堂であることが判明し、塔の心礎上方からは舎利《しゃり》容器（建久七年、一一九六年の火災後、木箱に納めて埋納）がみつかった。近時、百済最後の都泗沘《しび》（扶余《ふよ》）の王興《おうこう》寺の発掘調査で、舎利容器が出土したが、『三国史記』（『百済本紀』）によれば法王二年（六〇〇）正月に建立された王興寺の舎利容器と飛鳥寺の舎利容器との類似が注目されている。その類似はたんなる偶然ではない。

前述したように、百済僧のほか百済の寺工・鑪盤博士・瓦博士らが飛鳥寺の建立作業を指導しているからである。なお、飛鳥寺は天武天皇九年（六八〇）には官寺《かんじ》になったことを付記する。

『日本書紀』崇峻天皇元年（五八八）の是歳の条には、「始めて法興寺を作る。此の地を飛鳥の真神原と名づく」と述べているが、雄略天皇七年是歳の条にすでに「真神原」という地名はみえており、大和飛鳥の聖なる場所に、大法興寺を造営したとみなすべきであろう。

もっとも法興寺がすぐにできあがったのではない。崇峻天皇五年（五九二）の十月には仏堂と回廊が造られ、推古天皇元年（五九三）の正月には仏舎利を塔の心礎に納め、推古天皇十三年に司馬達等の孫（多須奈の子）鞍作止利《くらつくりのとり》（鳥）が銅像と繡像の丈六仏をつくり、翌年に完成して金堂に安置したという。

法興寺にようやく仏堂ができた歳の翌月、蘇我馬子の命をうけた東漢直駒《やまとのあやのあたえこま》が崇峻天皇を暗殺するという大事件が勃発した。崇峻天皇二年（五八九）には、中国では大きな変化があった。隋が南朝の陳を滅ぼして南北に分裂していた中国を統一した。そして五九八年には水陸三十万の大軍を動員して、第一次高句麗征討を実行する。高句麗はねばり強く抵抗したが、嬰陽《えいよう》王の謝罪によって、一時国交を樹立、高句麗の嬰陽王は遼東郡公、百済の威徳王は帯方郡公、新羅の新平王は楽浪郡公に封じられた。朝鮮三国は隋に朝貢し官爵号を与えられる隋の冊封体制にくみこまれたが、隋の第一次高句麗征討を契機に、朝鮮三国の対立は激化の一途をたどった。

倭国と新羅の関係は悪化し、崇峻天皇四年の十一月、大動員令を下して「二万余」の大軍を北九州に集結した（ちなみにこの軍の将軍らが大和へ帰還したのは推古天皇三年＝五九五であった）。北九州へ大軍がおもむいて主力部隊の留守の間に、蘇我馬子らが崇峻大王を暗殺したのである。

蘇我氏は物部氏を打倒したとはいえ、反蘇我氏のうごめきは跡をたってはいない。東アジアの国際情勢の緊迫化を利用して権力の集中をはかろうとしての崇峻天皇暗殺であった。そして天皇家の外祖父となった用明天皇即位以後の地位をさらに強固なものとした。用明天皇は欽明天皇と蘇我稲目の娘堅塩媛《きたしひめ》との間に生まれた王者であり、崇峻天皇亡き後は、敏達天皇の大后（皇后）であり、やはり堅塩媛を母とする豊御食炊屋媛《とよみけかしきやひめ》（額田部王女）が即位した。推古天皇がその人であり、大后で女帝となった最初の王者であった。

敏達天皇のはじめの大后にはまず息長真手王《おきながまでおう》の娘広姫《ひろひめ》がなった。息長真手王は、近江国坂田郡

《息長足日廣額天皇《おきながたらしひひろぬかのすめらみこと》〈舒明天皇〉の出自》

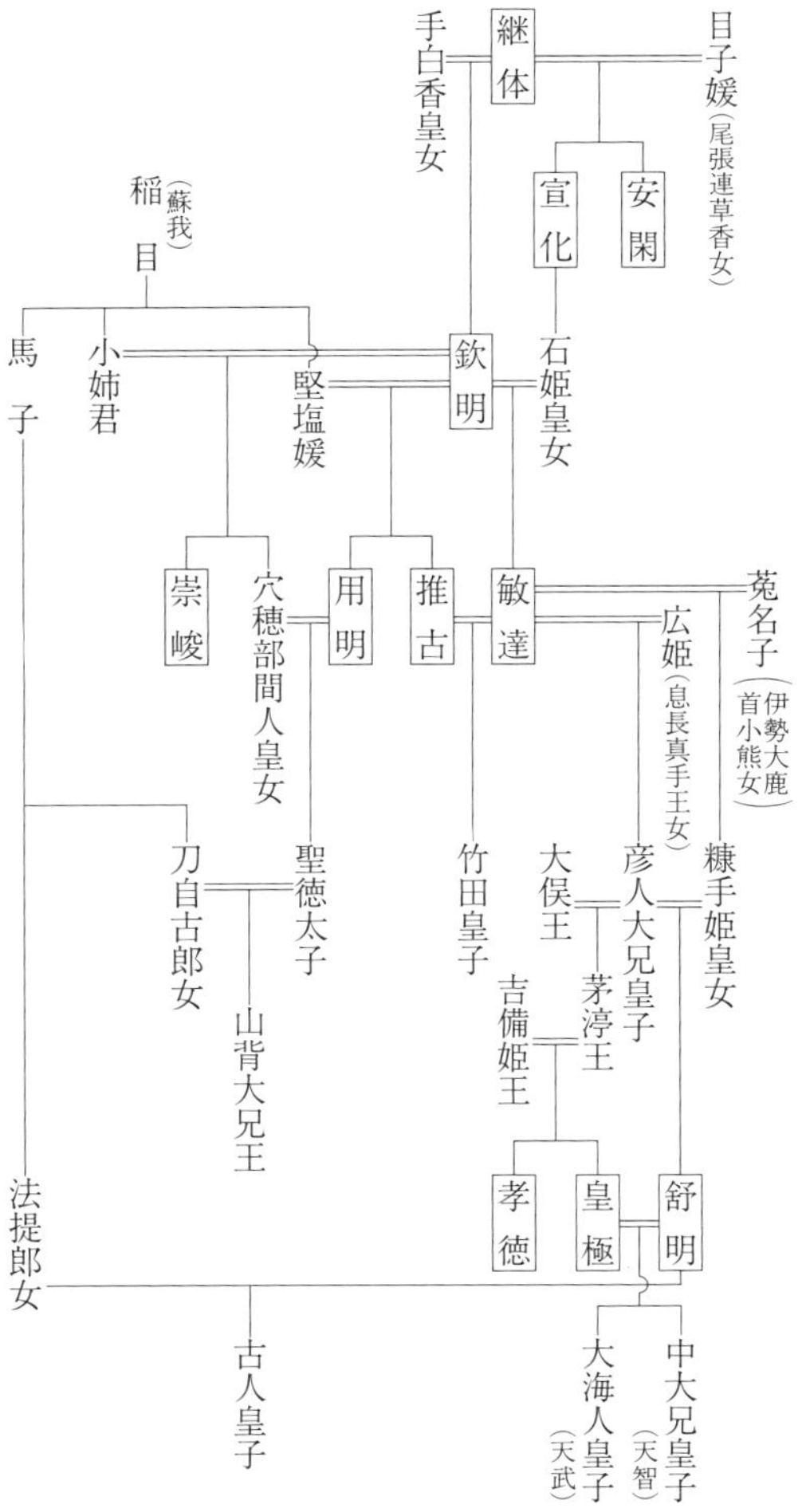

の息長氏とつながりをもつ。息長真手王の娘麻組《おくみ》（麻績）は継体天皇の妃ともなる。息長氏と王統譜とかかわりは深いが、広姫が敏達天皇四年（五七五）に亡くなって、炊屋姫が大后となり、さらに蘇我氏の画策で炊屋妃が推古天皇となった。

推古天皇の代の「摂政」は、摂関政治の摂政ではなく、大王の代行者としてのおもむきが濃厚だが（『私の日本古代史』下、新潮選書）、その「摂政」に蘇我稲目の娘小姉君《おあねのきみ》と欽明天皇の間に生まれた穴穂部間人《はしひと》皇女を母とする廐戸皇子（聖徳太子）が太子となり摂政（大王の代行者）となった。蘇我氏は全盛期を迎えた。

推古朝の外交で注目されるのは遣隋使の派遣である。倭国から隋王朝への遣隋使の派遣は、推古天皇八年（六〇〇）（『隋書』）、推古天皇十五年（『日本書紀』、『隋書』）、推古天皇十六年（『日本書紀』、『隋書』）、推古天皇十八年（『隋書』）、推古天皇二十二年（『日本書紀』）と、少なくとも五回におよぶ。

とりわけ有名なのは、推古天皇十五年（大業三）の大使小野妹子《いもこ》らが持参した倭国王の国書であった。

『隋書』によれば、遣使の理由を「聞く、海西の菩薩天子、重ねて仏法を興すと。故遣はして朝拝せしめ、兼ねて沙門数十人、来つて仏法を学ぶ」と記載し、仏法の倭国への導入を主目的としていたことがわかる。しかし、実際に隋へおもむいた遣隋使は、仏法のほか礼制・律令など、隋の政治・文化・思想も倭国へもたらした。熱心な崇仏者であった太子らが、隋の皇帝を「海西の菩薩天子」とよんでいることも興味深い。

その国書には、「日出づる処の天子、書を日没する処の天子に致す。恙無《つつが》きや」とあって、煬《よう》帝《だい》はこの国書を覧て四夷にかんする朝貢・入国などをつかさどる長官である鴻臚卿《こうろけい》に「蛮夷の書、無礼なる者あり、復《ま》た以って聞《もん》する勿《なか》れ」と告げた（『隋書』）。

煬帝が激怒した理由を、俗説では東夷の倭国自らが「日出づる処」と称し、中華の国である隋を「日没する処」と表現したところにあるという。しかしそれは前にも指摘したとおり誤りである。

問題なのは、東夷の倭国の王者が「日出づる処の天子」を名乗った箇所にあった。「天子」は中国皇帝のみが使いうる称号であることは倭国の太子たちも充分理解していたはずである。それなのになぜ「天子」を称したのか。そこには、この派遣を進めた太子らに、国際関係における「和」は、自主対等でなければならないとする理念が投影されていたからではないか。

そして私は前述したように「天子」を称した前提には、倭国の大王が五世紀後半から中国皇帝の徳化が天下におよぶとする「治天下」（『孟子』、『論語』、『魏書』など）を称していた状況があったと考えている。埼玉県行田市の稲荷山古墳出土の辛亥年（四七一）七月の鉄剣銘に、獲加多支《わかたけ》鹵《る》大王（雄略天皇）の「治天下」を明記している。また、同じく五世紀後半の熊本県和水《なごみ》町の江田船山古墳出土の大刀銘にも「獲加多支鹵大王」の「治天下」を述べる。そして、この「治天下」の「大王」の表記は、「大宝令」（公式令）によって、はっきり「御宇日本天皇」と詔書に書くことを定めた時まで、ひきつづき使用されていた。したがって「大王」号が「天皇」号に変わっても、たとえば河内（大阪府）出土の「船王後《ふねのおうご》墓誌《ぼし》」や山城（京都府）出土の「小野毛人《おののえみし》墓誌」のように、「治天下」の「天皇」と表現されたのである。

遣隋使も朝貢使であった。にもかかわらず、倭国王が隋の皇帝から爵号・官職や軍号などを与えられた形跡はない。遣唐使の場合でも、倭国の大王・日本国の天皇が冊封のあかしとしての称号を賜与された例はない。大使などには、たとえば押使《おうし》粟田朝臣真人《あわたのあそみまひと》が礼部の司膳卿《しぜんけい》を与えられたように称号を賜与された例はかなりあるが、夷狄《いてき》のなかで倭国の大王や日本国の天皇が称号を賜与されていないのは重要である。それは、倭王武（雄略天皇）が昇明二年（四七八）に南朝宋の順帝へ上表して以後、推古天皇八年（六〇〇）の第一回遣隋使派遣まで、中国に朝貢しなかった、冊封体制から自立したあらたな関係をめざした動きともかかわりをもつ。

激怒した煬帝は、「復た以つて聞する勿れ」と鴻臚卿につげたという。しかし、翌、大業四年（六〇八）には隋使裴世清《はいせいせい》らが来日して難波（大阪府）から大和川をさかのぼって奈良盆地に入り、乗馬して推古の宮である大和飛鳥の小墾田宮《おはりだのみや》に向かう。そして、推古女帝の前で倭国における最高の敬礼「両度（段）再拝」を行なっている。太子らのめざした自主対等外交は成功したというべきであろう。

しかし、他方で新羅征討計画が継続されていたこともみのがせない。崇峻天皇五年（五九二）の新羅征討軍は崇峻天皇暗殺事件で大和へ帰還したが、その後も新羅の征討が計画されていたことは、つぎのような状況にはっきりとうかがわれる。推古天皇十年（六〇二）には廐戸皇子の同母弟である来目《くめ》皇子を将軍とした征新羅軍が編成される。このたびの新羅征討将軍は蘇我の一族ではない。王族将軍であり、しかも廐戸皇子の実弟であった。翌年来目皇子が北九州で病没して征討は不発に終わったが、あらためて征新羅将軍になったのは、廐戸皇子の異母兄弟である当摩《たぎま》皇子であった。

廐戸皇子の近親者が王族将軍に任ぜられているのは、廐戸皇子もまた新羅征討に協力し、かつ主導的であったことを物語る。しかし推古天皇十一年七月、当摩皇子の妻（舎人姫王《とねりひめぎみ》）がなくなって、当摩皇子は大和に帰る。こうして新羅征討計画はあえなく挫折《ざせつ》したのである。

第一回の遣隋使は新羅征討計画を実施する行為と併行しており、隋との友好関係を保つことによって、東夷の「大国」として新羅を威圧する意図をもっており、第二回以降の仏教をはじめとする隋の文化に学ぶ姿勢とは、その目的を異にするところがあったと思われる。

4　大和飛鳥の都

隋へ派遣された留学生や留学僧が中国から倭国へ帰ってくる。たとえば『日本書紀』の推古天皇三十一年七月の条には中国の学問僧恵斉《えさい》・恵光や倭国の医《くすし》（薬師）恵日《えにち》（高句麗人の子孫）・倭漢《やまとのあやのあたい》直らが新羅の大使奈末智洗爾《なまちせんに》らに従って帰国し、奏聞して「唐国に留まる学者皆学びて業を成しつ。喚《め》すべし（召喚しなさい）、またその大唐国は、法式備はり珍《たから》の国なり、常に通《かよ》ふべし」と報告しているのは、仏教ばかりではなく、中国の法制などが整備されているのに開眼し、倭国の政治体制の整備を自覚したからである。

崇峻・推古朝には、朝鮮三国からも僧や新しい技術者などが渡来しているが（『渡来の古代史』角川選書）、遣隋使の人びともまた推古朝には中国の文明のありようを学んで帰国する人々もあった。六一八年に隋が亡んで唐が成立すると、高句麗は六一九年に、百済と新羅は六二一年に遣唐使を派遣した。倭国で舒明天皇二年（六三〇）に第五回の遣隋使であった犬上御田鍬《みたすき》や遣隋使のメンバーであった恵日らが派遣されている。六二八年の推古女帝の崩去とその後継者をめぐる争いなどがあり、朝鮮三国に対する外交のありようをめぐる見解の対立などが、倭国の遣唐使派遣を遅らせたのかもしれない。

しかし大唐帝国の出現で、大和の飛鳥を本処とする旧体制は改革せねばならないとする意識が、有識者たちの間では高まっていたにちがいない。舒明天皇はその代表者のひとりであった。

まず注目すべきは舒明天皇の出自である。欽明天皇と蘇我稲目の娘堅《きた》塩《し》媛《ひめ》の間に生まれたのが用明天皇であり、推古天皇であった。そして稲目の娘小姉君と欽明天皇の間に生まれたのが崇峻天皇で、穴穂部間人《はしひと》王女を母としたのが廐戸皇子（聖徳太子）であった。

推古天皇は死に臨んで蘇我馬子の娘刀《と》自《じ》古《こ》郎女のもとに誕生した上宮王家出身の山背《やましろ》大兄王と田村皇子（のちの舒明天皇）を病床に招いた。田村王子の父は彦人大兄王であり、彦人大兄の父は敏達天皇であり、母は近江の息長氏につながる息長真手王の娘の広姫であった。

彦人大兄王は「押坂彦人大兄皇子」とよばれたように押坂（忍坂）宮（奈良県桜井市忍坂のあたり）に住んで蘇我氏とはゆかりのない忍坂王家の出身であった。そして允恭天皇の大后には押坂（忍坂）大中姫がなり、非蘇我系の押坂王家には当時の人口の一割に及ぶ刑部（一万五千戸）が属していた（吉川真司『飛鳥の都』岩波新書）。その押坂王家ゆかりの舒明天皇が息長氏とのつながりを強く意識していたことは、その和風の諡《おくりな》が「息長足《たらし》日《ひ》広額《ひろぬか》天皇」と称されたのにもうかがわれる（千田稔『飛鳥の覇者』文英堂）。

推古天皇の遺志はつぎの天皇には田村皇子を望んでいたが、山背大兄王は自分が聞いた遺詔とは異なるとし、上宮王家とまじわりのあった境部《さかいべの》摩《ま》理《り》勢《せ》は山背大兄王を天皇に推挙した。ところが意外にも蘇我蝦夷は田村皇子を推し、兵を動員して摩理勢を殺害する。こうして田村皇子の即位が実現した（六二九年）。舒明天皇の即位によって推古天皇の後継者をめぐる争いは収束をみた。

なぜ蝦夷が非蘇我系で息長氏とのつながりが深い田村皇子を支持したのであろうか。その背景にはおそらく田村皇子に蘇我馬子の娘で蝦夷の妹にあたる法提郎女《ほてのいらつめ》がとつぎ、古人皇子を生んでいたことがかかわりをもつのであろう。

大和の飛鳥を本拠とする蘇我氏の横暴を抑えるために、舒明天皇は明日香村の岡のあたりに飛鳥岡本宮を造営した。岡本宮跡は明日香村岡の飛鳥宮の三時期におよぶ最下層の遺構とみなされており、掘立柱跡・塀・石組みの溝・石敷きなどが検出されている。吉川真司氏が指摘するように、その地に宮居を設けたのも、蘇我馬子の居宅があった嶋と、蘇我氏の氏寺飛鳥寺があった真神原の中間に位置しており、明日香村の岡に家を造営したのは明らかに蘇我氏の勢力を索制する意図に根ざしていたことがわかる。

飛鳥岡本宮への遷居は舒明天皇二年（六三〇）の十月であり、同年八月に第一次遣唐使を派遣した約二カ月後であった。しかし舒明天皇八年六月に火災のために焼亡、やむなく田中宮（橿原市田中町のあたり）へ遷る。そして舒明天皇十一年七月に詔して百済川のほとりに「大宮及び大寺」を造営することを宣言した。百済大宮は舒明天皇の祖父敏達天皇の百済大井宮のあった場所であり、「西の民」は百済大宮、「東の民」は百済大寺の造営に従事した。同年十二月には百済川のほとりに九重の塔が建てられ、翌年十月には百済大宮に遷居した。

百済大寺の建立には、蘇我氏の飛鳥寺に勝るとも劣らぬ大寺として発願された、わが国最初の勅願寺であった。桜井市吉備の吉備池廃寺が百済大寺の寺跡である。

東に金堂、西に塔を配置したが、金堂の基壇面積は山田寺金堂の三・一倍、塔は倭国初の九重塔であり、その基壇面積は飛鳥寺の塔の約八倍、一辺約三〇メートル、高さ三・一メートル以上で九重塔の高さは八〇メートル前後であったという。

東国の民に大寺を造ることを命じて、書直県《ふみのあたいのあがた》を大匠とした。皇極天皇元年（六四二）九月に百済大寺の造営が命じられたのは、『大安寺縁起』にみえる、「子部社《こべのやしろ》を切り排《はら》ひて、寺家を院《かこ》ひ（垣をめぐらし）、九重塔を建て」たので、「社の神怒りて火を放ち、九重塔並びに金堂の石鴟《し》尾《び》を焼損」したというエピソードがどこまで信頼しうるかはともかく、舒明天皇が大后（皇極天皇）に寺の再建を遺言したからであろう。

百済大寺は天武天皇二年（六七三）、大和国の高市郡夜倍にあらたに造りはじめられた高市大寺となり、同六年九月には高市大寺は大官大寺となった。こうしてわが国はじめての勅願寺は官寺として藤原京四大寺の首位を占めることになる。

『万葉集』巻第一には雄略天皇の「天皇の御製歌」を冒頭の歌としている。この歌は倭《やまと》（大和）

の御県《みあがた》の岡で歌われたものであろう。

〝籠《こ》もよ　み籠《こ》持ち　ふくしもよ　みぶくし持ち　この岡《をか》に　菜摘《なつ》ます児《こ》　家《いへ》聞かな　名告《の》らさね　そらみつ　山跡（大和）の国は　おしなべて　我《われ》こそ居《を》れ　しきなべて　我こそいませ　我こそば　告らめ　家をも名をも〟

ついで舒明天皇の「天皇、香具山《かぐやま》に登りて望国《くにみ》したまふ時の御製歌」の

〝山常（大和）には　群山《むらやま》あれど　とりよろふ　天《あめ》の香具山　登り立ち　国見《くにみ》をすれば　国《くに》原《はら》は　煙《けぶり》立ち立つ　海原《うなはら》は　かまめ立ち立つ　うまし国そ　あきづ島　八間跡（大和）の国は〟

をあげている。「治天下大王」の倭王武（雄略天皇）の歌を『万葉集』の冒頭に、ついで舒明天皇が香具山に登って国見をしたおりの歌を配置しているのをたんなる偶然とみなすわけにはいかない。蘇我氏が本拠とした大和の飛鳥に、岡本宮を造営して蘇我氏の権力を抑圧した、舒明天皇の大和飛鳥の国見歌として理解すべきではないか。飛鳥岡本宮が「倭京」の注目すべき最初の宮居となったいわれをあらたな見地から再吟味すべきであろう。

第四章　天武朝の歴史的意義

1　天武天皇の治政

六七二年（壬申の歳）の五月に「今、已《や》むこと獲《え》ずして、禍《わざわい》を承《う》けむ。何ぞ黙《もく》して身を亡《ほろぼ》さむや」と決意し、六月二十二日大和国（奈良県）の吉野で蹶起して、同年の七月、近江朝廷を実力で打倒した大海人皇子（舒明天皇の皇子）は、同月二十四日に近江朝廷の左右大臣以下を逮捕、八月二十五日には大海人皇子の長男高市皇子に命じて、近江朝廷群臣の罪状を明らかにして処罰した。世にいわゆる壬申の乱がそれである。

戦いは尾張・美濃から近江路へ、そして大和路ばかりではない。大海人の軍に甲斐（山梨県）

の勇者が参加し、近江朝廷側は吉備総領の當摩公広嶋《たいまのきみひろしま》や筑紫大宰の栗隈王を味方にしようとして失敗するように、壬申の乱のうねりは日本列島の東と西へ波及した。

そして壬申の乱に勝利した天武天皇は翌年の二月、大和国高市郡明日香村の飛鳥浄御原宮で即位した。

六七二年の九月、野上《のがみ》（岐阜県関ヶ原町）の行宮（かりの宮）から大和の飛鳥におもむいた大海人皇子は、斉明・天智両天皇が用いた後の飛鳥岡本宮に入った。そしてその東南側を中心に「新宮」を造営した。新宮は旧宮の東南郭（エビノコ郭）にあり、東西九四メートル・南北五五メートルの区画であったことが発掘調査で明らかとなっている。

新宮が飛鳥浄御原宮と命名されたのは、朱鳥元年（六八六）であったが、浄御原宮は旧宮と新宮とで構成されており、最古の下層（Ⅰ期）は岡本宮、中層（Ⅱ期）は板蓋宮、上層（Ⅲ期）は後の岡本宮と浄御原宮とみなす説が有力である。浄御原宮の新宮は屋根のついた掘立柱塀を四囲にめぐらせ、東南部の中央には正面九間、奥行四間の正殿が設けられた。内郭の北西、飛鳥川の東側で飛鳥寺と宮跡の間に大規模な苑池が造られていたのもみのがせない。

天武天皇の治政は、朱鳥元年（六八六）九月九日病によって崩ずるまで、およそ十五年ばかり行われたが、天武天皇独自の政治が本格化したのは天武天皇十年（六八一）のころからであった。そこで天武天皇九年末までを前期とし、それ以後を後期として考察することにする。

2　前期の特色

壬申の乱のおりに、六月二十六日伊勢国朝明郡（現在の三重県三重郡の一部）の迹太川《とおかわ》（朝明川）のあたりで「天照大神を望拝」したことは『日本書紀』ばかりでなく、『釋日本紀』に引用する舎人安斗宿禰智徳《あとのすくねちとこ》の『日記』に「朝明郡迹大川《ママ》上にて天照大神を拝礼」と書いているばかりでなく、壬申の乱の司令官として活躍した高市皇子の殯宮《もがりのみや》の時に柿本人麻呂が

〝渡会の斎宮ゆ　神風に　い吹き惑はし〟（『万葉集』巻第二・一九九）

と伊勢大神の神威を歌いあげたごとく、天武天皇の伊勢大神への崇敬の念は深い。天武天皇二年四月には大来《おおく》皇女を伊勢大神の斎王とし、同四年二月には十市《とおち》皇女と阿閇《あべ》皇女を「皇女勅使」（榎村寛之『伊勢神宮と古代王権』筑摩書房）とし、さらに朱鳥元年四月にも多紀皇女・山城皇女・石川夫人が神宮に派遣されている。

斎王と「皇女勅使」とが混在する時期は、榎村説では元正朝の後期までとするが、その「皇女勅使」のはじまりは天武朝からであった。

その前期のおりに壬申の乱で功績のあった坂本臣財《たから》や紀臣阿閇麻呂をはじめとする人びとに、叙位あるいは寵賞がなされた例が多いのも、乱後ほどなくであったから当然のことであった。

わが国の天皇即位の祭儀は、即位式ばかりでなく、大嘗祭《だいじょうさい》を不可欠とするようになるその前提は天武朝からである。即位が七月以前であれば当年の新嘗祭を拡充して実施され、即位が八月以後であれば翌年の新嘗祭（十一月の下の卯の日から）を充実して大嘗祭とした。『日本書紀』の天武二年十二月の条に「大嘗祭に侍奉《つかえまつ》れる中臣・忌部及び神宮の人等、并《あわ》せて播磨・丹波の二つの国（悠紀・主基の国）の郡司、亦以下の人夫らにことごとく禄を賜ふ」とあるのを持統天皇の即位の翌年に実施された大嘗祭と同一視する見解は誤りである（岡田精司「大王就任儀礼の原形とその展開」、『古代祭祀の史的研究』所収、塙書房）。なぜなら悠紀・主基の斎田の国の設定は『日本書紀』の天武元年九月の条や六年十一月の条にもみえており、この「大嘗」は「大宝令」や「養老令」の「神祇令」にいう「毎年大嘗」すなわち新嘗祭であったからである。しかし悠紀・主基の二つの国が設けられたのは天武朝からであり、これが持統朝における大嘗祭の悠紀田・主基田の設定にうけつがれたことはたしかであろう。

神祇政策においても天武朝の前期は注目すべき時期であった。それは高天原系の天つ神をまつる社、葦原《あしはら》の中つ国系の国つ神をまつる社、すなわち「天つ社」・「国つ社」の社格設定のプロセスをみてもわかる。

『古事記』では、第十代と伝える崇神《すじん》天皇の代に「天神・地祇の社を定め奉りたまひき」とし、『日本書紀』では崇神天皇七年十一月の条に「天つ社・国つ社及び神地・神戸《かんべ》を定む」と記しているが、崇神天皇の治政として天つ社・国つ社が設置されたかどうかは疑わしい。第一に「神戸」は神社に対する封戸《ふこ》であって、封戸を賜与する「食封《じきふ》の制」の初見は『日本書紀』の大化二年（六四六）正月の条であり、律令制の成立によって整備された。したがって、「神戸」とならぶ「天つ社・国つ社」の設定記事を信頼するわけにいかない。『記』・『紀』の崇神朝にかけての「天つ社・国つ社」の設定の記事以後、まったく「天つ社・国つ社」の関係記載はなく、天武天皇五年（六七六）以降になって、「天神・地祇」・「天つ社・国（地）つ社」の記述が多くなる。

そして天武天皇六年五月の「勅」によって、明確に「天つ社・地《くに》つ社の神税は三つに分《わか》ち、一つをば擬供《つかえまつ》るが為にし、二分をば神主に分ち給へ」と決められた。天つ社・国つ社という社格制度ができあがったのは、まぎれもなく天武朝であった。

毎年六月・十二月の晦日に、ツミやケガレを祓《はら》う解除《はらい》は、もともと国造らによって実施されていたのを、国家による大祓（大解除）としたのも天武朝であった。それは天武天皇五年八月十六日・同十年七月三十日・朱鳥元年七月三日の国家による臨時の大祓にもはっきりとみいだすことができる。

『延喜式』の巻第八には、当時の朝廷における「大祓」の祝詞を戴いているが、これまでの研究によって（白江恒夫「大ハラへ詞の完成」、『古事研究大成』四所収、高科書店）その原型が天武朝の「大解除」にあったことが判明している（上田正昭『倭国から日本国へ』文英堂）。

やはり『延喜式』の巻第八には、当時の朝廷においても重視されていた奈良県北葛城郡の廣瀬神社の「廣瀬の大忌《おおいみ》の祭」（大忌は大いに潔斎すること）と同県生駒郡の竜田神社の「竜田の風の神の祭」の祝詞が収められているが、この両社祭祀のはじまりは、『日本書紀』の天武天皇四年四月の条に「風神を龍田の立野に祠らしむ」・「大忌神を廣瀬の河曲《かわわ》に祭らしむ」に由来する。

つぎに注目すべきは、天武天皇六年の六月に東漢直《やまとあやのあたひ》らに「汝等《いましら》が黨族《やから》、本《もと》より七《なな》つの不可《あしきこと》を犯《をか》せり。是《ここ》を以《も》て、小墾田《をはりだ》の御世《みよ》（推古朝）より、近江《あふみ》の朝《みかど》（天智朝）に至《いた》るまでに、常《つね》に汝等を謀《はか》るを以て事《わざ》とす。今《いま》朕《わ》が世《よ》に當《あた》りて、汝等の不可《あ》しき状《かたち》を將責《せ》めて、犯《をかし》の随《まま》に罪《つみ》すべし。然《しか》れども頓《ひたぶる》に漢直《あやのあたひ》の氏《うぢ》を絶《たや》さまく欲《ほっ》せず。故《かれ》、大きなる恩《めぐみ》を降《くだ》して原《ゆる》したまふ。今より以後《のち》、若《も》し犯《をか》す者《もの》有《あ》らば、必《かなら》ず赦《ゆる》さざる例《かぎり》に入《い》れむ」と厳命したのも大和国（奈良県）の大和飛鳥に宮居を造営したから、政治・経済・争事などであなどりがたい勢力をもった東漢氏の本拠地が大和飛鳥の檜隈《ひのくま》（檜隈）にあり、高市郡は『日本書紀』の欽明天皇七年七月の条や『新撰姓氏録』の逸文に「今来郡」と書かれ、坂上田村麻呂の父である坂上苅田《かりた》麻呂が宝亀三年（七七二）の四月二十日の上奏文に、「他の姓の者は十にして一・二なり」というほどに数多く居住していたためである。

なお『日本書紀』の天武天皇七年春の条にはみのがせない記事がある。天武天皇は「天神地祇」を祭るために「天下」に大祓を実施し、倉梯《くらはし》川の上流に斎宮を設けたと述べる。しかし出発しようとしたおりに、十市皇女がこの世を去ったために行幸は中止となり、天皇の天神地祇の親祭計画は頓挫した。その親祭計画が実現しなかったことを重視して、持統天皇三年（六八九）を画期とする「神祇令」の体系化へと進むとする説は示唆にとむ（佐々田悠「天武の親祭計画をめぐって」、『ヒストリア』二四三号）。

さらに天武天皇八年の正月七日には、「兄姉より以上及び己が氏長《うじこのかみ》を除きて、以外は拝むことなかれ」という詔をだして、「氏長」を重んじる政策をだしていることもみのがせない。

天武朝の仏教政策もまた軽視できない。国家と仏教の結びつきは、天武朝からより顕著となる。崇峻《すしゅん》天皇元年（五八八）に蘇我《そが》氏が建立した蘇我氏の氏寺であった大和の飛鳥寺（法興寺《ほうこうじ》）を天武天皇九年（六八〇）四月に官寺としている。

また、飛鳥の百済大寺《くだらのおおでら》（高市大寺《たけちのおおでら》）を天武天皇二年十二月に官寺とし、天武天皇六年には高市大寺を大官大寺《だいかんだいじ》と寺の名を改めたように、国家仏教のさきがけともいうべき官寺仏教の具体化も天武朝であった。そして天武天皇十二年の三月には、僧正《そうじょう》・僧都《そうず》・律師《りっし》を任命して、国家による仏教統制のシステムともいうべき僧綱制《そうごうせい》が実質的にスタートした。

天武天皇四年の十月に、「使を四方《よも》に遣して、一切経《いっさいきょう》を覓《もと》め」たのも、一切経の書写事業を促進するためであり、天武天皇十二年の七月、「初めて僧侶を請《よ》せて、宮中安吾《あんご》」を実施したのも天武朝であった。天武天皇みずからが、たとえば天武天皇十四年の八月に飛鳥の浄土寺《じょうどじ》や川原《かわら》寺《でら》に行幸したし、朱鳥元年（六八六）の七月に「天皇の為に観世音像を造り」、「即ち観世音経を大官大寺に説かし」めたりした。翌八月一日には「天皇の為に、八十の僧を度《ど》せしめ（出家させ）」、同月二日には「僧尼并せて一百を度せしめ」、「百の菩薩（図・像）を宮中に坐《ま》せて、観世音経二百巻を読ましめ」たりもした。天武朝における仏教の重視は、神祇を重んじた天武天皇の治政とならんで注目に値する。

3　天皇号と日本国号

天武天皇前期の政治で注目すべきものに天皇号と日本国号の使用にかんする問題がある。天皇とは北極星を指し、北極星を「天皇大帝」としたことは、中国春秋時代の予言の『緯書《いしょ》』の合誠図に「天皇大帝北辰星也」とあるのにも明らかである（津田左右吉『上代史の研究』付録「天皇考」、岩波書店）。そして道教の神仙思想と結合して男の神仙の最高である東王公（東王父）を天皇大帝ともよぶようになる。中国でも唐の高宗が上元《じょうげん》元年（六七四）に「天皇」号を用いた例があるが、日本ではいったい何時ごろから「大王」が「天皇」を称するようになったのであろうか。

その用例として注目されるのは、『私の日本古代史』（下）（新潮選書）でも述べたように、大阪府柏原市の松岳《まつおか》山上から出土した「船王後墓誌《ふねのおうごぼし》」である。その墓誌銘には「戊辰年十二月、松岳山上に殯葬す」とあり、天智天皇七年十二月の「殯葬」のおりの墓誌とみなされる。まず百済系の渡来氏族である船王後が王智仁（王辰爾《おうしんに》）の孫である那沛故《なはいこ》の子であることを述べる。王智仁は『新撰姓氏録』（右京諸蕃）の船連の条や『続日本紀』の延暦九年（七九〇）七月十七日の条に百済王仁貞・津連真道《つのむらじまみち》らが上奏している文にみえる「智仁君」すなわち「王辰爾」のことで、船にかんする税などを記録した船連の祖とあおがれた人物である。

問題は船氏の中興の祖とする船王後が「乎娑陀宮《おさだのみや》治天下　天皇」（敏達天皇）、「等由羅《とゆら》宮治天下　天皇」（推古天皇）、「阿須迦《あすか》宮治天下　天皇」（舒明天皇）の朝廷に奉仕して「官位大仁」を賜ったと記し、「阿須加天皇の末、歳は辛丑に次《やど》る十二月三日庚寅に殞亡《いんぼう》す」と記述している点にある。そして墓誌は夫人の安理故能刀自《ありこのとじ》と合葬し、大兄刀羅古首《とらこのおびと》の墓と並んで作ったと記述する。

この天智天皇七年の船王後の墓誌には「治天下　天皇」が三ヵ所、「天皇」が二ヵ所みえており、「天皇」の用例としてはきわめて注目すべきものとなっている。ところがこの「官位」を「官《つかさ》」と「位《くらい》」と解釈して官位という用語は官職と位階が相当することを反映した用語であって、『続日本紀』の慶雲二年（七〇五）四月十七日以後から使われており、この「墓誌」は船氏の墓域を明示する意図もあって追葬されたとみなす東野治之説がある。

しかしこの「官位」の用語は「官位大仁を賜ひ、品第三と為す」と述べるように「官の位」第三の冠位「大仁」をさし、慶雲二年以前にも、『日本書紀』ではたとえば天智称制四年二月の

「官位」は百済の場合だが「官位の階級《しな》」とし、『日本書紀』天武天皇四年四月の条、持統天皇六年六月の条などにも「官位」の用例はあって、墓誌の「官位」を「官位相当」の「官位」と解釈するのはいかがであろうか。「治天下　天皇」の表記も「大宝令」の「御宇」・「御」のさだめ以前であり、私見では「船王後墓誌」が初の天皇の用例であると考えている。船氏が墓域を明示するために墓誌を追葬したとみなしうるあかしも、墓誌にはみえない。「近江令」を定め「庚午年籍」によって民衆を掌握した天智朝に「天皇」が使われていた可能性は高いと考えられる。

　しかし遅くとも天武朝に「天皇」の用語が確実に使われていたことは、奈良県明日香村飛鳥池から丁丑年《ひのとうし》（天武天皇六年〈六七七〉）の木簡と共に出土した天武朝の木簡に、墨痕あざやかに「天皇」と書かれていたことによってたしかめられよう。天武朝にできあがって持統朝に施行された「飛鳥浄御原令」には「天皇」号が規定されていたと思われる。

　それなら「日本国」という国号が何時の代から対外的に使われるようになったのであろうか。これについても『私の日本古代史』（下）で指摘したが、『隋書』東夷伝倭国の条に、大業三年（六〇七＝推古天皇十五年）の国書に「日出づる処の天子、書を日没する処の天子に致す」とあるのを、日本の用例とみなす説もある。しかしそれは尚早の見解である。推古朝に「日出づる処」とする意識のあったことは認められるとしても、これをもって「日本」の国号を名乗った確実な例とすることはできない。

「日本」という国号の明確な史料としては、『旧唐書』東夷伝倭国の条に「日本国は倭国の別種なり、その国日辺に在るを以て、故に日本を以て名と為す。或ひは曰く、倭国自らその名雅《みや》びならざるを悪《にく》み、更《あらた》めて日本と為《な》す」とあるのが注意される。しかし日本という国号がいつごろから使われたかについては、なんら言及されていない。『旧唐書』について注目されるのは、『新唐書』東夷伝日本の条である。そこには咸亨元年（六七〇）に「使を遣はして、高麗（高句麗）を平ぐを賀す、後稍《のちやや》（やや後）夏音《かおん》（中華の音）に習ひ、倭の名を悪み、更《あらた》めて日本を号す、使者自ら言ふ、国日出づる処に近し、以て名と為す」と記す。この咸亨元年の遣唐使は、『日本書紀』の天智天皇八年（六六九）是歳の条に述べる河内直鯨《くじら》を代表とする一行であり、翌年に入唐している。

この『新唐書』の文によれば、咸亨元年（天智天皇九年）の頃から日本という国号を用いたことになる。この『新唐書』などの所伝をうけて、『三国史記』の新羅本紀文武王十年（六七〇）十二月の条には、「倭国更めて日本を号す。自ら言ふ、日出づる所に近し、以て名と為す」と述べている。

こうした史料によって、日本という国号の具体化の上限は六七〇年であり、その下限は「大宝律令」完成の七〇一年ということをみさだめることができる。

日本という国号が天智天皇九年（六七〇）から大宝元年（七〇一）までの間に使用されたことを、

もっと詳細にみきわめることができないか。その点を考える際に参考となるのは、『正倉院文書』のなかの天平二十年（七四八）の「写章疏目録」にみえる「帝紀二巻　日本書」である。この「日本書」を、『日本書紀』の天武天皇十年（六八一）三月の条に記す川島皇子をはじめとする一二名に「帝紀及び上古の諸事の記定」と関連づけて、その「帝紀」をこの「日本書」とみなす説がある（折口信夫「日本書と日本紀と」、『折口信夫全集』第一巻、中央公論社、一九五四）。留意すべき仮説だが、この説を裏づける確かな証拠はない。

ここで改めて浮かび上がってくるのが、高句麗僧の道顕が著した『日本世記《にほんせいき》』である。この『日本世記』は『日本書紀』の斉明天皇六年七月の条、同七年四月の条、同年十一月の条、天智天皇八年十月の条に引用されており、天智天皇即位前紀十二月、同元年四月の条には、その道顕の言葉がみえている。これらの道顕の記述も、その著『日本世記』の文にもとづいたものと考えられる。

道顕にかんする記事は、藤原仲麻呂がまとめた『家伝』（上）（『大織冠＝藤原鎌足伝』）にもあり、また藤原（中臣）鎌足の長男であった貞慧《じょうえ》（貞恵）が二十三歳で亡くなったおりに（六六六年）、誄詞《しのびごと》を献じたことが記載されている。これらの史料によって、道顕が鎌足と深いつながりをもっていたことが察知されよう。

書名に「日本」を冠し、その言葉に「日本」がみえる道顕の『日本世記』は、いつごろまとめられたのであろうか。その年次は不詳だが、鎌足が薨じた天智天皇八年（六六九）以後、天武朝には確実に存在した記録と思われる。ここで参照すべきは、『日本書紀』の天武天皇三年（六七四）三月の条に、九州の対馬で産出した銀を朝廷に献上したことを記載して、「凡そ銀の倭国にあることは、初めて此の時に出《み》えたり」と述べている記事である。この「倭国」はいわゆる「日本国」に相当するが、天武天皇三年の記述に「倭国」とあるから、六七四年のころの原史料にはまだ倭国と称されていたことを示唆する。とすれば、「日本国」の確実な登場は、六七四年以後の天武朝であったと考えられる。道顕の書も天武天皇三年以後にまとめられた可能性がある。

4　後期と律令制

天武天皇十年（六八一）の正月から、天武治政の後期がはじまり、本格的な律令体制への歩みが具体化する。同年の正月二日に天つ神・国つ神への幣帛《みてぐら》を献じ、ついで同月十九日に畿内および諸国の天つ社・地（国）つ社の宮を修理することを命じているが、国家権力の集中と整備に対する決意のもとに神々の加護を念じたためであろう。

同年の二月二十五日、天皇と皇后（鸕野皇女・のちの持統天皇）は、大極殿（浄御原宮の正殿）において、親王・諸王・諸臣の前で、「朕、今より更に律令を定め、法式を改めむと欲《おも》ふ」と詔した。正殿を「大極殿」と『日本書紀』が表記している確実な初見は、この詔をだす記事であったが、天武天皇九年の十一月七日に「国家に利あり、百姓（民衆）を豊かにするてだてがあれば申告せよ」、「理にかなへば立てて法則とせむ」とした詔は、ついに「飛鳥浄御原令」として実現することになる。天武天皇十一年の八月一日にも「おのおの方式として用ゐるべき事を申さしむ」の命令をだしているのも、浄御原令の条文の具体化が進みつつあったことを物語る。

「飛鳥浄御原令」は天智朝の「近江令」と同じように刑罰法である「律」はなく、持統三年（六八九）に施行されたのは「令一部二十二巻」であった。天智天皇即位の年（六六八）に実施された「近江令」が「二十二巻」であったから、「近江令」を改定・増補し、文言を修正した「令」であって、巻数は同じということになったのであろう。残念ながら浄御原令は残っていないが、公戸を統治する「戸令」や官人の勤務評定ともいうべき「考仕令」があったことはたしかであり、天智朝の国―評―五十戸の制が、浄御原令で、国―評―里に改められたこともはっきりしている。

さらに注目すべきは同じ日に天武天皇と鸕野皇后の間に生まれた草壁皇子を皇太子に任じたことである。天武天皇の皇子は十人だが、高市皇子は長男でしかも壬申の乱勝利の最大の功労者であったが、母は筑前宗像《むなかた》の豪族胸形君徳善の娘（いわゆる「卑母」）であり、持統天皇四年（六九〇）七月太政大臣にはなったが、皇位の後継者となることはできなかった。

天武天皇八年の五月六日、壬申の乱挙兵の地吉野で、天皇・皇后列席のもと、天武天皇の皇子である草壁・大津・高市・忍壁、天智天皇の皇子である河嶋（川嶋）・芝基《しき》（施基）の六皇子が盟約したとおり、草壁皇子が皇太子となることはあらかじめ承知されていた。

ついで天武十年の四月三日は「禁式九十二条」が実施されて、親王から庶民に至るまで、身分に応じてどのような敷物・冠・帯・服を用いるかが決められた。そして翌年の三月二十八日には、親王が各役所の官人に対して、位冠・襅《まえも》・褶《ひらおび》・脛裳《はぎも》（袴の一種）の着用を禁じ、また膳夫《かしわで》（天皇の食膳にたずさわる者）の手繦《たすき》や采女《うねめ》が肩巾《ひれ》を用いることを廃止した。さらに四月二十三日には男女すべて髪を結ぶなかれとし、婦女が馬に乗ることを許した。

これらは古来の伝承を唐風に改める意図にもとづき、天武十四年の正月二十一日に定められた新しい明位・浄位（それぞれ大・廣）そして十二階すなわち正位四階・直位四階・勤位四階・務位四階・追位四階・進位四階（それぞれ大・廣）の四十八階の位階制をめざす前提となった。「飛鳥浄御原令」にはこうした規定がとりいれられたに違いない。そして天武十一年の九月二日には、「跪礼・匍匐《ほふく》礼」は禁止して「難波朝廷（孝徳天皇の朝礼）の立礼」とすることが命じられた。これも律令官人制を整備するための唐風の採用であった。

天武天皇八年の正月に「氏長」を重視する詔がだされたことは前述したが、天武天皇十一年の十二月三日には氏上を定めていない氏には氏上を定めて上申することを命じ、氏人の多い氏については、これを分割してあらたに氏上を定めることを指示した。これは同年の八月二十二日に朝廷の礼儀や朝廷に用いる言語を定め、官人の勤務評定や昇進に族姓やその素行を考慮するとした、氏上制を官人の考選に吸収していることを示す。

天武天皇十三年の四月五日には重要な詔がだされている。それは「政《まつりごと》の要は軍事なり」とする詔であって、文武の官人は武力をととのえ、乗馬の訓練を行なえとするものであった。さきに新羅は唐と連合して百済を滅ぼし、ついで高句麗を倒したが、六六七年のころから新羅と唐の外交関係はゆきづまって新羅と唐の戦いとなる。天武天皇四年(六七五)、ひとまず戦いは中止となったが、新羅と唐の動向にはなお警戒すべきものがあった。

5 「八色《やくさ》の姓《かばね》」の制定

天武治政の後期の政治で、注目すべきもののひとつに、天武天皇十三年の十月一日に制定された八色の姓がある。㈠真人《まひと》、㈡朝臣《あそみ》、㈢宿禰《すくね》、㈣忌寸《いみき》、㈤道師《みちのし》、㈥臣《おみ》、㈦連《むらじ》、㈧稲置《いなき》の新しい八つの姓がそれである。

まず十月一日に守山公《きみ》ほか十三氏に真人を与え、ついで十一月一日に大三輪君ほか五十二氏に朝臣を、そして十二月二日に大伴連以下五十氏に宿禰を、さらに翌十四年六月二十日には大倭連ほか十一氏に忌寸を賜わったことが『日本書紀』にみえている。

これらの賜姓によって、従来の公（君）・臣・連・直《あたい》の氏から皇室と関係の深い氏を真人・朝臣・宿禰とし、旧直姓・国造のほか渡来系の有力氏族に忌寸姓を与えていることがわかる。

この新姓のあらたな賜与が天皇家一族による皇親政治を具体化するてだてであったことは、八色の姓の最上位であった真人になった守山公ら十三氏の内容を検討するだけでも明らかとなる。

同じ天武朝の賜姓でも、八色の姓制定以前の天武天皇十二年九月二日の倭直ほか三十八氏に連の姓を与え、同年十月五日三宅吉士《きし》ら十四氏にやはり連の姓を賜い、同十三年正月十七日に三野県主・内蔵衣縫造《くらのきぬぬいのみやつこ》両氏を連としたのとは、全くおもむきを異にする。旧来の臣・連・伴造・国造などの身分秩序を新しく更新して、八色の新姓による皇親政治を強化しようとした連姓の賜与であった。

そしてその事情は應神天皇・継体天皇を祖とする皇親をはじめとする氏族への真人姓の賜与にもうかがわれる。そのことを出自をたしかめうる公姓氏族について検討してみよう。羽田公・息長公・酒人公・山道公は『古事記』の應神天皇の条にみえ、品陀天皇（應神天皇）の御子若野毛二俣王（『日本書紀』は「稚野毛二派皇子」と書く）が弟日売真若《おとひめまわか》比賣命の間に生んだ意富杼《おほど》王を「波多君・息長公・酒人君・山道公・筑紫の末多君・布勢君らの祖なり」（分註）とする。

『新撰姓氏録』ではどうか。三国君は継体天皇の「椀子《まろこ》皇子（王）の後なり」（『新撰姓氏録』の左京・右京・山城皇別）、坂田君は「継体天皇の皇子仲王（中皇子）の後なり」（『新撰姓氏録』左京皇別）

とする。路君は「敏達天皇の皇子難波王より出づ」（『新撰姓氏録』左京皇別）と伝え、當麻《たぎま》君は『日本書紀』の用明天皇元年正月の条に用明天皇の麻呂子皇子と「此當麻公の先《おや》なり」と記す。丹比公と伊名公については『日本書紀』の宣化天皇元年三月の条に、宣化天皇の上殖葉《かみつうえは》皇子を「丹比公・偉那公、凡《すべ》て二姓の先なり」と述べ、『新撰姓氏録』（右京皇別）に「賀美恵波王の後なり」とする。

このようにみてくると、真人姓となった氏族の祖としては、應神天皇と継体天皇が古い皇別氏族であったことがわかる。ここで改めて想起することがある。それは継体天皇について、『古事記』が「品太《ほんだ》王（應神天皇）の五世の孫」とし、また『日本書紀』がやはり「男大迹天皇（継体天皇）は誉田《ほんだ》天皇（應神天皇）の五孫の孫」とすることである。

通説では武烈天皇に子がなく、彦主人《ひこうし》王が近江国（滋賀県）の高嶋郡三尾から越前国（福井県）坂井郡三国の振媛《ふりひめ》を迎えてその間に生れた男大迹王を河内（大阪府）の馬飼首荒籠《あらこ》が密使として迎えおもむき継体天皇として即位する。そこで王統の連続性を強調するために、慶雲三年（七〇六）二月十六日の格《きゃく》（修正法）によって、「大宝令」（継嗣令）が三世までを皇親としていたのを「五世の王」までとひろげたのにもとづいて、「應神天皇の五世の孫」と特筆したとこれまでは解釈してきた。しかし「大宝令」や慶雲三年の格以前に、應神天皇や継体天皇を祖とする氏族を皇親とみなしていたことは、應神天皇を祖とする羽田公・息長公・酒人公・山道公そして継体天皇を祖とする三国君・坂田君に真人の姓を与えて、皇親政治を強化しているのをみても、天武朝において應神天皇や継体天皇が王統の重要な節目の大王とされていたことがわかる。

なお八色の姓の「真人」は中国の不老長生の現世利益の宗教である道教で、悟りを開いた神仙を「真人」と称し、「道師」は道教の「道師」との関連が推測される。『日本書紀』の天武天皇十四年十一月の条には天武天皇の「招魂《みたまふり》」のさいに法蔵法師と金鐘が「白朮《おけら》」(仙薬)を献じたことを記載するが、呪禁師《じゅごん》には仏教の仏呪と道教の道呪があり、実際に呪禁博士が当時の朝廷に出仕していたことは、『日本書紀』の持統天皇五年十二月の条に呪禁博士木素丁武《もくそちょうむ》に銀を賜ったことがみえるのにもうかがわれる。金鐘も道呪であった可能性がある。

日本の古代に教団としての道教が受容された形跡はないが(道士の史料はある)、たとえば津田左右吉博士(『文学に現はれたる我が国民思想の研究』)や和辻哲郎博士(『日本古代文化』)のように、「宗教としての道教は入っていなかった」と断言するわけにはいかない。

道教の寺院(道観)などが検出されていない現段階においては、道教信仰の流伝と表現するほかはないけれども、道教の信仰はたしかに導入されていた。

『日本書紀』の推古天皇十年十月の条には、前述したように百済僧の觀勒が「遁甲《とんこう》方術の書」をもたらし、山背日立《やましろのひたて》が「方術」を学んだと述べている。『方術の書』とは医薬・卜筮・占星・呪言などの道教にかんする書であった。

天武天皇は『日本書紀』の評伝に「天文、遁甲に能《よ》し」とされ、実際に六七二年の壬申の乱のおりには、みずから式《ちく》（吉凶を占う用具）をとりて占い、また天武天皇四年正月には占星台を造るというように遁甲方術に造詣があり、その和風の諡《おくりな》は天渟《あまのぬ》中原《なかはら》瀛《おき》真人《まひと》天皇であった。八色の姓のトップの真人を称し、道教の東方三神仙のひとつである瀛洲山にちなむ瀛をあてたのもそれなりの理由があった（「道教とその文化の流伝」、『論究・古代史と東アジア』所収、岩波書店）。

6　「日本国」の史と「天皇の書」

天武天皇十年の三月十七日、天武天皇は浄御原宮の大極殿において、川嶋皇子・忍壁皇子・廣瀬王・竹田王・桑田王・上毛君三千・忌部連首《おびと》・阿曇連《あずみのむらじ》稲敷《いなしき》・難波連大形《おおかた》・中臣連大嶋・平《へ》群臣《ぐりのおみ》子首に命じて「帝紀及び上古諸事」を記定することを命じた。「帝紀」とは大王・天皇の系譜を主とする伝承であり、「上古の諸事」とは各氏族の伝承を中心とする伝承だが（鑑賞日本古典文学『古事記』解説、角川書店）、『日本書紀』は中臣連大嶋と平群臣子首がただちに「筆を執りて以て録す」と記録を開始したという。

最終的には天武天皇の皇子である舎人親王をトップとする『日本紀』（『日本書紀』）編纂史局の人びとによって、養老四年（七二〇）の五月二十一日に「奏上」された三十巻（巻第一・巻第二＝

神代巻、巻第三神武天皇の巻より巻第三十持統天皇の巻まで）の「日本国」の「正史」となる。

『日本書紀』の編纂に遣唐留学生であった境部石積《さかいべのいわつみ》らが『新字一部四十四巻』をまとめたのも（天武天皇十一年三月の条）、また日本の史官ばかりでなく、朝鮮半島から渡来した識者あるいは唐人の続守言や薩弘格をはじめとする史官が参加していたのはたしかであった（森博達『日本書紀の真実』中央公論社）。

天武天皇が舎人稗田阿礼に勅語して「邦家の経緯」（国家行政の根本）・「王化の鴻基」（天皇徳化の基礎）を明らかにするために「帝紀」を撰録し、「旧辞」（「先代旧辞」）を「討覈《とうかく》」（調査・検討）して、「後葉」（後の代）に伝えよとしたと『古事記』の序は記すが、元明天皇の和銅四年（七一一）の九月十八日、太安万侶が「稗田阿礼の誦《よ》む所の勅語の旧辞」を撰録して、翌年の正月二十八日に「献上」したのがその「序」に述べる『古事記』のなりたちである（上巻＝神代巻、中巻―下巻＝神武天皇―推古天皇、ただし系譜は天武天皇の父舒明天皇におよぶ）。

学界でも『古事記』と『日本書紀』を一括して「記紀」とよぶ人がかなりあるが、すでに指摘したとおり（『私の日本古代史』（上）ほか）その内容にはかなりの違いがある。

両書の差異を若干かえりみることにしよう。

①『古事記』はフルコトブミにふさわしく、古き代に重点をおいて、仁賢天皇以後は「帝紀」中心の記述となっており、継体天皇の条に「此の御世に、筑紫君石井《いわい》、天皇の命に従はずして多

く礼无《な》かりき」と筑紫君磐井《いわい》の乱を簡単に記載するにとどまる。欽明天皇の世の仏教伝来や推古天皇の世の冠位十二階など、重要なできごとには一切言及していない。それにたいして、『日本書紀』では巻第一四（雄略天皇の巻）以降から実録風の記述となり、外交関係記事も増加する。『古事記』が神武天皇から應神天皇までを中巻として、下巻を仁徳天皇から始め、しかもその序に仁徳天皇を「大雀《おおさざき》皇帝」と特筆しているのが注目される。それにたいして『日本書紀』では雄略天皇の代からを近き世として強く意識して編纂されているのもみのがせない。『日本書紀』の暦日が、巻第一四の雄略朝から巻第三〇の持統朝までが、宋の何承天が元嘉二十年（四四三）に作った元嘉暦に従ってなされていることも興味深い（岸俊男「画期としての雄略朝」、『日本政治社会史研究』塙書房）。『万葉集』が雄略天皇の「御製歌」とする「籠《こ》もよ　み籠持ち」の歌から始めている歴史意識は、『日本書紀』の雄略朝からを近き世とした歴史意識と対応する。

また、両者の相違はこのような時代と内容の違いばかりではない。

②『日本書紀』が漢文体であるのにたいし、『古事記』は漢文式和文体（たとえば冒頭の造化三神の出生については、於高天原成神と記し、成㆓於高天原㆒神の漢文にはなっていない）であり、『日本書紀』の神代巻のはじまりが「天地未《いま》だ剖《わか》れず、陰陽分れざりし時」の漢文が、前漢の淮南《わいなん》王劉安の著である『淮南子《えなんじ》』の「天地未剖、陰陽不判」の文にもとづいて書きはじめられるように漢籍にもとづいた文とは対照的である。また『日本書紀』の巻第三（神武天皇の巻）以後は編年体であるが、

『古事記』の中・下巻は、天皇の代にかけての記載となっている。

③『古事記』は本文以外の別伝を併記していないが、『日本書紀』は中国の『魏志』・『晋起居注』のほか、朝鮮の百済三書（『百済記』・『百済本記』・『百済新撰』）・高句麗僧道顕の『日本世記』や『伊吉連博徳書』、『難波吉士男人書』、さらに「一書」・「一本」・「或本《あるほん》」・「旧本」など九種類の表記による別伝を、一三一ヵ所に掲載する。

このような差異は、「記紀神話」として一括されやすい『古事記』上巻と『日本書紀』巻第一・巻第二の内容においても、明らかに存在する。

『古事記』と『日本書紀』の神話のすじみちは基本的に天地開闢→国生み・神生み→天の石屋戸（天石窟戸）→中つ国平定→国譲り→天孫降臨→海幸・山幸の神話で構成されているが、『古事記』の上巻および『日本書紀』の巻第一・巻第二のいわゆる「神代巻」にあっても、両書の神話伝承には細部においてひらきがあった。まず第一に両書の神代巻に登場する個別神の数が『古事記』には二六七神登場するが、『日本書紀』では本文に六六神、本文以外の神が「一書」一一五神（計一八一神）みえている。つまり個別神名の数は『紀』よりは『記』の方が多く、『紀』の一書のみに伝える独自の神名は六九神におよぶことがわかる。このように『記』と『紀』では個別神のありようじたいに差異がある。

問題は単純な個別神名数の違いのみにはとどまらない。

（1）造化の三神と神世七代の場合。『記』はいわゆる「造化三神」について、「高天原に成りませる神の名は、天之御中主神《あめのみなかぬしのかみ》、次に高御産巣日神《たかみむすひのかみ》、次に神産巣日神《かみむすひのかみ》」とその冒頭に記載する。

ところで『紀』ではどうか。『紀』はその本文には「造化三神」は載せずに、第四の「一書」の「又曰く」として「高天原に所生《なり》ます神の名は、天御中主尊、次に高皇産霊尊《たかみむすひのみこと》、次に神皇産霊《かみむすひの》尊《みこと》」と述べている。「至貴をば尊と曰ふ、自余をば命と曰ふ（最も尊い神や人には尊と称し、その他は命と称する）」（『紀』巻第一の分注）という筆法にしたがって、「尊」の字を用いているが、『紀』がとくに「高皇産霊」・「神皇産霊」と「皇」の字をわざわざつけているのを軽視できない。皇祖の「産霊神」とする意識は、『記』よりも『紀』のほうに濃厚に反映されている。

いわゆる神代七代の「神世七代」のあつかいも、両書では異なっている。『記』では『紀』にない「別天神《ことあまつかみ》」（五柱）を特記して、前掲の「造化三神」に「宇摩志阿斯訶備比古遅神《うましあしかびひこぢのかみ》」と「天《あめ》之常立神《のとこたちのかみ》」を加える。そして「国之常立神《くにのとこたちのかみ》」と「豊雲野神《とよくものかみ》」（独神）に「宇比地邇神《うひぢにのかみ》」・「妹須《いもす》比智邇神《ひぢにのかみ》」以下対偶神十神（二神で「一代」とする）で、「神世七代」を構成する。

ところが『紀』の伝承は、もっと複雑であった。「国常立尊」・「国狭槌尊《くにのさつちのみこと》」・「豊斟渟尊《とよくむぬのみこと》」の「純男《おとこのかぎり》」三神に、「埿土煑尊《うひぢに》」・「沙土煑尊《すひぢに》」以下対偶神八神を加えて、「神世七代」を形づくる。しかもその八神の伝承も、本文と「一書」では、くい違いがある。

このような「造化」三神、「純男」三神、「別天神」五神、「神世七代」の「三」・「五」・「七」

を聖数とする観念は、中国風の思想にもとづくものだが、こうした差異にもみいだされるように、『記』・『紀』両書の「神代巻」は、その冒頭から記述の違いがみられる。

（2）誓約の神話。『記』・『紀』にはともにアマテラスオホミカミとスサノヲノミコトとが天安《あめのやす》河《かわ》をなかにして宇気比《うけひ》（誓約）をする神話を書いている。しかしその細部は異なっていて、『記』ではスサノオの「清明」なる心は、宗像三女神（タキリヒメ・イチキシマヒメ・タキツヒメ）が生成したことによって証明されたと記すが、『紀』では逆に、スサノヲノミコトの「清き心」はアメノオシホミミノミコト以下の五男神が生成したことによって、証明されたことになる。

（3）黄泉国訪問の神話。イザナキノミコトが黄泉国を訪問する有名な神話もまた、『記』・『紀』両書で、その内容にかなりの差異があるばかりか、『紀』では本文であつかわずに、「一書」の所伝を列挙するにとどめている。

（4）稲羽（因幡）の素兎がワニ（鮫あるいは鱇か）をだまし、皮をはがれて苦痛を堪えしのんでいるのを大国主命が助ける神話は、かつての文部省唱歌によって有名になったが、この神話は『日本書紀』などの古典神話にはみえず、『古事記』独自の神話になっている。

（5）八千矛《やちほこ》の神が高志《こし》（越・北陸）の沼河比売《ぬなかわひめ》を妻問いし、コナミ（正妻）のスセリヒメがウハナリ（妾）へのネタミ（嫉妬）をして、

〝八千矛の　神の命《みこと》や　吾が大国主　汝《な》こそは　男《お》に坐《いま》せば、　打《う》ち廻《み》る　島の埼埼　かき

廻る　磯《いそ》の埼落ちず　若草の　妻持たせらめ　吾はもよ　女《め》にしあれば　汝を除《おき》て　男は無し　汝を除て　夫《つま》は無し〟

と切々と嘆き悲しむような文学性豊かな神話も『紀』にはない。

（6）大国主神に対する八十神《やそがみ》の迫害や須佐之男命が大国主神を試練する神話も、『記』にのみあって『紀』にはない。

（7）葦原の中つ国の平定。荒ぶる神の居住する葦原の中つ国の平定をめぐる神話の詞章は、これまた『記』・『紀』両書に記載されているが、重要な点でくい違いがある。たとえば、中つ国の平定を命ずる高天原の司令神を、『記』が天照大御神と高御産巣日神（高木神）とするのにたいして、『紀』では高皇産霊尊のみとする（本文と第四・第六の「一書」）。そうした違いは、『記』・『紀』神話のピークともいうべき、天孫降臨の詞章でも同様であった。

（8）中つ国平定のための派遣神も異なっており、『記』では剣の神とする「建御雷神《たけみかづちのかみ》」と船の神と伝える「天鳥船神《あめのとりふねのかみ》」とするのに、『紀』では「武甕槌神《たけみかづちのかみ》」と物を断ちきる音の「フツ」に由来するという「経津主神《ふつぬしのかみ》」を記す（建御雷神＝武甕槌神は鹿島神宮、経津主神は香取神宮の主神だが、後に藤原氏の氏神、春日大社の第一殿と第二殿に奉斎された）。

いまはその主たる相違の箇所を列挙したにすぎない。より詳細にはさらなる差異が加わる。それなのに神話学者や歴史学者・国文学者たちが一括して「記紀神話」という場合が少なくない。

『記』・『紀』中心の史観はいわゆる皇国史観の中核となったので、これを批判することに異論はないが、『古事記』・『日本書紀』のなりたちとその内容の違いも検討しないで、『記』・『紀』の伝承のすべてを虚構とするイデオロギッシュな見方や考え方にくみするわけにはいかない。

両書の違いはその受けとめられ方にも差異があって、『日本書紀』は「奏上」の翌年から宮廷で講書され、平安時代においても少なくとも六度の講書がなされたことがたしかめられる。ところが『古事記』は、その完成を『続日本紀』をはじめとしてその当該年に一切記さず、写本の残り方においても、たとえば『日本書紀』は、奈良時代末期ないし平安時代初期の佐佐木信綱旧蔵本の巻第一断簡と同筆の猪熊《いのくま》本神代上断簡・田中本巻第一〇などの古写本があるのに比べて、『古事記』の現伝最古の写本は、応安四、五年（一三七一、七二）の名古屋の真福寺に伝わった真福寺本というように異なっている。

もっとも真福寺本の奥書によれば、鎌倉時代にも『古事記』写本の校合がなされていたことが明らかであり、承平六年（九三六）の『日本書紀』講書のおりにも『古事記』の存在が論議されていたことがたしかめられる。日本という国名を冠する「国記」としての『日本紀』と、「天皇記」としての趣きの濃い『古事記』、その両書には成書化の後にあっても、その受けとめられ方に違いがあった。

『古事記』には「序」に「御世」（三例）本文では崇神天皇や仁徳天皇の条に「天皇の御世」と

記すのをはじめとして、天皇統治の代を「御世」と表記する例が随所にある（矢嶋泉『古事記の歴史意識』吉川弘文館）。まさに『天皇記』のいろあいが濃厚である。そしてそれは、『日本書紀』が持統天皇五年（六九一）二月一日の詔で唯一「天皇の世《みよ》」と表現する歴史意識と対応する。

天武朝になぜ「日本国」の史と「天皇（御世）」の書の編纂が開始されたのであろうか。そこにはさまざまな理由が考えられるが、最大の理由は二つあるのではないか。そのひとつは六六三年の白村江の戦いにおける倭国の大敗北による国家意識のたかまりであり、いまひとつは六七二年の壬申の乱のよる大海人皇子の実力によって王権を簒奪して確立した王統の正統性の主張である。前者は「日本国」の史に反映され、後者は「天皇（御世）の書」の誕生につながる。

唐の高宗は、前にも述べておいたように、永徽二年（六五一）に朝鮮三国に対する重要な政策をうちだした。新羅と連合して、まず百済を滅ぼし、ついで高句麗を征討する方針がそれである（『旧唐書』東夷伝、『資治通鑑』の「唐紀」）。

事実、それは具体化して、六六〇年に百済は滅亡し、六六三年の白村江の戦いで百済・倭国の軍は壊滅、六六八年には高句麗も平定された。

白村江の戦いにおける倭の軍勢の大敗北は、近江朝廷にとっては存亡の危機でもあった。天智称制三年（六六四）は甲子《きのえね》の歳であった。その年の二月九日、称制の中大兄は重要な政治改革を「大皇弟」（大海人皇子）に勅命した。世に「甲子《かっし》の宣《せん》」といわれるのがそれである。第一は冠位二十六階の施行であり、この位階制は天武天皇十四年（六八五）正月の四十八階制までうけつがれた。

第二は各氏族の首長（氏上《うじのかみ》）の制の編成であり、大氏・小氏、伴造《とものみやつこ》らの氏上をあらたに定めて、大氏の氏上には大刀、小氏の氏上には小刀、伴造らの氏上には楯・弓矢を与えた。第三は「その民部《かきべ》・家部《やかべ》を定め」た。第三の「その民部・家部を定む」をもって、大化二年（六四六）正月の詔の「子代の民・屯倉・部曲《かきべ》の民」の廃止を否定する見解もあるが、この「その」は京都大学教授吉川真治説のごとく「氏上」を指し、あらたに氏上の民部（隷属民）と家部（一定数の公民をその家の隷属民とし、封戸と同じように、貢納物や労働力を与える）を定めたと解釈するのが妥当であろう（『飛鳥の都』岩波新書）。称制の中大兄は、氏上制を新しく編成し、その隷属民までを掌握しようとしたのである。

これと関連して注目すべきは、天智天皇九年（六七〇）二月の「戸籍を造る、盗賊と浮浪を断《や》む」の庚午年籍《こうごねんじゃく》の制定である。六七〇年が庚午《かのえうま》の歳であるためこのおりに定められた戸籍を庚午年籍とよんでいる。いわゆる畿内をはじめ西は播磨・紀伊・讃岐・伊予さらに九州諸国におよび、『続日本紀』の神亀四年（七二七）七月二十七日の条には「筑紫諸国の庚午籍七百七十巻に官印」を押したという。たとえば上野国では一里について一巻であったから、九州全体で七七〇巻という数は里数より多く、九州の場合は氏別の戸籍であったかもしれない。東では常陸や上野で実施されたことがわかっているが、常陸国のように「辛未年籍を以って庚午年籍となす」ところもあったが（『延喜交替式』）、庚午年籍は一里一巻を原則としていた。庚午年籍が倭国のすべての地域に実施された戸籍であったことは、平安時代のはじめに「左右京職《しき》ならびに五畿内七道諸国」に対して庚午年籍を書写して上申せよと命じられたのをみてもわかる。

『続日本紀』の大宝三年（七〇三）七月五日の条には「宜《よろ》しく庚午年籍を以て定《さだめ》となし、更に改易することなかるべし」の詔が述べられているように、庚午年籍によってすべての民衆（良・賤を含む）を掌握し、その身分を確定して氏姓の基本台帳とした。

「近江令」を制定し、大津宮への遷都を断行したのも（「津遷都の考究」、『論究・古代史と東アジア』所収、岩波書店）天智朝における国家意識のたかまりであり、それが天武朝にうけつがれて前述した「倭国」から「日本国」への国号への展開となる。

『古事記』がその「序」において壬申の乱について百十七字も述べているのも偶然ではない。天武天皇の代を「飛鳥清原《きよみはら》の大宮に大八州御《おおやしましろ》しめしし天皇の御世」とたたえて、その王統譜を天武天皇の父である舒明天皇までとしたのも、天武朝がいかに正統な王朝であったかを強調するためであったといえよう。

7　富本の思想と浄の美意識

天武天皇十二年（六八三）の四月十五日の条には、「今より以後、必ず銅銭を用ゐよ、銀銭を用ゐること莫《なか》れ」との詔のだされたことが、『日本書紀』に記載されている。唐の「開元通宝」に倣って鋳造されたと思われる富本銭（銅銭）は、前述したように平成十一年（一九九九）の一月、奈良県明日香村飛鳥池遺跡でその工房跡が検出されるまでにもみつかっていた。藤原京跡で二点、平城京跡で二点、大阪市天王寺区細工谷遺跡で一点などがそれである。しかしその確実な工房跡がみつからず、たんなる厭勝《えんしょう》銭（地鎮のためなどのまじないの銭）とみなされていた。

飛鳥池遺跡は、飛鳥寺の東南の谷あいに位置し、前述した天武天皇六年の「天皇」木簡をはじめとする貴重な木簡が検出されたばかりでなく、大量の富本銭とその鋳棹《いざお》が出土した。そして金・銀・銅・鉄を素材とした装飾品や仏具、工具や建築用金物あるいは武具など、さらにガラスや水晶・コハク・メノウなどの玉類を含むさまざまな製品を作った工房の存在がたしかめられた。谷の西奥に金・銀・ガラスの工房があり、谷の入口近くに鉄・銅・漆の工房があったことも明らかとなった。

『日本書紀』の天武天皇十二年四月の詔にいう「銅銭」は、和銅元年（七〇八）の「和同開珎《かいちん》」

に対して「古和銅」とよぶ研究者もいたが、この富本銭こそが、天武十二年四月の詔の「銅銭」であった。

私がかねがね注目してきたのは「富本」という鋳銭の命名である。後漢の斑固がまとめた『漢書』の食貨志には、「食足貨通、然後国実民富、而教化成」とみえている。そして唐の王陽詢が編集した『芸文類聚』には、後漢の名将馬援が五銖銭の再鋳を進言して、「富民之本、在於食貨」と述べたことを記す。

ここで想起するのは、天武天皇とそのブレーンが『漢書』に大いなる関心をいだいていたと思われることである。壬申の乱のおりであった。村国連男依《おより》らが数万の兵を率いて美濃（岐阜県）の不破より出撃して近江朝廷を攻めたさいに、「赤色を以て衣の上に着け」（『日本書紀』天武元年七月二日の条）、また『古事記』の序に天武天皇が「絳旗（赤旗）兵を輝かして、凶徒瓦のごとく解《と》けき」と述べる。壬申の乱の司令官であった高市皇子の殯宮における柿本人麻呂の挽歌（『万葉集』巻第二、一九九）には〝捧げたる　幡《はた》の靡《なび》きは　冬ごもり　春去り来れば　野ごとに　着きてある火の　風の共《むた》　靡びかふごとく〟と詠んでいるように、漢の高祖が赤帝の子なるが故に赤を重んじ赤旗（降旗）などを用いたとする『漢書』（高帝紀）の記事に倣ったと考えられるからである。

「富本」の思想といい、「絳旗」による挙兵といい、その出典はともに『漢書』にあって、開明派の天武天皇とそのブレーンにふさわしいこころみであったといえよう。

さきに「飛鳥浄御原宮」の苑池について少しばかり言及したが、『日本書紀』の天武天皇十四年十一月六日の条にみえる「白錦《しらにしき》後苑《うしろのその》」がそれにあたると思われる。平成十一年一月十八日からの発掘調査で明らかになった飛鳥京跡苑池遺構は五角形の池で、そのなかに複雑な曲線の中の島があり、中の島への渡り堤や石組み護岸は高さ三・四メートル以上あり、南岸の護岸上には南北約二・五メートルにおよぶ導入水路がみつかった。まさに天武朝の浄御原宮の内郭北西の大規模な「後苑《うしろのその》」であった。

『日本書紀』の持統天皇五年・六月の七月七日の条に宴《うたげ》が催されたことがみえているが、この宴は七夕《たなばた》の宴ではないかと推定したが（『日本神話を考える』小学館）、『万葉集』（巻第一〇）には庚辰（六八〇年）すなわち天武天皇九年に〝天の川　安の川原に　定まりて　神し競《きそ》えば　麻呂待たなくに〟（二〇三三）という七夕の歌を詠んでいる。海外の賓客たちをもてなす行事などのほか、宮廷の七夕の宴なども行なわれたのであろう。

天武天皇は『万葉集』の巻十九に「壬申の年の乱」平定以後歌二首として、大伴御行の〝皇《すめらぎ》は　神にしませば　赤駒の　はらばふ田居《たい》を　都となしつ〟（四二六〇）と作者未詳の〝大君は　神にしませば　水鳥の　すだく水沼を　都となしつ〟と歌われている。天皇の神格化は具体化して「飛鳥浄御原令」でも「明《あき》つ神」と称されていた可能性がある。そしてこの二首が「飛鳥浄御原宮」の造営をほめたたえた讃歌であったこともみのがせない。

さきに述べたようにこの宮号が決定されたのは、天武天皇十五年（六八六）の七月二十日、すなわちこの日は朱鳥に元号を改めた時であった。

なぜ、これまでの宮号とは異なる飛鳥浄御原という宮号の名称がつけられたのか。たとえば同じように「飛鳥」を冠する皇極《こうぎょく》天皇の飛鳥板蓋宮《いたぶきのみや》、舒明《じょめい》天皇の飛鳥岡本宮、斉明《さいめい》天皇（皇極天皇の重祚《ちょうそ》）の飛鳥川原宮・後飛鳥岡本宮などの宮号とはおもむきを異にする。「板蓋」という殿舎の形態あるいは「飛鳥岡の傍（本）」、はたまた飛鳥（明日香）川の「川原」という地形名・地名とは違って、どうして「浄御原」という宮号が採用されたのか。

もっとも飛鳥浄御原宮は、『日本書紀』のほか、この時代の畿内で見つかった小野毛人《おののえみし》の墓誌（京都市）にある「飛鳥浄御原宮」、采女《うねめ》氏塋域碑《けいいきひ》（大阪市）の「飛鳥浄御原大朝庭」、美努岡萬《みののおかまろ》の墓誌（奈良県）の「飛鳥浄御原天皇」、関東でも栃木県の那須国造《なすのくにのみやつこ》碑の「飛鳥浄御原大宮」のように「浄」の字を用いている。また「浄」ばかりではない。『古事記』の序の「飛鳥清御原大宮」、大和・長谷《はせ》寺の法華説相図の「飛鳥清御原大宮」のように「清」の字をあてている例もある。河内・大和国境の二上山《にじょうざん》で見つかった威奈大村《いなのおおむら》の骨蔵器に記す「後清原聖朝」とは持統朝を指し、清（御）原朝をうけての「後」であった。『万葉集』もまた「明日香清御原御宇天皇」と表記する。

宮号浄（清）御原宮にちなんで、持統天皇称制三年（六八九）六月に領布された古代法は飛鳥浄御原令とよばれているが、『続日本紀』の大宝元年（七〇一）八月の条には、「大略、浄御原朝廷（浄御原令）を以て准正《じゅんせい》とす」と記す。

浄にしても清にしても、壬申の乱に勝利した天武天皇の造営した宮居は、浄（清）の御原に造られたと強く意識されていたことが、その宮号にうかがわれる。血で血を洗う、まさに血みどろの戦いを勝ち抜いて造営された天武天皇の宮居には、〝ケガレ〟を清浄にした、あるいは清浄にしたいという強い願望が秘められていたのではないか。

「清」の字は『古事記』に十二例、『日本書紀』に六十一例みえる。ところが「浄」の字は『古事記』では垂仁天皇の条に兄比売《えひめ》・弟比売《おとひめ》の両王女を「浄公民」と記す例のみで、「浄」の用字はほとんどない。これに対し、『日本書紀』ではどうか。『日本書紀』には五十三例もあって、巻二十九（天武天皇の巻）では十七例、巻三十（持統天皇の巻）では二十二例と多くを占める。（「『日本書紀』を読む会」での田中譲氏の報告による）。「浄」の意識は『古事記』よりもはるかに『日本書紀』のほうに濃厚であり、天武朝以後に「浄」の意識が高まりをみせることと関連している。

この清浄・清明の観念は仏教思想によって導入されたとみなす説もあるが、そうとばかりはいえない。道教においても清浄・清明の観念は重視されており、道教との関連も留意すべきで、これらの観念がすべて仏教に由来するというわけにはいかない。

「浄公民」という用語の反対は「賤民」であって、「公民」の実体である「公戸」が明確になるのは天武朝であった。浄・賤の意識も天武朝のころから具体化してくる。

そのことは、位階制の名称にも反映されている。推古朝の冠位十二階（徳《とく》・仁《にん》・礼《らい》・信《しん》・義《ぎ》・智《ち》を大小に分ける）の儒教的徳目や、その後の冠位（織《しき》・繍《しゅう》・紫《し》・錦《きん》など）などと大きく異なるのは、天武天皇十四年（六八五）正月に実施された冠位四十八階である。諸王以上の位階に「明位二階・浄位四階」を設け、ついでその下に「正位四階」「直位四階」などを制定している。明・浄・正・直（明《あか》く、浄《きよ》く、正しく、直《なお》く）というまさしく日本的な位階名であった。いわゆる浄の美意識の高まりがその背景にあった。「明く浄く正しく直く」という美意識は、その後の日本のモラルの徳目ともなったが、その原点は実は天武朝にさかのぼるといってよい。

以上論究してきたように、天武朝はまさしく日本古代国家確立の画期であった。もっとも天武天皇十年（六八一）から天武朝の律令制への歩みが本格化する背景には、唐と新羅が連合して、百済を討ち、ついで高句麗を滅ぼした後、六六七年のころから新羅と唐の関係が悪化してはじまった対唐戦争が六七五年の九月にひとまず終結し、唐はチベット高原の吐蕃との対立に追われるというような東アジアの情勢の変化があった。しかし新羅と唐の関係が最終的に修復したのは六八六年であった。

こうした東アジア情勢のなかにあっての天武天皇の主体的な判断と行動がなければ、このような画期を構築することはできなかったにちがいない。天武天皇の意志をうけて、持統天皇が「飛鳥浄御原令」を施行し、さらに藤原京遷都を断行したのも、そしてまた持統天皇四年（六九〇）に、「天武天皇のご宿願」（『大所大神宮例文』）にもとづいて二十年に一度の伊勢神宮の遷宮を開始し、天武天皇の意志をついで即位祭儀としてはじまった大嘗祭を、持統天皇が即位の翌年本格的に実施したのも、天武天皇の思想と行動にその前提があった。

第五章 『古語拾遺』新考

1 なりたち

蓋《けだ》し聞けらく「上古の世に、未だ文字有らざるときに、貴賤老少、口々に相伝へ、前言往行、存して忘れず」ときけり。

この文は『古語拾遺』の「序」の冒頭に記す、選者斎部広成の古代の口頭伝承のありようを的確に表現した言葉である。

『古語拾遺』（一巻）のなりたちは、大同元年（八〇六）の平城天皇の「召問」に対して、翌年の二月十三日に「撰上」とみなすのが通説である。ところが流布本《るふぼん》の多くには「従五位下　斎部宿禰《すくね》広成撰」とあって、その完成は大同三年十二月ではないかとする疑問も提出されている。たしかに斎部広成が従五位下に昇進したのは、大同三年の十一月十九日であり、大同二年二月のおりは正六位上であった。

したがって、大同二年の二月の「撰上」の時に、「従五位下」とあるのは疑わしいことになる。だが、いうところの「従五位下」を流布本に記すのを、あとの昇進位階による追記とすれば、通説どおりとみなしてもよいかもしれない。時に広成は八十一歳の高齢であったと伝える。

斎部広成の生涯についてはきわめて不明の点が多い。しかし、彼が斎部（忌部）氏本宗家の氏《うじの》長《おさ》的位置にあったことは疑いない。忌部氏の本宗家が、従来の忌部を斎部に改めたのは、延暦二十二年（八〇三）の三月であり、平安遷都後九年あまり後のことであった（『日本逸史』）。

忌部氏がその姓《かばね》を忌部首《いんべのおびと》の首から連《むらじ》へと賜与されたのは、天武天皇九年（六八〇）正月のことであり、さらに同天皇の十三年十二月から、新姓の宿禰を称することになる。

古代における忌部氏の分布はかなり広く、大和・紀伊・讃岐・阿波・出雲・越前・安房・筑紫・伊勢など、各地に分布している。そのなかでも宮廷で活躍した、いわゆる「中央」忌部の本貫は、橿原市忌部町のあたりにあった。橿原市曽我町の忌部遺跡から五世紀後半より六世紀前半にかけての曲玉・管玉・丸玉・棗《なつめ》玉・小玉など祭祀にかかわりの深い大量の玉類が出土したたばかりでなく、忌部町の北の森には、忌部氏の祖神である天太玉命《あめのふとだま》を祭祀する延喜式内の太玉命神社が鎮座する。

『古語拾遺』は忌部（斎部）氏の「氏文《うじぶみ》」ともいうべきなかみを記載しており、造化の三神を述べたはじめの部分に「古語に、多賀美武須比《たかみむすひ》」というような訓註が二十二例もあるとおり、「古語の遺りたるを拾ふ」を書名とした。

延長八年（九三〇）から天慶九年（九四六）の間に成立した『本朝月令』には『古語拾遺』が引用されており、物部氏の伝承を主とする『先代旧事本紀』には『古語拾遺』の文によって書かれた箇所がある。『先代旧事本紀』はたんなる偽書ではなく、大同二年二月を上限として、少なくとも下限は『日本書紀』の承平六年（九三六）講筵のおりまであることがたしかとなっている（鎌田純一との共著『日本の神々』大和書房）。

2 内容の検討

『古語拾遺』の内容は、およそつぎの四つの部分で構成されている。

①天地開闢から天孫降臨（彦火尊《ひこほのみこと》＝彦火火出見《ひこほほでみ》尊と豊玉姫命との婚姻を含む）まで。

②神武天皇から天平年中まで。

③遺漏の古伝承十一カ条。

④御歳神のまつりの民間伝承。

それに前文の「序」と後文の「跋」が添えられている。それぞれの内容についてどの部分が『日本書紀』の本文あるいは「一書」（別伝）などにもとづき、どの箇所が独自の伝承であるかについては、西宮一民氏の詳細な考察がある（『古語拾遺』解説、岩波文庫）。たとえば①と②については、本文の①②は、「ほとんど日本書紀を下敷きとし、まれに養老令の条文を用い、また中臣祓詞を引用し、あるいは祝詞の慣用句を挿入し（ここのみ宣命書きとなっている）、あるいは歌謡を記載する（ここのみ、万葉仮名の一字一音で、歌の表記法をとっている）。この祝詞と歌謡表記を除けば、あとは平易な漢文体で記述してある」と指摘されている。

たしかにそのおよそは指摘のとおりであり、補註で言及されているように、本書独自の伝承もかなりあって、たとえば、

「又、男《を》の名は、天太玉命《あめのふとたまのみこと》と曰す。〔斎部宿禰《いみべのすくね》が祖なり。〕太玉命の率《ゐ》たる神の名は、天日鷲命《あめのひわしのみこと》〔阿波国《あはのくに》の忌部等《いみべら》が祖なり。〕・手置帆負命《たおきほおひのみこと》〔讃岐《さぬきの》国の忌部が祖なり。〕・彦狭知命《ひこさしりのみこと》〔紀伊《きの》国の忌部が祖なり。〕・櫛明玉命《くしあかるたまのみこと》〔出雲《いずもの》国の玉作《たまつくり》が祖なり。〕・天目一箇命《あめのまひとつのみこと》〔筑紫《ちくし》・伊勢《いせ》の両国《ふたくに》の忌部が祖なり。〕と曰す」

をはじめとする文が各所にある（〔 〕内は註の部分）。

津田左右吉博士は「古語拾遺の研究」(『津田左右吉全集』2所収、岩波書店)で、それらの独自の部分を「忌部氏が神祇官に於ける其の地位と勢力とを維持し、もしくは進めんがために、其の家系と祖先の事蹟として語られてゐる古来の説話とを誇張し修飾し改作して記載したものである」とみなし、「それらは何れも記紀編述以後の造作であり、其の多くは広成の手になつたものであらうと思はれる。たゞ、物語そのものは忌部氏によつて造作せられてゐるにしても、それによつて忌部氏と地方の忌部との実際の関係が推知せられるやうなものはあるので、拾遺の価値は、神璽に関する物語と共に、かういふ説話の存在する点にある」と断言された。そして「奈良朝から平安朝の初期にかけての思想史の貴重なる材料となるものであり、また同じ時代に於ける氏族の盛衰の状態やそれと制度との関係を反映するものとしても、少からざる価値を有することは、いふまでもない。また愁訴の各条は、ほゞ事実を記したものとして、其の時代の有力なる史料であるに違ひない。が、記紀編述の前から存在してゐた説話を記録し記紀の闕漏を補ふものとしては、さしたる価値が無く、「古語拾遺」の名は其の実に適はざるものである。神璽を二種とすることの外は、此の書の物語は、「古語」の拾遺ではなくして、新しく作られ若しくは変改せられたものだからである」と結論づけられた。

津田博士によれば「神璽を二種とすることの外は、此の書の物語は、『古語』の拾遺ではなくして、新しく作られ若しくは変改せられたもので」、「さしたる価値が無い」ことになる。

しかし津田博士の評価は誤りであって、『古語拾遺』は「天祖《あまつみおや》の神勅」を、

「時に、天祖天照大神・高皇産霊尊、乃《すなは》ち相語《あひかた》りて曰《のりたま》はく、「夫《それ》、葦原《あしはら》の瑞穂国《みづほのくに》は、吾《わ》が子《うみ》孫《のこ》の王《きみ》たるべき地《くに》なり。皇孫《すめみま》就《い》でまして治《をさ》めたまへ。宝祚《あまつひつぎ》の隆《さか》えまさむこと、天壌《あめつち》と与《とも》に窮《きはま》り无《な》かるべし」とのりたまふ。即ち、八咫鏡《やたのかがみ》及《また》薙草剣《くさなぎのつるぎ》の二種《ふたくさ》の神宝《かむだから》を以て、皇孫に授け賜ひて、永《ひたぶる》に天璽《あまつしるし》〔所謂神璽《みしるし》の剣・鏡是なり。〕と為《し》たまふ。矛・玉は自《おのづから》に従ふ。」

と記載している。その文では『日本書紀』の巻第二の第一書の天照大神の「勅」の、

「「若《も》し然《しか》らば、方《まさ》に吾が児を降《あまくだ》しまつらむ」とのたまふ。且将降《まさにあまくだ》しまさむとする間《ころ》に、皇孫《すめみま》、已に生《あ》れたまひぬ。號《みな》を天津彦彦火瓊瓊杵尊《あまつひこひこほのににぎのみこと》と曰《まう》す。時に奏《まう》すこと有《あ》りて曰《のたま》はく、「此の皇孫を以て代《か》へて降《くだ》さむと欲《おも》ふ」とのたまふ。故、天照大神、乃ち天津彦彦火瓊瓊杵尊に、八坂瓊《やさかに》の曲玉《まがたま》及び八咫鏡《やたのかがみ》・草薙劒《くさなぎのつるぎ》、三種《みくさ》の寶物《たから》を賜《たま》ふ。又《また》、中臣《なかとみ》の上祖天兒屋《とほつおやあめのこやねの》命《みこと》・忌部《いみべ》の上祖太玉命《とほつおやふとたまのみこと》・猨女《さるめ》の上祖天鈿女命《あまのうずめのみこと》・鏡作《かかみつくり》の上祖石凝姥命《いしこりどめのみこと》・玉作《たますり》の上祖玉屋命《たまのやのみこと》、凡《すべ》て五部《いつとものを》の神《かみたち》を以て、配《そ》へて侍《はべ》らしむ。因《よ》りて、皇孫に勅《みことのり》して曰《のたま》はく、「葦原の千五百秋《ちいほあき》の瑞穂《みつほ》の國は、是《これ》、吾が子孫《うみのこ》の王《きみ》たるべき地《くに》なり。爾皇孫《いましすめみま》、就《い》でまして治《しら》せ。行矣《さきくませ》。寶祚《あまのひつぎ》の隆《さか》えまさむこと、當《まさ》に天壌《あめつち》と窮《きはま》り無《な》けむ」とのたまふ。」

の文のいわゆる「天壌無窮の神勅」を前にもってゆき、「三種の宝物」伝承を後にして、「三種の宝物」を「二種の宝物」と書き変えている。

『日本書紀』では天照大神のみの「勅」なのに、『古語拾遺』は天照大神だけでなく、高皇産霊尊の両神の命令として、鏡・剣のみでなく、「矛・玉自に従ふ」と書き加えている。

王権のシンボルであるレガリア（神璽）が二種（鏡と剣）であったことは、『日本書紀』の継体天皇元年（五〇七）や持統天皇四年（六九〇）の即位記事、あるいは、「大宝令」・「養老令」の「神祇令」に明記するところであって（『私の日本古代史』（下）新潮選書）、その限りでは『古語拾遺』の伝承は貴重である（ただし「三種」の伝承は『古事記』の天孫降臨の神話の伝承にも記述する）、「矛・玉自《おのづから》に従ふ」と記述するのは『古語拾遺』のみである。おそらく広成が加筆したのであろう。

ついでながらにいえば「天壌無窮の神勅」については、隋の開皇六年（五八六）竜蔵寺碑文に「宝祚与レ長而地久」とあり、唐の貞観四年（六三〇）の昭仁寺碑銘に「与二天壌一而無レ窮」とみえていることを付記する。

津田説のように『古語拾遺』の独自伝承をすべて「新しく作られ若しくは変改されたもの」とはいえない。素戔鳴神による天つ罪の神話の最後に、「此の天つ罪は今の中臣の祓詞なり」と註記して、さらに「蚕織《こがむしはたおること》の源《もと》は神代に起れり」との註があるのを独自の伝承と西宮説はみなされたけれども、その見解にはにわかに賛同できない。

なぜなら『古事記』（上巻）に「天照大御神、忌服屋に坐《ま》して、神御衣《かんみそ》を織らしめし時」と述べ、また『日本書紀』巻第一の本文に「天照大神、みさかりに神衣を織りつつ、斎服殿にまします」

と記すばかりでなく、『日本書紀』の第一の「一書」も「稚日女尊《わかひるめのみこと》（天照大神）、斎服殿にましまして神の御服を織る」と書くとおり、天照大神の神格には織女神の信仰が重層していた。

中国の道教における最高の仙女すなわち西王母は後漢の時代には織女神として登場する。そして織女（西王母）が最高の男仙（東王父・牽牛）を訪れるという星合いの七夕伝承が育《はぐく》まれていった。西晋の張革が著わした『博物誌』には、明確に七夕伝承が記録されている（西王母の信仰については『日本の神話を考える』小学館、七夕伝承については『日本文化の基層研究』学生社、で詳論した）。

私が『古語拾遺』が「蚕織の源は神代に起れり」とする記述が独自の伝承ではないとする最大の理由は、『日本書紀』の巻第一の十一の一書に、天照大神が月夜見尊《つきよみのみこと》を保食神《うけもちのかみ》のもとへ派遣し、保食神が饗応の品々を口よりだしてもてなそうとしたところ、月夜見尊は忿然として「穢《けがらは》しきかな、鄙《いや》しきかな、寧《いづくに》ぞ口《くち》より吐《たぐ》れる物《もの》を以《も》て、敢《あ》へて我《われ》に養《あ》ふべけむ」とのたまい、つぎのようにはっきりと記載しているからである。

「廼《すなは》ち劒《つるぎ》を抜《ぬ》きて撃《う》ち殺《ころ》しつ。然《しかう》して後《のち》に、復命《かへりことまう》して、具《つぶさ》に其《そ》の事《こと》を言《まう》したまふ。時《とき》に天照大神《あまてらすおほみかみ》、怒《いか》りますこと甚《はなはだ》しくして曰《のたま》はく、「汝《いまし》は是《これ》悪《あ》しき神なり。相見《あひみ》じ」とのたまひて、乃《すなは》ち月夜見尊《つくよみのみこと》と、一日一夜《ひとひひとよ》、隔《へだ》て離《はな》れて住《す》みたまふ。是《こ》の後《のち》に、天照大神、複天熊人《またあまのくまひと》を遣《つかは》して往《ゆ》きて看《み》しめたまふ。是《こ》の時に、保食神《うけもちのかみ》、實《まこと》に已《すで》に死《まか》れり。唯《ただ》し其の神の頂《いただき》に、牛馬《うしうま》化爲《な》る有《あ》り。顱《ひたひ》の上《うへ》に粟《あは》生《な》れり。眉《まゆ》の上に蠒《かひこ》生れり。眼《め》の中《なか》に稗《ひえ》生れり。腹《はら》の中に稲《いね》生れり。陰《ほと》に麥及《むぎおよ》び大小豆《まめあづき》生れり。天熊人、悉《ふつく》に取《と》り持《も》ち去《ゆ》きて奉進《たてまつ》る。時に、天照大神喜《よろこ》びて曰《のたま》はく、「是《こ》の物は、顯見《うつ》しき蒼生《あをひとくさ》の、食《くら》ひて活くべきものなり」とのたまひて、乃ち粟稗麥豆《あはひえむぎまめ》を以ては、陸田種子《はたけつもの》とす。稻を以ては水田種子《たなつもの》とす。又因りて天邑君《あまのむらきみ》を定む。即ち其《そ》の稻種《いなたね》を以て、始めて天狹田及《あまのさなだおよ》び長田《ながた》に殖《う》う。其の秋の垂穎《たりほ》、八握《やつかほ》に莫莫然《しな》ひて、甚《はなは》だ快《こころよ》し。又口《くち》の裏《うち》に繭《かひこ》を含《ふ》みて、便《すなは》ち絲抽《いとひ》くこと得《え》たり。此《これ》より始めて養蠶《こかひ》の道有り。」

この第十一の「一書」に、保食神の屍から牛馬・粟・蚕・稗・稲・麦・大豆小豆が生まれたとする神話は、すでに金沢庄三郎・田蒙秀両氏が指摘しているとおり、『日本書紀』の編纂者のなかに朝鮮半島から渡来した人あるいは朝鮮語の分る人が加わっていたことを示唆する。なぜなら、朝鮮語をローマ字で書くと、頭（mɐrɐ）と馬（mɐr）、顱（chɐ）と粟（cho）、眼（nun）と稗（nui 白米に混じた稗類）、腹（pɐi 古形は pɐri）と稲（pyö）、女陰（pöti）と小豆（p'ɐt）というように対応するからである。

その点でもこの第十一の「一書」はみのがせないが、その文の最後には天照大神が「口の裏に繭を含みて、便ち絲抽くこと得たり。此より始めて養蠶の道有り」と「蚕織の源」を物語っているからである。『古語拾遺』の神代にかんする伝承が「ほとんど日本書紀を下敷き」にしているかどうかについても改めて検討する必要がある。『古語拾遺』は冒頭の部分に、

「又、天地剖判《あめつちわかれひら》くる初《はじめ》に、天《あめ》の中《なか》に生《あ》れます神、名は天御中主神《あめのみなかぬしのかみ》と曰《まを》す。次に、高皇《たかみ》産霊神《むすひのかみ》。〔古語《ふること》に、多賀美武須比《たかみむすひ》といふ。是《これ》、皇親神留伎命《すめむつかむるきのみこと》なり。〕次に、神産霊神《かむむすひのかみ》。〔是《これ》、皇親神留《すめむつかむる》弥命《みのみこと》なり。此の神の子天児屋命《あめのこやねのみこと》は、中臣朝臣《なかとみのあそみ》が祖《おや》なり。〕」

というように造化の三神である天御中主神・高皇産靈神・神産靈神をあげている。『古語拾遺』が『日本書紀』を「下敷き」にしているのであれば、『日本書紀』本文が「神代上」のはじめにあげる国常立尊《くにとこたちみこと》・国狹槌尊《くにのさつちのみこと》・豊斟渟尊《とよくもぬのみこと》の三神から書くべきなのに、巻第一の第四の「一書」の本文と「又曰く」の文を参考にしているかにみえる。

「一書に曰はく、天地初《はじ》めて判《わか》るるときに、始めて倶《とも》に生《なりい》づる神有《かみま》す。國常立尊《くにのとこたちのみこと》と號《まう》す。次に國狹槌尊《くにのさつちのみこと》。又曰《またい》はく、高天原《たかまのはら》に所生《あ》れます神の名《みな》を、天御中主尊《あまのみなかぬしのみこと》と曰《まう》す。次に高皇《たかみ》産靈尊《むすひのみこと》。次に神皇産靈尊《かむみむすひのみこと》。皇産靈、此をば美武須毗《みむすひ》と云ふ。」

そしてその「又曰く」では「天御中主尊」と書くのを『古語拾遺』では「天御中主神」と書き、又曰くでは「高皇産靈尊」「神皇産靈尊」とあるのを『古語拾遺』では「高皇産靈神」「神産靈神」(皇を欠く)と表記する。第四の「一書」では訓を「美武須毗《みむすひ》」と記すのを訓註として「多賀《たか》美武須比《みむすひ》」と述べる。そして高皇産靈神を「皇親神留伎命」、神産靈神を「皇親神留弥命」とし、中臣氏の遠祖を神産靈神とするのは『古語拾遺』独自の索強付会である。

『古事記』上巻がそのはじめに「天御中主神」と尊をつけず、「高御産巣日神」・「神産巣日神」

とやはり尊を付さずに「神」と記しているのと、『古語拾遺』の表記とには付合するところがある。もっともムスヒノカミに「皇」の字を当てているのは『日本書紀』であって、その点では『日本書紀』の「又曰く」の「高皇産靈神」に対応しているが、『古語拾遺』の叙述には『古事記』あるいはそれに類する所伝の影響もあったのではないか。いまは神代にかんする伝承内容の一部を顧みたにすぎないが、その「ほとんど日本書紀を下敷き」というのは如何なものであろうか。改めて検討を要すると思われる。

3　忌部氏と中臣氏

忌部氏についてはいわゆる中央の忌部と各地の忌部の実相をめぐって詳述したことがある（「忌部の職能」、『日本古代国家論究』所収、塙書房）。そのおりにも論及したが、『古事記』・『日本書紀』における忌部氏の職能について、もっとも有名な神話伝承は、天の岩屋戸（天の石窟）開きのおりの神事執行にかんするものである。

『記』・『紀』の神代巻は共通にそのことを述べているが、微細に比較すると、その記事には次のような共通点と相違点とがある。共通の箇所としては忌部の祖神太玉命がミテグラ（御幣）に携わり、中臣の祖神天児屋命が祝詞を奏上する（『記』・『紀』第一・第三の一書）という箇所である。

相違点としては天児屋命と太玉命が卜占に関与する話は、『記』にはあるが『紀』の方にはなく、また『記』が太玉命はミテグラをとり、天児屋命は祝詞を奏するとするのに、『紀』本文は、両者が「相ともに祈禱まうす」としている。さらに手力男神が天照大神を岩戸より引きだした後に、シリクメナワ（尻久米縄または端出之縄とも書く）を引きわたす話も、『記』では太玉命の仕業とするのに、『紀』本文は中臣氏・忌部氏が共にこれを執り行なう。

　中臣氏との対立のなかで忌部氏が自己主張する『古語拾遺』が、忌部の祖神太玉命を前面にだして、「天香山《あめのかぐやま》の五百箇《いほつ》の真賢木《まさかき》を掘《さねこじのねこ》じて、（古語に、佐禰居自能禰居自《さねこじのねこじ》といふ。）上枝《ほつえ》には玉を懸け、中枝《なかつえ》には鏡を懸《とりか》け、下枝《しづえ》には青和幣《あをにきて》・白和幣《しらにきて》を懸《とりか》け、太玉命をして捧《ささ》げ持ち称讃《ほめまを》さしむ」と独自の伝承を加上し、『日本書紀』巻第一本文が、「相とも祈禱まうす」と記すのにもとづいて「亦《また》、天児屋命をして相副《あひとも》に祈禱《いの》らしむ」と書いている。

　こうした書きぶりは随所にみえるが、朝廷の祭儀などをめぐる中臣氏への対抗意識はきわめて濃厚であった。そこでまず朝廷の神事執行のありようをめぐって論究することにしよう。

　かつて六世紀の中葉に、「祭官」という制度の存在したことを詳論したことがある（「祭官の成立」、『日本古代国家論究』所収、塙書房）。延喜本系『中臣氏系図』と『日本書紀』などを史料として、欽明・敏達朝のころから、当時のヤマト朝廷に、中臣氏が「前事奏官兼祭官」として奉仕したことを論証したが、六世紀のなかばの朝廷に「祭官」の制度が具体化したのは、倭王権による権力の執行において祭祀権の掌握が不可欠であった事情が、この「祭官」制を形づくったといってよい。

この「祭官」についであらたに登場するのが「神官」であって、『日本書紀』の天武天皇二年十二月の条、同五年九月の条、同六年十一月の条にみえている。『日本書紀』の皇極天皇三年正月の条には、「中臣の鎌子連を以て神祇伯に拝す。再三固辞して就かず、疾《やまい》を称して退き三嶋に居る」と記述されているが、その当時はまだ「神祇伯」という官職名は存在せず、『家伝（上）』（『大織冠伝』）が「宗業を嗣がしむ、固辞して受けず、帰りて三嶋の別業に去る」と表現している方が実情にふさわしい。『日本書紀』においても「神祇官」が確実に登場するのは持統朝であって、持統天皇五年十一月の条には「神祇官長上」、同八年三月の条には「神祇官頭」と記されている。

飛鳥浄御原令には「神祇官」の制は採用されていたようだが、それでもなお「神祇伯」とは記されずに、「神祇官長上」ないしは「神祇官頭」と称されていることも注意すべきであろう。

ところで前述の「神官」については軽視できぬ伝承がある。それは『古語拾遺』の伝えであり、『古語拾遺』には「白雉四年、小華下、諱《いみな》は斎部首佐賀斯《さかし》を神官頭に拝して、王族、宮内礼儀、婚姻、卜筮の事を掌叙せしむ」と記載する。その時期を孝徳朝の「白雉四年（六五三）」のこととするが、『本朝月令』所引の同文（『尊経閣本』）には、「白鳳四季、小花下、諱部首作斯を祠官頭に拝す」とある。「白雉」・「白鳳」はいわゆる「私年号」といってよい。ところで現行本に記す「小華下」は、孝徳朝の位階制では『尊経閣本』のとおりの「小花下」であり、「斎部首」を「諱部首」と書くのは古い書法である。「佐賀斯」を「作斯」とするのは、現行本の「作賀斯」の省略かもしれない。

問題は現行本の『古語拾遺』が「神官頭」と記すのを、『尊経閣本』では「祠官頭」と記すところにある。そしてその職掌は、現行本、『尊経閣本』ともに「王族、宮内礼儀、婚姻、卜筮（巫）」をあげる。その職掌は、唐の祠部や太常寺の職掌ときわめて類似している。したがって、東野治之説のように、孝徳朝では「祭官」と「祠官」が併置された可能性がある。そこにはなお吟味すべき余地はあるが、「祭官」・「祠官」、そして「神官」→「神祇官」へと古代日本の祭儀をめぐる官制は整備されて、「大宝令」における神祇官四等官制（伯・副・祐・史）が確立したとみなすことができる。

したがって『古語拾遺』の孝徳朝においては、中臣氏が「祭官」であり、忌部氏が「祠官」のそれぞれリーダーであった時期を推定できる。ところが天武十三年（六八四）十月一日の八色《やくさ》の姓《かばね》では、中臣氏は同年十一月に第二位朝臣《あそみ》となり、忌部氏は十二月第三位の宿禰を与えられたばかりではない。持統天皇四年（六九〇）正月一日に即位したおりには、中臣大嶋が天神壽詞《あまつかみのよごと》を読み忌部色夫知《しこぶち》が神璽の剣・鏡を奉上し、また翌年十一月が本格的に執行された王権継承の祭儀である大嘗祭でも、中臣氏が神祇官の長上として天神壽詞を読み、中臣氏が忌部氏よりも上位に位置することになった。大嶋のつぎに神祇伯とし明確に活躍したのは中臣意美麻呂《おみまろ》である。天武天皇二年（六九八）の八月十九日の詔で「藤原朝臣（鎌足）に賜ふところの姓は宜《よろ》しくその子不比等《ふひと》をしてえを承《う》けしむべし。ただし意美麻呂らは神事に供するによりて旧姓に復すべし」とみえるその意美麻呂がその人である。

鎌足の次男で政界の実力者となる藤原不比等の系統は政治を、同族だが中臣意美麻呂の系統は神事を担当するという、藤原（政治）・中臣（神事）という祭政分離が中臣氏の朝廷におけるマツリの所管を強化した。それは奈良時代において神祇伯であったことを史料でたしかめる十名の人物のうち七名は中臣氏であり、一時神祇伯となった石川年足も祖父安麻呂の姉の娼子は藤原不比等に嫁して、房前・武智麻呂を生んでいるから藤原氏とのつながりをもつ。

このような動向を忌部氏が黙認するはずはない。『続日本紀』によれば、天平七年（七三五）の七月二十七日には忌部宿禰虫名《すくねむしな》・鳥麻呂《とりまろ》らの訴えによって伊勢神宮への幣帛使となることが認められ、中臣・忌部両氏による奉幣がなされたが、天平勝宝九年（七五七）には『古語拾遺』に、「遺りたる十一」として、

「又、勝宝《しょうほう》の九歳《ここのとせ》に、左弁官《ひだりのおほともひのつかさ》の口宣《みことのり》（口頭による宣言）に、「今より以後《のち》、伊勢の大神の宮の幣帛《みてぐら》の使は、専《もは》ら中臣を用ゐて、他姓《ことうぢ》を差《つかは》すこと勿《なか》れ」といへり。其の事行はれずと

も雖も、猶官《なほつかさ》の例《あと》に載《の》する所にして、未だ刊《けづ》り除かれず。遺《も》りたる十一《とをあまりひとつ》なり。」

と述べるように「伊勢大神宮の幣帛使は専ら中臣を用ゐて、他姓を差《つかわ》すこと勿《なか》れ」との口宣があった。しかし実際には実行されずに、天平宝字二年（七五八）八月十九日、同三年十月十五日、同六年十一月三日、延暦十年（七九一）八月十四日には、中臣・忌部両氏が幣帛使となったが、斎部広成は、太政官布告の先例の記録から、中臣氏が幣帛使とする口宣がいまだに削除されていないと嘆くのである。

そして大同元年（八〇六）八月十日以前に「中臣・忌部相訴」の事件があって、大同元年八月十日には「彼此相論《あげつら》ふこと各拠《よ》る所あり」の「勅命」があって、両氏相共に幣帛使になりうるとの判定がなされた。このように中臣氏と忌部氏の争いはかなりの長期におよんだことがわかる。

忌部と中臣の争いはひとまず大同元年の八月の「勅命」があって解決したはずなのに、なぜ広成は平城天皇の召聞に答えて『古語拾遺』をまとめて「上聞（言上）」したのか。それは「序」の、

「国史《こくし》・家牒《かてふ》、其の由《よし》を載《の》すと雖《いへど》も、一二《いちに》の委曲《ゐきよく》、猶遺《なほも》りたる有り。愚臣言《ぐしんまを》さずは、恐《おそ》るらくは絶えて伝ふること無からむ。幸《さきはひ》に召問《せうもん》を蒙《かがふ》りて、蓄憤《ちくふん》を攄《の》べまく欲す。故《かれ》、旧説《くせつ》を録《しる》して、敢《あ》へて上聞《じやうぶん》す、と云爾《まをすことしか》り。」

にはっきりと述べられている。文書や記録では不充分で、「一二の委曲、猶遺りたる有り。愚

臣言さずは、恐るらくは絶えて伝ふること無からむ」とする信念と情熱がこの書の言上の背景にある。

それならなぜ大同二年の言上となったのか。それは「祓」のつぎの文からうかがうことができる。

「若《も》し此の造式《ざうしき》の年に当りて、彼の望秩《まつり》の礼《ゐやまひ》を制《さだ》めずは、竊《ひそか》に恐るらくは、後《のち》の今を見むこと、今の古《いにしへ》を見る猶《ごと》くならむ。」

「此の造式の年」とは、西宮一民氏が指摘されたとおり(『古語拾遺』解説、岩波文庫)、律令の施行細則である「式」の編纂開始の年の意味で、その完成は弘仁十一年(八二〇)の「弘仁式」であったと考えてよいであろう。「弘仁式」編纂のはじまりに「上聞」する必要があったと考えられる。

4　貴重な伝承

『古語拾遺』は津田説がいうような平城天皇への「愁訴状」ではもとよりない。「国史・家牒」などにはみえない独自の伝承も記録している。『日本書紀』の所伝を忌部氏に都合がよいように改変しているところがあるからといって、その古典としての価値を過少に評価することはできない。

たとえば『古語拾遺』の最後の部分に記載するそこで御歳神《みとしのがみ》（田の神）のまつりにかんする民俗伝承 ——民俗伝承などは、この書独自の貴重な記録である。神代のむかし、土地の守護神である大地主神《おおなぬし》が田作りをする日に牛の宍《しし》（肉）を田人（農民）に食べさせたということからはじまる伝承がそれである。

そこで御歳神の子の神が、その田におもむいたところ、牛の肉を食べた農民が、もてなしの食事（饗《あえ》）を献じたので、それに唾《つば》を吐いて帰り、そのありさまを父（御歳神）に報告した。御歳神は憤怒して、害虫の蝗《いなご》を放ったので、稲の葉はすっかり枯れてしまった。

そこで大地主神がそのわけを占わしめたところ、「御歳神のたたりで、白猪・白馬・白鶏を献じて、御歳神の怒りをとくべし」とのお告げがあった。その教えに従って、御歳神に祈禱した。

御歳神がそれに答えて、「わが怒りである。麻の皮を削《は》いだ茎でつむいだ糸を巻きつけて、蝗害を払いのけ、檜扇をもって蝗を掃《はら》いだせ。それでも蝗を除去できなければ、牛の肉を田の溝の口におき、男根をそえよ」と言われた。そのとおりにしたら、稲の葉が茂って豊作になったと物語るのである。そして春の祈年祭に神祇官が「白猪・白馬・白鶏」を献上して御歳神をまつるいわれは、この伝にもとづくと斎部広成は言上する。

「大宝令」や「養老令」の「祈年祭」について、「大宝令」の注釈書で天平十年（七三八）に成立した『古記』が、「御年神祭日、白猪・白鶏各一口」を献じたと述べ（『令集解』）、『延喜式』の巻第八に収める祈年祭の祝詞に、「白馬・白猪・白鶏、種々《くさぐさ》の色物《いろもの》を備《そな》へまつり」と記すとおり、「御年の皇神《すめがみ》」に「白馬・白猪・白鶏」を献ずるのは古くからのしきたりとなっていた。

そして『日本書紀』の皇極天皇元年（六四二）七月二十五日の条に「村々の祝部《はふりべ》（祭祀の担当者）の所教《おしえ》の隨《まま》に、或いは牛馬を殺して、諸社の神を祭る」とあり、『続日本紀』の天平十三年（七四一）二月七日の詔には「馬牛は人に代りて、勤労して人に養《やしな》はる。慈《これ》に因《よ》りて、先に明制ありて、屠殺することを許さず、今、聞く、国郡未だ禁止すること能はず、百姓猶屠殺することあり、宜しく犯すことある者は、蔭贖《おんしょく》を問はず、先づ杖一百を決し、然る後に罪に科すべし、又聞く、国郡司ら公事によるにあらずして、人を聚《あつ》めて田猟し、民の産業を妨げ、損失実に多し、自今已後、宜しく禁断せしむべし、更に犯すことある者は、必ず重科に擬せよ」と明記する。

この詔の内容には、国郡の「百姓」が「屠殺」を行なっていたことを記述し、その禁令にもかかわらず「未だ禁止すること能はず」と述べられている。そしてこの禁令は、「放生」の思想によるものではなく、「馬牛は人に代りて勤労する」役畜であることにもとづく禁止が強調されていた。

実際に「牛馬は軍国に用ゐる所なり、余畜と同じからず」（「賊盗律」）とか、「馬牛は軍国の資」（『類聚三代格』）とかとする意識は実在しており、そこには支配者層の意図が明確に反映されていた。牛馬の屠殺を「ケガレ」とし、これが禁止されるようになる状況のすべてを、「放生」思想にもとづくとのみ強調する説はあたらない。もっとも「放生」思想の影響もみのがせないが、そればかりでなく、「軍国の資」とみなす政治的立場からの禁令もまた施行されていたのである。

この詔にも明らかなように、国郡の「百姓」らの「牛馬を屠殺」する習俗は存在したとみなしてよい。

牛馬を供犠《いけにえ》とした遺跡や民俗も実際に存在していた。まず遺跡について思いつくままに列挙すると、石川県羽咋市の寺家遺跡（馬歯・牛歯）、新潟県佐渡の相川馬場遺跡、奈良県天理市の布留遺跡、同県大和郡山市稗田遺跡、大阪府四条畷市奈良井遺跡（馬一頭分が出土）、大阪府寝屋川市楠遺跡・同長保寺遺跡、大阪府八尾市池島・福万寺遺跡（牛骨片一一点が出土）、京都府南区大藪遺跡、京都府八木町八木ノ嶋遺跡、長岡京跡、京都府網野町岡一号墳（馬の前肢骨出土）などの例がある。こうした検出例は、祭祀あるいは葬送と関連すると推定されるものがほとんどである。大阪市平野区長吉出戸の長原遺跡では、六世紀末―七世紀前半の建物の柱穴から、牛の脚骨が丁寧に埋納されていた。新室のおりの供犠であろう。

牛馬をめぐる供犠とつながる民俗もけっして少なくはない。雨乞いのために沼や池・滝に牛の首を投げこむ民間伝承は和歌山県白浜町（西牟婁郡には他にもある）、福島県南会津郡下郷町、会津若松市大戸町、静岡県藤枝市益津、広島県双三郡八幡村、兵庫県加東郡飾磨町などにあり、京都府亀岡市の曾我部町穴太と稗田野町との堺にある滝《たき》の方《かた》では、祈雨のために馬の首を投げこんだと伝えられている（「殺牛馬の信仰」、『論究・古代史と東アジア』所収、岩波書店）。『古語拾遺』の「牛の宍」を食べたのをケガレとしたり、「牛の宍」を田の溝口に置いたりしたという民俗あるいは蝗害駆除のまじないの伝えなどは、それなりに貴重である。

『古語拾遺』には珍しい古代歌謡が収められている。

「宮人《みやひと》の大寄《おほよ》すがらに　いさとほし　行《ゆ》きの宜《よろ》しも　大寄すがらに（今の俗《よ》の歌に曰はく、「宮人の凡衣《おほよそころも》膝通《ひざとほ》し裄《ゆき》の宜《よろ》しも凡衣」といふは、詞《ことば》の転《うつ》れるなり）。」

「宮人」とは朝廷に仕えた官人であり、「詞の転れるなり」とは、今の世の人の俗謡は本歌《もとうた》から変化したものだと、斎部広成は言うのである。第二句と第五句の「大寄すがらに」は難解だが、西宮説では「宮人が大勢寄せ集められているので」と解釈されている。

広成があげた「遺りたる十一」のなかで、私がもっとも注目してきたのは、そのはじめの「遺りたる一」である。

「況《いは》むや復《また》、草薙《くさなぎ》の神剣《みつるぎ》は、尤《まこと》に是天璽《あまつしるし》なり。日本武尊《やまとたけるのみこと》愷《こころとけて》旋《かへ》りたまひし年に、留《とどま》りて尾張の熱田社《あつたのやしろ》に在《いま》す。外賊《ぬすびと》偸《ぬす》みて逃げしかども、境《さかひ》を出づること能はず。神物《かむだから》の霊験《くすしきしるし》、此を以て観《み》るべし。然れば、幣《みてぐら》を奉《たてまつ》る日に、同《ひと》しく敬《ゐやまひ》を致《いた》しまつるべし。而《しか》るに、久代《むかしより》闕如《もら》して、其の祀《まつり》を修めず。遺りたる一なり。」

この文が『日本書紀』にもとづいていることは、ヤマトタケルノミコトを「日本武尊」と書き、「外賊偸みて逃げしかども、境を出づること能はず」が天智天皇七年（六六八）是歳の条の「沙門道行（新羅の僧か）、草薙劔を盗《ぬす》みて、新羅に逃げゆく。而して中路に風雨にあひて、荒迷《まど》ひて帰る」によって記述しているからである。

『日本書紀』は『古事記』とは異なって、養老四年（七二〇）の五月二十一日に「奏上」されてから、貴族・官僚の間でかなり早くから読まれていたらしく、『釈日本紀』のなかにも「養老説」や「養老訓」があって、『日本書紀』は成書化の翌年のころには講書があった（『養老私記』）。

そして平安時代には弘仁三年（八一二）・承和十年（八四三）・元慶二年（八七八）・延喜四年（九〇四）・承平六年（九三六）・康保二年（九六五）と少なくとも講書が行われたことはたしかである。あるいは弘仁三年の講書によって熱田社の存在の重要性が認識されて、無位の神から神階従四位下を弘仁十三年の六月に贈られたのかもしれない。

しかしそれよりも『古語拾遺』が「遺りたる十一」のトップに熱田社の鎮座の由来とその祭祀がいかに軽視されているかを指摘して、平城天皇に言上したことが朝廷の熱田社への認識を改めさせることになったと思われる。

神階昇叙は、もと十巻以上のあった『新抄格勅符《しんしょうきゃくちょくふ》』を十巻に抄出した法令集『新抄格勅符抄』に、天平三年（七三一）越前国（福井県）の気比神へ従三位を贈ったとみえるのが早い例である。ついで『続日本紀』の天平勝宝元年（七四九）の十二月の条に宇佐八幡の大神に一品、比咩神に二品を奉るをはじめとして延暦十年（七九一）の九月の条に、佐渡（新潟県）の物部天神を従五位下に叙すとみえるまで、二十六神に神階が贈られている（「神階昇叙の背景」、『古代伝承史の研究』所収、塙書房）。

それなのに熱田社の神には神階が奉授されず、はじめて神階が贈られたのは弘仁十三年（八二二）の六月であって、しかも宝亀二年（七七一）十月の越前国の剣神を従四位下に昇叙したのと同格であった。いかに熱田社の存在が軽視されていたかがわかる。

天長十年（八三四）の六月に従三位となり、そして貞観元年（八五九）の正月に従二位・同年二月に正二位へと進み、さらに正一位となって『延喜式』では名神大社に列した。

『古語拾遺』がその「序」に「国史・家牒、その由《よし》を載すと雖も、一二の委曲《いきょく》、猶遺りたるあり。愚言《もう》さずは、恐るらくは絶えて伝ふる無らむ」と「上聞」した貴重な伝承は、熱田社の例をはじめとしてかなりある。津田博士は『古語拾遺』を平城天皇への「愁訴状」とみなし、『古語拾遺』は「古語」の拾遺でなく、「新しく作られ若しくは変改されたもの」と断言されたが、その内容はけっして「愁訴状」でなく、変改の部分や牽強付会の箇所はあっても、日本の古典のひとつとしての価値を保持していることを、見失うわけにはいかない。

第Ⅱ部

第一章　日本版中華思想の克服

1　日本版中華思想とは何か

中華思想は漢民族が古くから持ちつづけてきた異民族に対する民族的な自負の思想であり、また世界すなわち「天下」は、中国の天子が夷狄《いてき》を服属させることでなりたつとする、世界秩序のありようにもとづく思想である。

中国の最古王朝である「夏《か》」あるいは「華夏」・「中国」・「中原」などの用語も、中華思想を反映して使われた。西晋の陳寿が太康年間（二八〇―二八九）にまとめた『三国志』などから、「中華」の用語が登場してくる。

わが日本列島は、中華に対する東夷に属し、南朝宋の范曄《はんよう》の『後漢書』をはじめとして、前述の『三国志』、唐の房玄齢の『晋書』など、倭・倭人の条（倭伝・倭人伝）などは「東夷伝」に属する。梁の沈約《しんやく》の『宋書』では「夷蛮伝」のなかに倭国の条（倭国伝）、唐の姚思廉《ようしれん》の『梁書』の倭の条（倭伝）や唐の魏徴の倭国の条（倭国伝）も、五代晋の劉昫《りゅうく》の『旧唐書』の倭国日本の条（倭国・日本伝）、あるいは宋の宋祁《そうき》の『新唐書』の日本の条（日本伝）も、すべて東夷伝のなかに記述されている。

ところが、東夷のなかの倭国や日本国の支配者層は、倭国や日本国は東夷のなかの中華であることを意識して主張した。それは『日本書紀』や「大宝令」をはじめとする古代の文献にはっきりと見出すことができる。

養老四年（七二〇）の五月二十一日に「奏上」された『日本書紀』の雄略天皇七年是歳の条の「新羅、中国に事《つか》へず」の中国は倭国（後の日本国）をさし、文武天皇の即位元年（六九七）から桓武天皇の延暦十年（七九一）までを編纂した『続日本紀』の文武天皇三年（六九九）七月十九日の条に、「多褹《たね》（種子島）・夜久（屋久島）・菴美《あまみ》（奄美諸島）・度感《とから》（徳之島）らの人、朝宰《ちょうさい》（朝廷の命令）に従ひて方物を貢す、位を授け物を賜ふに各差あり、その度感嶋中国に通ふこと、是に始まる」とみえる。「度感嶋」は薩南諸島の徳之島であり、いうところの「中国」は日本国を意味する。

養老六年（七二二）閏四月二十五日の「太政官奏」に「このごろ辺郡の人民、にはかに寇賊を被り、遂に東西に適《ゆ》きて、流離分散す、もし矜恤《きょうじゅつ》（あわれみ）を加へずば、おそるらくは後患を貽《のこ》さむ。是を以て聖王制を立て、亦務めて辺《へん》を実《み》つるは、蓋し中国を安むずるを以てなり」とある「中国」も日本国をさす。なお『続日本紀』の霊亀元年（七一五）九月の詔にみえる「華夏」や延暦九年（七九〇）五月の陸奥国の解文《げぶみ》（上申文書）に「華土」とあるのも、日本国について表記した用例である。

東夷の倭国・日本国の支配者層たちは、みずからの国を「中国」・「華夏」・「華土」と意識していたことがわかる。

『宋書』の夷蛮伝倭国の条（倭国伝）に、南朝宋の順帝に対して昇明二年（四七八）に倭王武（雄略天皇）が上表したその文に、「東は毛人を征すること五十五国、西は衆夷を服すること六十六国」と述べたと明記するが、五世紀の後半、すでに日本列島内部に毛人（蝦夷）・衆夷（熊襲など）の夷狄を設定していたありようをうかがわせる。

大宝元年（七〇一）にできあがった「大宝令」に「蕃国」・「隣国」の用語が明確に存在するが、「大宝令」の注釈書で天平十年（七三八）のころに書かれた『古記』には「隣国は大唐、蕃国は新羅なり」とはっきり書いているように、唐を「大唐」と表現し、新羅は日本国に朝貢する「蕃（藩）国」とみなした。『古記』にはみえないが、渤海も「蕃国」とし、新羅よりも下位の国として処遇した。

それは新羅使や渤海使が平城京に入る時、日本の官吏が迎馬した。その場合、新羅使は馬上で答謝したのに対して、渤海使は下馬して「再拝舞踏」することが慣例であったのをみても推察される（『続日本紀』宝亀十年四月二十一日の条）。

日本の支配者層が日本列島内に夷狄を設定したことは、さきに若干言及したが、唐の「賦役令」には「諸辺遠の諸州、夷獠雑類の有らむ所にして、調役輸《いた》すべくは、事に随ひて斟量《しんりょう》せよ」とあり、日本の「賦役令」では、「諸辺遠の国、夷人雑類有らむ所にして」と改めたにすぎず、全く同文となっている。

いうところの「夷人雑類」とは何か。古代法の注釈集成である『令集解』はつぎのように記す。「夷は夷狄也、雑類は亦夷の種類也」として、『古記』には「夷人雑類は毛人、肥人、阿麻弥（奄美）人等の類」とし、「夷人雑類は一か二か」の問いに答えて「本は一、末は二、たとへば隼人、毛人、本土にこれを夷人と謂ふ也」と述べている。すなわち熊襲・隼人や毛人（蝦夷）をその代表的な存在としたのである。

このように日本列島の北辺と南辺の人びとは、ともに「夷狄」とされていた。

2 江戸時代の朝鮮観のゆがみ

こうした日本版中華思想は、江戸時代に入ってから、かたちを変えて、朝鮮観のゆがみを育み、さらに明治以降の脱亜論や興亜論へとつながってゆく。

まず江戸時代の学者たちの歪曲された朝鮮観をかえりみることにしよう。

江戸時代の知識人らの朝鮮観には、われらが想像する以上に、『日本書紀』の影響が強い。たとえば吉田松陰の『幽囚録』がそうである。「朝鮮の如きは、古時我に臣属せしも、今は則ちやや倨《おご》る。最もその風教を詳《つまび》らかにして、これを復《かえ》さざるべからざるなり」と述べ、「朝鮮を責めて質を納《い》れ、貢を奉ること、古《いにしえ》の盛時の如くならしめ」と説く。

そこに「古時」といい、「古の盛時」というのは、『日本書紀』が描くところの倭韓関係史にあり、歪曲されたところの朝鮮像にあった。それは「神功の征韓このかた、列聖の為したまふ所、史を按じて知るべきなり」としたためたのにもうかがえる。吉田松陰は、『日本書紀』にもとづいて、「皇后親《みずか》ら新羅を征したまふ。新羅降る。因って重宝府庫を封じ、図書文書を収め、微叱《みし》己知《こち》を以て質となす。高麗・百済も亦臣と称し質を奉る。因って以て内官家を定む」と明記した。気長足姫尊《おきながたらしひめのみこと》（神功皇后）征討説話が、なんの疑いもなしに、いかに多数の知識人にうけいれられたかは、江戸時代の政治家・学者・思想家の論著に数多くみいだすことができる。山鹿素行の『中朝事実』に「神功帝親《みずか》ら三韓を征したまふ。三韓面縛《めんばく》して服従し、武徳を外国に耀《かがや》かす。是より三韓毎年朝聘《ちょうへい》貢献して、船楫《ふねかじ》を乾《ほ》さず」と述べたごときは、ほんの一例にすぎない。佐藤信淵の『宇内混同秘策』に記載する朝鮮侵略論も、神功皇后のいわゆる「三韓征伐」にもとづいて、侵略の正当化を計らんとしたものであった。

そもそも『日本書紀』に「三韓征伐」の用語はなく、「三韓征伐」が史料にみえるのは鎌倉時代の初期に入ってからである（『竈門山《そうもんざん》宝満大菩薩記』）。『日本書紀』は『古事記』と異なって、わざわざ気長足姫尊《おきながたらしひめのみこと》（神功皇后）の巻（巻第九）を設け、新羅・高句麗・百済を「いはゆる三韓なり」と称して、新羅のみならず高句麗や百済もまた「親征」によって服属したかに叙述されていたことは「たしか」であった。

問題はその「たしか」さにある。書かれているという記載上の「事実」と、現にあった「史実」との差異とのへだたりは、『日本書紀』の記載内容そのものにおける矛盾のなかに露見する。新羅の王都にかんする景観の認識に虚構が暴露されているだけではない。「服属」したとする新羅王の王名もまた作為の産物であった。そのおりの王名を波沙寐錦《はさむきん》とするが、そのような王名はない。波沙寐錦に類似する王名に、新羅第五代の王とする婆娑尼師今《はさにしごん》があるが、この王を実在とみなすにしても、時代があわない。

『日本書紀』の神功皇后四十九年三月の条には、上毛野君《かみつけぬのきみ》の祖とする荒田別《あらたわけ》・鹿我別《かがわけ》を将軍として出兵するくだりがある。兵をととのえて海を渡った倭国の軍勢は、まずどこに結集するのか。『日本書紀』はこれを卓淳《とくじゅん》国とした。

卓淳国とは、慶尚北道大邱のあたりを中心とした国であった。そこに結集して新羅を討ち、南下して伽耶諸国を平定するという説話になっている。地理上からいってもつじつまがあわない。伽耶諸国のなかでもっとも奥地にあたる卓淳国に作戦の拠点をおいたとする所伝そのものが、自家撞着になっている。

そこで菅政友が「任那考」(『菅政友全集』所収)において、卓淳を「金海府」と勝手にすりかえたりするような苦しい解釈があらわれてくることにもなる。ここに登場する荒田別・鹿我別という将軍派遣説話は、百済系の史料にもとづいたものではなかった。上毛野君の祖先伝承を素材とし、上毛野が倭王権のもとに統属してから後の潤色によるものであったと考えられる。

『日本書紀』の朝鮮像が、どんなに日本版中華思想ともいうべき史観によってゆがめられていたかは、これまでにもたびたび書いたり話したりしてきた。『日本書紀』が意識して使っている「帰化」の語が掖玖人(屋久島の人)についての二例を除いて朝鮮半島からの渡来人十例について用いられており、「蕃神」「蕃国」などの「蕃」を使う用例が、『日本書紀』にあっては、すべて朝鮮の国々にかんするものであることをみてもそれは明白である。

朝鮮の国々を「朝貢すべき国」とした、七世紀後半から八世紀初葉にかけての、古代支配者層の願望が、その背後に介在する。それは前に述べたように、中国を「隣国」とし、「大唐」とした当時の国際感覚にひそむコンプレックスの表明でもあった。

したがって、『古事記』の神功皇后征討説話でもふれていない高句麗や百済の服属までを誇張して書く始末となる。四世紀後半に高句麗王らが「今より以後、永く西蕃と称《とな》へつつ、朝貢を絶たじ」と申したと叙述するごときはもとより史実ではなく、『日本書紀』の誉田天皇《ほんだ》（應神天皇）七年九月の条に「高麗人・百済人・任那人・新羅人、ならびに来朝」と描く記述の伏線となるものであった。

この『日本書紀』の神功皇后征討説話は、近世以降の「征韓論」の論拠となったにとどまらない。奈良時代における支配者層の朝鮮観にも大きな役割を果たした。『日本書紀』（もしくは『日本紀』）は、古代の貴族や官僚の間で広く読まれた史書であった。その宮廷での講書・訓読は、成立の翌年すなわち養老五年（七二一）のころからはじまっていたと想定される。

養老五年のころから日本と新羅との外交関係が緊迫した様相をおびてきたこともみのがせない。『日本書紀』に描く征討説話が、そうした緊迫のなかで、支配者層の間にクローズアップされてくる。

古代の日本では、朝鮮や中国と異なって、廟の制度の展開は顕著でない。ところが『日本書紀』において神功皇后の夫、足仲彦《たらしなかつひこ》天皇（仲哀天皇）が崩じたところとする橿日宮（香椎宮、福岡市香椎）、神功皇后が出征にさきだってみそぎをし、男装の〝うけひ〟をしたとする橿日浦、その橿日の地が、とくに廟の地として強く意識されてくるようになる。

『万葉集』には、神亀五年（七二八）大宰府の官人が「香椎廟を拝み奉り訖《お》へて、退《まか》り帰る時に馬を香椎の浦に駐めて、おのおの懐《おもい》を述べて作る歌」三首（九五七—九五九）を載す。『続日本紀』の天平九年（七三七）四月の条には、「香椎宮」などに奉幣して、「新羅無礼の状」を告げしむとみえ、天平宝字三年（七五九）八月の条には「香椎廟」に奉幣して、「まさに新羅を伐つべきの状を奏さしむ」と記載する。さらに天平宝字六年十一月の条には「香椎廟」に奉幣し、「新羅を征する為の軍旅を調習するを以てなり」と述べる。

香椎宮が、とくに香椎廟と称されるようになるさまは、これらの史料にも明らかだが、香椎廟への奉幣がこのように対新羅関係とかかわって具体化するのはなぜか。そこには、前述の『日本書紀』における神功皇后征討説話が、古代の支配者層に強く意識されていたからであろう。

江戸時代の善隣友好の象徴ともいうべき朝鮮通信使は、室町時代に室町幕府と朝鮮の王朝との間ですでにはじまっていたが、慶長十二年（一六〇七）から文化八年（一八一一）までの十二回におよぶ朝鮮通信使が有名である。この通信使は多い時には五百名、少ない時でも三百三十六名の大文化使節団であった。その接待は勅使をしのぐ勢いであったが、大坂懐徳堂の中井積善は、

『草茅危言《そうもうきげん》』を江戸幕府の老中松平定信に提出して、そのなかでつぎのように記している。「神功の遠征以来の、韓国服従朝貢し、我が属国たる事、歴代久しく絶えざりしに、今の勢ひ、これに異なり」と朝鮮通信使への待遇を批判し、「仮令《たとひ》、今は属国に非ずとも、斯《か》く迄、天下の財粟を傾けて応接するに及ばざることなるべし」と中傷した。ここにも『日本書紀』の神功皇后征討説話の影響をありありと見出すことができる。

3 脱亜論と興亜論――明治から昭和へ

日本の近代化は「脱亜入欧」の思想を背景に展開したが、その「脱亜論」の代表ともいうべき人物が福沢諭吉であった。福沢はすぐれた思想家であり教育者であったが、そのアジア観をそのままに支持するわけにはいかない。

福沢諭吉は、明治十四年（一八八一）の「時事小言」で、「我が近隣」なる中国・朝鮮などを論じ「遅鈍にしてその勢に当たること能《あた》はざるは、木造板屋の火に堪《た》へざるものに等し。故に我が日本の武力を以てこれを保護し、文以てこれを誘導し、速に我が例に倣って近時の文明に入らしめざるべからず。或は止むを得ざるの場合に於ては、力を以てその進歩を脅迫するも可なり」と力説した。

そしてさらに明治十八年（一八八五）の有名な「脱亜論」では、中国や朝鮮に「接するの法も、隣国なるが故にとて特別の会釈に及ばず、正に西洋人がこれに接するの風に従て処分すべきのみ。悪友を親しむ者は共に悪名を免《まぬ》がるべからず。我れは心に於て亜細亜東方の悪友を謝絶するものなり」と断言してはばからなかった。

この福沢の論説は明治十年代のみにはとどまらなかった。「脱亜論」は日本の政治家・企業家のみならず、多くの日本人に波及した。

古代の支配者層は、さまざまの文化を朝鮮からうけながら、朝鮮を「蕃国」視し、中国を「大唐」とあおいだ。近代の権力者たちは、近隣のアジア諸国を「蕃国」視して、欧米を崇拝して「欧化」を主導した。

日本の近代化がもたらしたプラス面を否定はしない。けれども日本みずからが失ったマイナス面もまたけっして少なくない。とりわけアジア諸国の民衆の日本不信は、「脱亜」の裏側としての、政治的経済的侵略の「興亜」によってますます深まった。

明治八年（一八七五）九月の日本軍艦（雲揚）による朝鮮の江華島砲台の砲撃、そして永宗島を占領した江華島事件は、朝鮮侵略のはじまりであった。安政五年（一八五八）にアメリカと締結した日米修好通商条約、ついでオランダ・ロシア・イギリスをはじめ欧米列強と結んだ修好通商条約はいわゆる二大不平等条約といわれるように、治外法権の是認と関税自主権の放棄を強要されたものであった。明治の外交は二大不平等条約の改正にはじまり、その改正に終ったといっても過言ではない。にもかかわらず、江華島事件の翌年には朝鮮王朝と日朝修好条規を結んで、朝鮮王朝に不平等条約を押しつけた。結局は明治四十三年（一九一〇）の八月二十日、明治の政府によって韓国は併合されることになる。

こうした動向はやがてアジアによるアジアのためのアジアの興亜論ではなく、日本を中心とするアジア侵略の興亜論として具体化してゆく。

その象徴ともいうべきイデオロギーとスローガンが「大東亜共栄圏」であった。満州事変勃発の前後のころから「五族協和」・「王道楽土」・「日満ブロック」の構想は存在したが、昭和八年（一九三三）の十月には「日満支ブロック」の構想へ発展し、昭和十一年の八月には東南アジアへの「進出」の方針を決定、昭和十三年の十一月三日、近衛文麿首相は「日満支」三国による「東亜新秩序」の建設を声明した。

昭和十四年九月、第二次世界大戦が勃発すると、東南アジアを日本の勢力圏にとり入れるために、これまでの「日満支」の「東亜」に東南アジアを加えた「大東亜」の用語を使うようになる。昭和十五年の八月一日、当時の外務大臣であった松岡洋右《ようすけ》がその談話のなかで「大東亜共栄圏」の確立を唱えた。そして昭和十七年の十一月一日には大東亜省を設定する。昭和十四年の九月一日が第一回の「興亜奉公日」とされ、毎月一日に実施されることになった。

私が幼稚園生の時代であって、昭和十五年の四月に小学校の一年生となったから、「興亜奉公日」には、梅干を真中に入れた「日の丸」弁当を持って登校したことを改めて想起する。「八紘一宇」のもと、朝鮮・満州・中国・東南アジアを武力で征圧し、日本を盟主とする勢力圏を建設することを合理化するための興亜論が「大東亜共栄圏」であった。日本が「東亜」の「中華」であると主張する、日本版中華思想のよみがえりであったといえよう。

4　皇室の始祖伝承

いまは日本の近代・現代の脱亜論や興亜論の源流をさかのぼれば、直接あるいは間接に日本古代の日本版中華思想ともかかわりをもつことを考察してきたが、従来ほとんど知られていない、平安時代のはじめにおける高天原の神の始祖の系譜をめぐる禁書事件をとりあげることにしよう。

『六国史』の三番目は、桓武天皇の延暦十一年（七九二）から平城・嵯峨・淳和の四代にわたる歴史を記した『日本後紀』である。承和七年（八四〇）に『日本後紀』は完成したが、その平城天皇の大同四年（八〇九）二月五日の条には、注目すべき重大事件が記載されている。その内容は要約するとつぎのようになる。

平城天皇が「勅」をだして、世間に出廻っている『倭漢惣歴帝譜図』は『古事記』の冒頭にでてくる造化三神の最初の神である天御中主尊《あめのみなかぬしのみこと》を始祖の中心とし、中国の魯の王・呉の王、朝鮮の高麗の王、中国の漢の高祖などの如きに至るまでが、その後裔としてつづいたと記す。「倭漢雑糅《ざつじゅう》」（日本と中国・朝鮮の王が雑然とまじわる）、「敢《あ》へて天宗をけがす」、「愚民迷執」（愚かな民は迷った心で執着する）、そしてしかも「実録」という。そこで「諸司の人らは蔵する所」の『倭漢物歴帝譜図』を没収し、もしこれを隠匿（包み隠す）したりして「勅」にそむき進んで提出せず、事実が発覚した場合は、厳罰に処すと命じたのである。

この禁書事件は、日本の皇室の祖神の根本である神を中国や朝鮮の王の「始祖」とした『倭漢物歴帝譜図』が、実際に民間まで流布していたことを物語っている。日本版中華思想が民衆の間にもひろまっていたのである。

倭国の王者が中華の国をあがめて、倭人の始祖が呉の太伯であったと称していたことは、唐の房玄齢がまとめた『晋書』の四夷伝倭人の条に「自ら太伯の後と謂う」とあり、また唐の姚思廉《ようしれん》が編集した『梁書』の諸夷伝倭の条に「自ら太伯の後と云う」と記述するのをみても明らかである。

後代になるが、禅宗の僧侶であった中巌円月が暦応四年（一三四一）に『日本紀』を著し、天皇の祖先は呉の太伯であると書いて焚書にあっているし、日本近世儒学の祖ともいうべき林羅山は『本朝通鑑』を編纂したが、「神武天皇論」のなかで皇祖呉太伯説を引用して「その牽合（強）

附会かくの如しといえども、しかも其の理あるに似たり」と記述したように、呉の太伯始祖説は後の世まで影響をおよぼしている。

このように始祖を「大唐」の中国の皇帝に求める動きは、渡来系氏族のなかにもあった。たとえば弘仁六年（八一五）にできあがった『新撰姓氏録』（左京諸蕃上）の新羅系の太秦公宿禰《うずまさのきみのすくね》の始祖を「秦始皇帝の十三世の孫、孝武王の後なり」としたり、あるいは加耶・百済系の東漢氏《やまとのあやうじ》の支族である坂上苅田麻呂《かりたまろ》（坂上田村麻呂の父）が、延暦四年（七八五）六月十日の朝廷への上奏文に「後漢霊帝の曾孫阿智王の後なり」と書いたりした例などがそれである（『続日本紀』）。

ところが、日本版中華思想が強化されてくると、『倭漢惣歴帝譜図』のように、天之御中主神が中国や朝鮮の王の始祖とされるような逆転の系譜をつくりあげるようになる。日本版中華思想のいかがわしさは、こうした始祖伝承の改変にもみいだされる。

そしてそれは日本近代における「日鮮同祖論」にも、なかみをかえて力説されるようになる。明治二十六年（一八九三）に公にされた吉田東伍の『日韓古史断』では「日韓同種論」が説かれ、「新羅・加羅」を日本の「弟分」とみなした。そしてその傾向は日韓併合の前後からますます露骨となる。明治四十三年十一月に喜田貞吉が三省堂から出版した『韓国の併合と国史』では「日韓もとより同一であるとの事は事実であって、決して一時の方便説ではない。随って今回の併合は韓国を滅ぼしたものではなくて、其の太古の有様に復帰せしめたものである」と断言されるにいたった。

もっとも喜田は「多数のわが帝国民中には、朝鮮人に対するに幾らか自分より低い者に対するが如き態度を以てし、傲然として威張りたがるものが無いでもなからう。是れ亦実に嘆かわしい」と慨嘆してはいるが、「韓国は実に貧弱なる分家で、我が国は実に富強なる本家とも云ふべき者である」というみずからの朝鮮観のゆがみは問いただされていなかった。当時の歴史学界の動向は、明治四十四年の久米邦武の「倭韓共に日本神国なるを論ず」（『史学雑誌』）にも反映されている。


ここでみのがせないのは、日本の参謀本部による朝鮮古代史の研究と調査である。

すでに指摘されているごとく、明治十三年からは、青年士官より密偵を選んで朝鮮・中国へ潜入させ、明治十五年には参謀本部編纂課は早くも『任那考稿』、同付録『任那国名考』を著した。そして参謀本部による調査内容の一部は、明治二十年の『支那地誌』（総体編）、翌年の『朝鮮地誌略』、明治二十二年の『支那地誌』（満洲之部）などとして刊行された。『任那考稿』や『任那国名考』のまとめられたその翌年（一八八三年）参謀本部派遣の秘密探偵酒匂《さこう》景信中尉が広開土王碑文（雙鈎加墨本）を持ち帰り、参謀本部編纂課でその解読と解釈がなされたわけだが、参謀本部編纂課を中心に検討された広開土王碑文の解読と解釈は、明治二十二年の『會餘録』（第五集）に発表された（『大王の世紀』小学館）。

ヤマト朝廷の「任那」支配や「任那日本府」による朝鮮の経営が、こうした参謀本部の作業のつみあげを媒体に、学界でも通説化してゆく。「参謀本部の示した日本古代史や日朝関係史研究の方向は、その後の研究をいちじるしく規制」した（李進熙『好太王碑と任那日本府』吉川弘文館）。参謀本部を中心とする朝鮮古代史の研究と調査が、朝鮮侵略ひいては日韓併合をめざす準備のための作業であったことは多言するまでもない。

日本版中華思想は必ずしも過去の問題ではなかった。現在の日韓・日朝・日中関係にも尾を引いている。いまもなお日本版中華思想からの脱皮とその克服が大きな課題のひとつになっていることを痛感せざるをえない。

第二章　高句麗文化と古代の日本

1　高句麗との国交

古代における日本列島と朝鮮半島との関係は、きわめて深いつながりをもっていた。朝鮮半島南部の西側、百済との関係については「古代の日本と百済の文化」（『大和魂《やまとごころ》』の再発見』所収、藤原書店）などで、朝鮮半島南部東側の新羅とのまじわりにかんしては「古代日本と新羅」（『古代国家と東アジア』所収、角川学芸出版）ほかで、かなり詳細に述べたが、ここでは朝鮮半島北部を中心とする高句麗とのかかわりを改めて検討することにしたい。

漢の武帝が設定した楽浪・玄菟・真蕃・臨屯の四郡のなかで、高句麗は玄菟郡の支配に抵抗して、紀元前一世紀のはじめに興起し、徐々に玄菟郡の勢力を駆逐し、鴨緑江とその支流渾江《こんこう》の流域を統治して、中国遼寧省の桓仁（卒本）を都にした。そして三世紀には吉林省集安の国内城に遷り、四二七年には平壌に遷都した。

遷都した平壌は、現在の平壌市街地ではなく、そこから東北へ六キロほど離れた大城山城一帯であった。周囲七キロあまりの大城山城は逃げ城の機能をもっていたが、その西南麓の清岩里土城がその居城となった。

高句麗は日本では高麗とも表記されているが、正式に高句麗との交渉がはじまったのは、いったいいつごろであったと考えるべきであろうか。

『日本書紀』には應神天皇二十八年九月の条に高句麗使が「高麗の王、日本国に教ふ」と上表したことを記すが、高句麗の長壽王の二年（四一四）に建立された「広開土王」（好太王）陵の碑文によれば、高句麗は「倭」・「倭人」と敵対しており、日本国という国号が使われるのは天武天皇三年（六七四）の三月以降であって、應神天皇二十八年九月の上表文に「日本国に教ふ」とあったとする記述は史実とはみなしがたい。ついで仁徳天皇十二年の七月・八月の条に高句麗の「朝貢」を記載するが、これらも高句麗の鉄の盾・鉄の的《まと》を的《いくはの》の祖先とする盾人宿禰《たてひとのすくね》が射通したとする説話を『日本書紀』の編纂者らが造作して挿入したものであって、事実ではない。

確実な高句麗使の渡来は欽明天皇三十一年四月の条にみえる「高麗の使人」が「風潮に辛苦」

して越（北陸）に漂着したという記事である。欽明天皇三十一年（五七〇）のころからは、高句麗との交流がはじまったといえよう。そして高句麗使は北陸から近江へ向い、さらに京都府相楽郡（現木津川市）の相楽館《さがらかのむろつみ》（迎賓館）で饗応をうけている。

敏達天皇二年（五七三）・三年にも高句麗使が来着しており、高句麗使の多くは北ツ海（日本海）ルートで来航したことがわかる。しかし瀬戸内海ルートで難波に上陸した高句麗使もあって、推古天皇十六年（六〇八）四月の条には「難波に高麗館（迎賓館）」があったことがみえ、実際に皇極天皇元年（六四二）の二月六日には高句麗使が難波へ到着した例もある。

このように国交が具体化してくると、倭国からも遣高句麗使が派遣されて、そのまじわりは深まる。皇極天皇元年二月の津守連大海を代表とする遣高句麗使や、斉明天皇元年（六五五）九月の膳臣《かしわでのおみ》葉積《はつみ》を大使とする遣高句麗使をはじめとした人びとの高句麗との交流もあった。

欽明天皇三十一年の高句麗使が持参した烏の羽根に書いた「烏羽《うは》」の上奏人を百済系の渡来人王辰爾《おうじんに》が解読したエピソードは、『日本書紀』の敏達天皇元年五月の条にみえているが、王辰爾は船にかんする税を記録し、また船の長《おさ》ともなった人物で、船史《ふねのふひと》（後の船連《ふねのむらじ》）の祖とされた。この烏羽の表の伝えは後の世にも記録されて、現伝最古の漢詩集『懐風藻』の「序」にも「高麗上表して、烏冊《うさく》を烏文に圖《えが》く」と伝えられている。よほど難解な上表文であったと思われる。

2　文化の受容

『日本書紀』の推古天皇十八年三月の条には、高句麗の嬰陽王《えいようおう》が曇徴《どんちょう》・法定《ほうじょう》を「貢上」し、曇徴は『易経』・『詩経』・『書経』・『春秋』・『礼記』の五経を熟知し、絵具や紙や墨をつくり、碾磑《みずうす》（水力を利用した臼）をしあげたとする。

こうした分野ばかりではない。仏教における高句麗文化の寄与はきわめて大きい。敏達天皇十三年（五八四）には蘇我馬子が高句麗のすぐれた僧恵便《えびん》を播磨国（兵庫県南部）でみいだして、恵便を馬子の師とする。そして司馬達等の娘である嶋《しま》を得度させて善信尼となし、善信尼の弟子二人を禅蔵尼・恵善尼にしたという（『日本書紀』）。善信尼は歴史にみえる最初の女性留学生であって、百済へおもむいてさらに仏教学を深めた。

わが国の現伝仏教説話集の最古といってよい『日本霊異記』（上巻・第六話）には、倭国の行善《ぎょうぜん》は推古天皇の代（『続日本紀』や『扶桑略記』で元正朝とする）に高句麗へ留学僧として「遺学」したとするが、遣高句麗使にはかなりの留学僧が参加していたに違いない。

廐戸皇子《うまやどのみこ》の思想に大きな影響をおよぼした人物のなかで、きわだって注意をひくのは、高句《こうく》麗僧慧慈《りそうえじ》の存在である。慧慈は推古天皇三年（五九五）五月に渡来し、推古天皇二十三年に帰国するまで約二十年間倭国に滞在した。

慧慈は廐戸皇子の師となり、廐戸皇子は「内教（仏教）を高麗僧の慧慈に習」ったという。慧慈が渡来してきたその年、廐戸皇子は二十二歳であった。そして翌年十月、廐戸皇子は伊予へ慧慈らと共におもむいた。これは僧仙覚《せんかく》の『万葉集註釈』に引用する『伊予国風土記』逸文とされるものに述べるところである。

松山市道後温泉の伊社邇波《いさにわ》の丘には、湯岡《ゆのおか》の碑があって、廐戸皇子が慧慈らと、湯岡のあたりを逍遙《しょうよう》したことを碑文に記す。もっとも、『釈日本紀《しゃくにほんぎ》』に引用する文との間には違う部分があって、「恵慈」（慧慈）の箇所は「恵忩」（慧聡）となっている。しかし『釈日本紀』よりも『万葉集註釈』のほうが成書年代は少し早く、この場合は慧慈であったとするのが妥当であろう。

のちに舒明《じょめい》天皇のほか斉明女帝や山部赤人らも伊予の温泉におもむいているが、伊予の温湯で、渡来してから一年五カ月ばかりたった慧慈と廐戸皇子とが一緒に逍遙したとするなら、そのであいの意味にいっそうの深まりが加わろう。

飛鳥寺《あすかでら》に住した慧慈は「三宝の棟梁《とうりょう》」の一人として尊敬されたが、廐戸皇子との結びつきは密接であって、慧慈は帰国後廐戸皇子がなくなった報に接して、大いに悲嘆し、廐戸皇子を「これ実《まこと》の大聖なり」とたたえ、「来年の二月の五日（『日本書紀』にしるす忌日）を以って必ず死なむ」と誓願したという説話さえが形づくられたほどであった。

『日本書紀』は「慧慈、期《ちぎ》りし日に当りて死《みまか》る。是を以って、時の人彼も此も共に言《い》はく『それ独《ひと》り上宮太子《じょうぐうたいし》の聖《ひじり》にましますのみに非《あら》ず、慧慈もまた聖なりけり』」と叙述する。『日本書紀』において廐戸皇子のみならず、慧慈もまたすでにして「聖」僧とあがめられ神秘化されていた。

廐戸皇子薨後のこの後日譚《ごじつたん》は、高僧慧慈を美化し潤色したものであろうが、それにしてもこうした説話が誕生するくらいに、廐戸皇子の師たる慧慈の存在は人びとに強く印象づけられていたのである。廐戸皇子の師には、慧慈と同年に渡来してきた百済の高僧の慧聡がおり、博士の覚哿《かくか》がある。しかし慧聡や覚哿については、こうしたエピソードは形づくられなかった。慧聡も覚哿らも朝鮮三国や隋の動静を廐戸皇子に伝えたであろうし、さらに推古天皇五年に来朝した百済の阿佐《あさ》太子は、直接に百済を主とする情報をもたらしたにちがいない。

だがそれ以上に慧慈の廐戸皇子における役割は多大であった。仏教の直接の師であった慧慈は、当時の国際情勢にたいする廐戸皇子の認識についても少なからぬ影響を与えたであろう。

近年発見された敦煌《とんこう》本の『勝鬘経義疏《しょうまんきょうぎしょ》』によって、聖徳太子の撰述とされる「三経義疏」（『法華経義疏』『勝鬘経義疏』『維摩《ゆいま》経義疏』）のなりたちが改めて検討されつつあるが、「三経義疏」の依拠したテキストが南朝梁《りょう》の三論成実《じょうじつ》師たちのものであったこともたしかめられてきた。廐戸皇子は「勝鬘経」や「法華経」を講じたたぐいまれな才能の人であったが、その師慧慈がそれら経典の注釈にあたり、廐戸皇子に教示した可能性は少なくない。『上宮聖徳法王帝説《じょうぐうしょうとくほうおうていせつ》』に廐戸皇子が三経の注釈をつくるにあたって慧慈の教えをうけたことを述べるのもたんなるこじつけとはいいがたい。

大和飛鳥の真神原に寺地をさだめた蘇我氏の氏寺飛鳥寺の造営は、崇峻天皇三年（五九〇）のころから本格化する。この年には善信尼らが百済から帰国しているが、善信尼らはその早期完成を切願したという（『元興寺縁起』）。人夫たちに山にはいって木材をきりださせ、崇峻天皇五年十月には仏堂と回廊ができあがる。崇峻天皇が暗殺されたのはその翌月であった。

政争の渦のなかに飛鳥寺の造営はつづけられ、推古天皇元年（五九三）正月には仏舎利《ぶっしゃり》を塔の心礎に安置し、刹柱《せっちゅう》（塔の心柱）が建てられた。そして推古天皇四年十一月に飛鳥寺を「造り意《おわ》る」。もっとも、『日本書紀』によれば、推古天皇十三年に司馬達等の孫（多須奈の子）鞍作止利《くらつくりのとり》（鳥）が銅像と繡像の丈六仏をつくることになって、翌年に完成し、金堂に安置したという（『元興寺縁起』には推古天皇十七年の完成とする）。

とすれば、推古天皇四年から推古天皇十三年のころまで、飛鳥寺には九年ばかりの間、本尊がなかったことになる。これはいったいどうしたことか。そこで推古天皇四年の飛鳥寺の完成というのは、中金堂および塔の完成であって、いわば第一期工事の完成であり、その後も造営はつづいて、第二期工事に東西金堂ができあがり、その第二期のおりに丈六の仏像がつくられたとする説や、飛鳥寺の本尊丈六仏は止利仏師の制作ではなく、新しく渡来した技術者の手になるものである、とかの説がいろいろと提出されている。

飛鳥寺の発掘成果によって、東西両金堂がはじめから設計されていたとしても、中金堂と塔の建築様式と東西両金堂の様式との間には、ずれのあることがたしかめられており、飛鳥寺の完成はまず塔と中金堂ができ、ついで東西両金堂が造営されるというプロセスをたどったと考えられる。推古天皇四年以後もその仕上げのための作業はつづけられたのであろう。

それにしても飛鳥寺の建立にかたむけた大臣馬子の執念はすさまじいものがあった。その規模はかつて大野丘の北に塔を建てた比ではない。本格的な寺院の造営であった。飛鳥寺の発掘調査は、貴重な問題を数多く提供したが、とりわけ塔と三金堂からなる伽藍《がらん》配置は高句麗の清岩里廃《せいがんりはい》寺《じ》（金剛寺）や同じく平壌で出土した定陵寺跡と類似している。

飛鳥寺の寺司には馬子の長子とする善徳がなり、推古天皇三年に渡来してきた高句麗の僧慧慈《えじ》と百済の僧慧聡がはじめて飛鳥寺に居住した。

推古天皇十三年に鞍作止利が丈六の仏像をつくることになったおり、高句麗の嬰陽王（大興王）が黄金三百両を贈ったとは『日本書紀』に記すところである。『元興寺縁起』の丈六仏光背銘では黄金三百廿両と記述し、戊辰年（六〇八、推古天皇十六年）に、隋使裴世清《はいせいせい》らが倭国に「来りて文を奉ず」と述べる。

当時の高句麗と隋との関係は緊張状況にあった。五九八年に、隋は第一回の高句麗遠征をこころみたが、これを契機に朝鮮三国（高句麗・新羅・百済）の対立と抗争が激化する。五九五年高句麗僧慧慈と百済僧慧聡が渡来したころには、高句麗と新羅は戦火をまじえていた。そして六〇五年には新羅と百済が交戦する。六〇七年になると高句麗は百済を攻撃した。百済は高句麗討伐を隋に進言し、六〇八年には新羅が高句麗征討のために隋の救援を求めた。

高句麗は難局に直面していた。高句麗は六〇〇年に遣隋使をだし、六〇七年には隋の煬帝《ようだい》から入朝を勧告され、六〇九年にはふたたび隋へ使節を派遣した。高句麗王からの黄金三百（廿）両の寄進が事実とすれば、孤立しつつある高句麗の倭国接近策の表われといえよう。

飛鳥寺の造営をめぐって高句麗とのつながりが深められていったことをみのがせない。廐戸皇子の国際社会への認識を、いっそう深化させずにはおかない情勢がそこにあった。

飛鳥寺の造営に高句麗の王が黄金を献上したのは、あるいは慧慈が本国にその状況を報告したのによるのかもしれない。なお飛鳥寺は天武天皇九年（六八〇）四月に官寺となったことを付記する。

高句麗系の人びとで画師として活躍した人びとの多いことも注目にあたいする。

推古天皇十二年（六〇四）九月には、「黄書画師・山背画師を定む」と『日本書紀』にみえている。弘仁六年（八一五）にまとめられた『新撰姓氏録』（山城諸蕃）に「黄文連は高麗国人久斯那《くしな》王より出づ」と書くように「黄書画師」は高句麗系であり、『天寿国繡帳《てんじゅこくしゅうちょう》』の銘文によれば、

「画者」として「東漢《やまとのあや》末賢《まけん》・高麗加西溢《こまのかせい》・漢奴加巳利《あやのぬかこり》」を列記する。「高麗加西溢」が高句麗出身であったことはまちがいない。

　高句麗系の黄書画師集団の本拠が山背国久世郡久世郷のあたりにあって、七世紀後半から八世紀前半のころに活躍したことは別に論述したが（「今来文化の面影」『古代再発見』所収、角川書店）、黄書画師たちの祖先が高句麗からの渡来人であったことは、『新撰姓氏録』（山城諸蕃）や「薬師寺仏足跡記」などでたしかめることができる。

　高句麗系の画師として注目すべき人物に、高麗画師子麻呂《こまえしのこまろ》がいる。彼は『日本書紀』の斉明天皇五年（六五九）の条によれば、高句麗の使人を私邸に招いており、またこの高麗画師子麻呂と同一の人物ではないかと思われる画工狛竪部子麻呂《こまたてべのこまろ》は、白雉《はくち》四年（六五三）に「仏菩薩の像を造る」とある。もし両者が同一人物であったとすれば、狛（高麗）子麻呂は、造像にもたずさわり、画工より画師へとその地位を高めていったことになる。

　高句麗系の黄書画師とつながりの深い人に、黄書造本実《きぶみのみやつこほんじつ》がある。彼は天智天皇十年（六七一）の三月に水臬《みずはかり》（水準器）を献じているが、薬師寺の「仏足石記」には、使人として唐に赴き、善光寺で仏足跡図を写して帰国したとあるから、遣唐使の一行に加わって唐にいたり、直接に唐の文物を学んで持ち帰ったことになる。彼の加わった遣唐使が何年のものであったかはさだかでないが、少なくとも天智天皇八年（六六九）の河内直《かわちのあたい》鯨《くじら》の遣唐使までであることは間違いない。

最も可能性のあるのは、天智天皇八年時の遣唐使への参加ではなかったか。

黄書造本実は、薬師寺の薬師如来像の造像にも関係したと考えられるが、その台座彫刻の玄武と高松塚の玄武さらに台座彫刻の朱雀とキトラ古墳の朱雀とがきわめて様式的に類似していることも見逃せない。画師が造像にも関与したことは、前記の狛子麻呂の例をみても明らかである。黄書造（黄文連）は、天武天皇十二年（六八三）に造姓より連姓となったが、黄書連本実は持統天皇八年（六九四）には鋳銭司となり、銭貨の鋳造ともかかわりをもつ。そして大宝二年（七〇二）には持統太上天皇の「作殯宮司」の一人となり、慶雲四年（七〇七）の六月には文武天皇の殯宮に奉仕し、同年十月には「御装司」の一人として造陵にも関係した。

キトラ古墳や高松塚古墳築造のころの画師としては、多くの人びとが認めるように黄書画師グループの存在が浮かびあがってくる。黄書連本実はそのリーダーであったかもしれない（ただしキトラ古墳の玄武は高松塚の玄武と類似するが、白虎はおもむきを異にし、朱雀も飛翔しようとする躍動の姿を示し、十二支像＝子・丑・寅・午・戌・亥がたしかめられている）。

以上検討してきたように、日本古代の文化の展開に高句麗文化も大きな役割をはたしたことがわかる。その史実を私の身近な京都市ならびに木津川市の高句麗系文化にそくしてさらにかえりみることにしよう。

昭和十三年（一九三八）の発掘調査で、木津川市山城町上狛で、高麗寺跡がみつかり、中門を入って右手に塔跡、左手に金堂跡が検出され、その伽藍配置は、奈良県斑鳩町の法隆寺の東の岡本に所在する法起寺式であることが判明し、しかも塔の心礎に舎利孔のあることがわかった。

前に木津川市のあたりに、高麗使を饗応する相楽館（高槭《こうい》館ともいう）が設けられていたことを述べたが、この地域の地名には上狛・高麗などがあって、高麗系の人びとが数多く居住していた。

高麗寺の存在は『日本霊異記』（中巻第十八話）にも天平年中（七二九—七四九）のこととして「高麗寺の僧栄常」の説話が記載されており、東西約一九〇メートル・南北約一八〇メートルの寺域の周辺上狛東遺跡で高麗寺の造営とかかわりをもったと考えられる渡来人の大型の建物跡が出土したのも注目される。塔と金堂の瓦積み基壇は見事で、飛鳥時代の創建とみなされている高麗寺の造営が、高度の技術によることを物語る。中門の位置から四方に正方形の回廊をめぐらし、南門を飾った七—八世紀の鴟尾《しび》も出土した。出土した土器や瓦から平安時代末期から鎌倉時代のはじめのころに廃寺になったとみなされている。

京都市東山区祇園町に鎮座する祇園社は八坂神社である。承平（九三一—九三八）年間に成立した現伝最古の漢和辞書『和名類聚抄《わみょうるいじゅうしょう》』には、山城国愛宕郡に八坂郷を記す。したがって祇園社は八坂郷のゆかりで八坂神社と称されてきたが、その地域に本拠を置いた八坂造は、『新撰姓氏録』（山城国諸蕃）が「狛（高麗）国人より出づ」と書くとおり、高句麗系の氏族であった。

京都市西京区樫原廃寺跡の発掘調査では助言をしたが、七世紀後半に造営されたと思われる八角塔の基壇が姿を現わした。日本の八角塔としては最も古いが、高句麗の青岩里廃寺の塔が八角塔であったように、八角塔は高句麗系であり、おそらく樫原廃寺を建立したのは、高句麗系の人びとであったと思われる。

3　高句麗の建国神話

高句麗の建国の始祖が鄒牟《すうむ》（朱蒙）であったことは一一四五年に高麗の金富軾が編集した『三国史記』（「高句麗本紀」始祖の条）に、「始祖、東明聖王、姓は高氏、諱は朱蒙。〔一に云はく、鄒牟。一に云はく、象解。〕」とあり、同書百済本紀、始祖条に「百済の始祖、温祚王。其の父は鄒牟。或は朱蒙と云ふ」とみえる。高句麗と百済の始祖が同じ「鄒牟」とすることはみのがせない点だが、こうした鄒牟を建国の始祖とする神話が四一四年には明確に存在したことは、先に述べた中国吉林省集安市にある、高さ六・三九メートルの角礫凝灰岩の四角柱の広開土王陵の碑文の冒頭に、

「惟《こ》れ昔、始祖鄒牟王の創基なり。北夫余自《よ》り出づ。天帝の子にして、母は河伯の女郎なり。卵剖《さ》けて降生す。生まれながらに而《し》て聖□有り。□□□□□駕を命じ巡幸し、南へ路を下りて夫余の奄利《あむり》大水に由る。王、津に臨みて言ひて曰く。我は是れ皇天の子にして、母は河伯の女郎、鄒牟王なり。」

ではじまるのにもたしかである。

そしてその始祖神話は、日本にもよく知られていて、たとえば『新撰姓氏録』（右京諸蕃下）高麗の長背連条に「高麗の国主《こにきし》、鄒牟（一名《またのな》は朱蒙）自《よ》り出づ」とみえ、同書（山城国諸蕃）高麗の高井造条に「高麗の国主、鄒牟王の廿世の孫、汝安祁《じょあんき》王自り出づ」とみえる。そして同書（未定雑姓）河内国の狛染部条に「高麗国の須牟祁《すむき》王の後なり」、同じく狛人条に「高麗国の須牟祁王の後なり」とある「須牟祁王」とは「鄒牟王」のことであった。また同書（左京諸蕃下）百済の和朝臣条に「百済国の都慕王の十八世の孫、武寧王自り出づ」、同じく百済朝臣条に「百済国の都慕王の卅世の孫、恵王自り出づ」、同じく百済公条に「百済国の都慕王の廿四世孫、汶淵王自り出づ」とある「都慕王」も鄒牟王を指す。

そして「都慕王」のことは、同書（右京諸蕃下）の菅野朝臣条、同じく百済伎条・不破連条、（河内国諸蕃）河内連条、および『続日本紀』延暦八年十二月丙申条、同九年七月辛巳条などにみえている。

それよりも驚くべき記述が『日本書紀』にある。

高句麗の鄒牟王による建国神話が、『日本書紀』編纂者の間に認知されていたことは、たとえば『日本書紀』の天智天皇七年十月の条（本文）に「高麗の仲牟王、初て国を建つる時、千歳治めむことを欲しき、母夫人の云はく『若《たと》ひ善く国を治むとも得べからじ、但しまさに七百年の治有らむ』といひき」などとあるのをみてもわかる。

この文の「高麗の仲牟王」とは、高句麗の鄒牟王のことであり（『三国史記』新羅本紀には「中牟王」と記す）、「母夫人」とは好太王碑文などにみえる「母河伯女郎」のことである。もとよりその母夫人の言葉は『日本書紀』編者らの付加だが、『紀』の編纂関係者は、なんらかのかたちで、高句麗の建国神話とふれあっていたのである。

『日本書紀』の編纂関係者ばかりではない。宮廷の貴族・官僚層もまた、高句麗の建国神話ないしその関係伝承を知っていたと考えられる要素がある。たとえば『日本書紀』の大化元年七月の条には、難波の津の館にあった高句麗の使節に対して、巨勢臣徳太《こせのおみとくた》が「詔」を伝達するくだりがある。曰く「明神御宇日本天皇の詔旨、天皇の遣す使と、高麗の神子の奉遣の使と……」。この「詔」に「明神御宇日本天皇」などとあるのは、後の知識による潤色だが、問題は「高麗神子奉遣之使」（原文）と表記するところにある。これは注目すべき書きぶりといえよう。高麗使ではなく、わざわざ「神子奉遣之使」と記す。「奉遣」の用字もみのがせないが、「神子」と記すのは、好太王碑文などに高句麗建国の始祖を「天帝之子」と伝えるのと関連する。高句麗王を「神子」とするその意識が、鄒牟王の建国神話などのうけとめ方と無関係であったとはいいがたい。

すでに指摘したことがあるように、日本の神武東征伝承における磐余彦《いわれひこ》（神武）と饒速日尊《にぎはやひのみこと》との葛藤には、高句麗の鄒牟王と松譲王の国譲りの神話には、もとより異なる点があるけれども、その枠組みにおいて類似する要素のあることもみのがせない(「降臨伝承の考察」、『古代伝承史の研究』所収、塙書房)。

その点を高句麗の建国神話の日本の貴族・官僚たちのうけとめ方と関連して、その類似点を参考までに述べておこう。

鄒牟、朱蒙、そして東明王の所伝内容にはそれぞれの発展内容があって別の吟味を要するが、こうした朱蒙の神話をめぐる伝承のなかで注目すべきひとつに、朱蒙と松譲王をめぐる葛藤と国譲りの伝えがある。『旧三国史』逸文には高句麗の始祖朱蒙がその生国夫余から南へおもむき、沸流水のほとりにおいて都を建てようとした時、すでに松譲王が先住の王者として都を造営していたという所伝をめぐって、およそつぎのように記されている。朱蒙は松譲王と弓矢のわざをきそって勝利し、従臣が「天の与ふる」鼓角を盗む。そして朱蒙は「西狩して白鹿を獲り、蟹原に倒懸して、呪ひて曰く、天若し雨降りて、沸流の王都を漂没せざらんか、我、固より汝を放たざらむ、この難を免れむと欲すれば、汝、能く天に訴ふべし、その鹿哀鳴して、声天に徹す、霖雨七日にして、松譲、都を漂流す、王、葦索を以て横に流し、鴨馬に乗り、百姓皆その索を執る、朱蒙鞭を以て水を画すれば、水即ち減ず、六月松譲、国を挙げて来投す」と述べるのである。

この松譲王と朱蒙との葛藤・国譲り伝承は、『三国史記』の高句麗本紀ではより歴史化されているが、天帝の子とする沸流国の松譲王と天帝の子で河伯の娘を母とする朱蒙との争いの伝承のおよそは書きとどめられている。弁論で闘い弓を射る芸で争って、松譲王は能く対抗するが勝てずについに帰順する。そしてこれを『三国史記』では編年化して「二年夏六月、松譲、国を以て来臨す、その地を以て多勿都となし、松譲を封じて主となす、麗語に謂ふ旧土を復するを多勿となすと、故に以て名づく」とするのである。

こうした朱蒙と松譲王の葛藤と国譲りについては、「この松譲王の国ゆずり伝説中、朱蒙が雨を降らせて相手を屈服させるあたりはわが日向神話のホホデミの物語に似ている」とする三品彰英説（『日本神話論』、『三品彰英論文集』第一巻所収、平凡社）などがある。これらの対比には傾聴すべき点があるけれども、その神話の枠組みによって吟味すると、磐余彦（神武天皇）と饒速日尊（あるいは宇摩志麻治命）との葛藤に類似する要素をも考慮する必要があろう。

①朱蒙が天帝の子で河伯の娘を母として出生したのと、磐余彦が天神の子である鸕鷀草葺不合尊（『古事記』では鵜葺草葺不合命）と海神の娘の玉依姫（『古事記』では玉依毘売命）との間に出生したこと、②磐余彦の九州から大和への東征と対応するかのように、朱蒙が生国夫余より沸流水のほとりにおもむくこと、③あるいは鄒牟あるいは東明が、亀などの助けで河水を渡るのと、磐余彦がその東征で、『古事記』が亀の甲に乗った槁根津日子が「海道」の案内者になること、④そして沸流に先住の王者として天帝の子である神器（鼓角）をもった松譲王がおり、天神の子である饒速日尊が先住の王者として天降って、「天津瑞」（『古事記』、『日本書紀』では「天表」、『先代旧事

本紀』では「天璽瑞宝十種」の神器)を保持していたこと、⑤さらに朱蒙は鼓角を奪い、饒速日尊(『先代旧事本紀』では宇摩志麻治命)が神器を奉献して帰順し、松譲王も饒速日尊らもその地になお勢力を保持したことなど、対応する点が少なくないからである。

沸流・温祚の二兄弟の来住による百済の建国説話と『古事記』の伊波礼毘古命と五瀬命の二兄弟による東征との間にはすでに指摘されているように、類似の要素を内包する。しかし大和平定の詞章では朱蒙と松譲王の葛藤とその国譲りの方がより似つかわしい要素をもつ。

日本神話の研究においても、朝鮮半島の神話との比較をなおざりにするわけにはいかない。高句麗の建国神話を日本の貴族や官僚の多くは知っていたが、鄒牟王と松譲王の争いや国譲りについても、あるいは知っていたかもしれない。

第三章　鎖国史観の是正

1　「海上の道」と渡来

寛永十三年（一六三六）の五月十九日に、徳川幕府の公布した⑴キリシタン禁令、⑵貿易制限令、⑶日本人の海外渡航禁止の法令は、世にいわゆる「鎖国令」とよばれている。そして寛永十六年の七月に、ポルトガル来航禁止を通告して帰国させて、「鎖国が完成」したとみなす「鎖国史観」は、今もなお根強く生き残っている。しかし寛永十三年の法令のどこにも「鎖国」という用語はないし、寛永十六年に鎖国が「完成」したわけでもない。

そもそも「鎖国」という言葉が使用されるようになったのは、長崎通詞《つうじ》（通訳）であった蘭学者の志築忠雄《しづきただお》が、エンゲルベルト・ケンペルの『日本誌』のなかの一章を「鎖国論」と訳したのにはじまる。時は享和元年（一八〇一）であった。そしてそれ以後、「鎖国」の用語が流行するようになる。

実際にオランダや清（中国）との間では交易があり、朝鮮や琉球との間には通商ばかりでなく、外交関係もくりひろげられていた。したがって徳川幕府の記録や文書には、朝鮮王朝や琉球王朝を「通信の国」、オランダや清を「通商の国」と記すのである。寛政四年（一七九二）の九月にロシア使節のラクスマンが来日したおりに、老中松平定信が与えた諭書に、「通信なき異国の船、日本の地に来る時は、或は召捕、又は海上にて打払ふこと、いにしえよりの国法」とあるではないかとの疑問をいだく人がいるかもしれないが、これは松平定信による「国法の創出」であり、通信・通商の国を規定する国法は存在しなかった（藤田覚『近世後期政治史と対外関係』東京大学出版会）。

まわりを海で囲まれている弧状のわが国土は、アジア大陸の東部に位置する東海の孤状の列島である。太平洋側を暖流の日本海流（黒潮）が北上する。そして黒潮は、九州南方でわかれて対馬《つしま》海流となり、日本海側をも北へと進む。寒流の千島海流（親潮）が太平洋側をリマン海流が日本海側を南下する。

その渦潮のなかの島国。島国日本のイメージには、ユーラシア大陸や南海の動きからきりはなされた孤絶の歴史がつきまといやすい。事実われらが、〝島国根性〟とよぶそのなかみは、閉鎖的な精神のありようをさす場合が多い。

だが日本列島の歴史の様相は、はたしてそのようなものであったのか。答えは否というべきであろう。むしろ島国なるがゆえに、海と風とを媒体として、北からも、南からも、そして西や東からも、さまざまな文化が伝播した。文化のみではなかった。くりかえす渡来の波の背後には、人と人との交渉があり、人間の移動があった。

近時、日本文化のなりたちにおける渡来文化の役割が、注目されるようになったが、文化だけを重視して、あたかも風媒花のように、文化のみが伝わったとするのでは、人間不在の文化論になりかねない。そこには人間の往来があり、渡来文化のにない手たちも存在していた（『渡来の古代史』角川選書）。

古代日本の関や市の管理・運営、外国の人びととの交易、変量衡などの法令が「関市令《げんしりょう》」である。その母法は「唐令」であったが、唐ではすべての津（港）に船などが入るおりには、過所《かしょ》（通行証明書）を必要とした。ところがわが国の「関市令」では、瀬戸内海の東にある難波津と瀬戸内海の西の長門の津に入る際のみに過所を見せなければならなかった。

このことは、日本の律令国家がいかに瀬戸内海を重視したかを物語る。その東と西をおさえたのも瀬戸内海航路の入口と終着とに注目したからである。そして難波津から北九州への海路を筑紫道、北九州から難波津への海路を倭道《やまとじ》と呼んでいた。海路は陸路よりもつぎの点でより有利であった。陸路よりも海路の方が往来に便利でしかも早い。さらに物資の輸送も陸路より安価であった。

したがってユーラシア大陸や南海などからの海上の道はかなり自由であり、南の島々や中国・朝鮮半島からの渡来には過所がなくても入ることが可能であった。

まわりを海で囲まれている日本列島の沿岸地域はきわめて広くて長い。そのすべてに防備体制を設けるわけにはいかない。陸つづきの国であれば他国への侵入は容易であり、逆に中国の万里の長城のような城壁を築くことも財力と労力があれば可能だが、日本列島ではそうはいかない。古代日本の「大宝令」や「養老令」の「関市令」の定めをみても、前述したように海上の道はかなり自由であったことがわかる。

瀬戸内海を人びとが自由に往来していたとは、たとえばわが国の『風土記』で霊亀三年（七一七）の三月までにもっとも早くできあがった『播磨国風土記』の飾磨《しかま》郡漢部《あやべ》の里の条に、讃岐国（愛媛県）の加耶・百済系の渡来氏族である漢人《あやひと》らが到来して居住したと述べ、手苅丘《てかりのおか》の条に韓《から》人《ひと》らが渡来したと記すのをはじめとして、草上《くさかみ》の条に韓人山村らの先祖が住みつき、枚野《ひらの》の里の条に新羅国の人が住みついたので新羅訓《しらくに》と称するようになったと記載するのにもうかがわれる。海外の人ばかりではない。豊国の条には北九州の豊国（大分県）から人びとが移住してきたので豊国村となづけたとし、美濃里の条には讃岐（香川県）の弥濃《みの》郡の人が到来した地であるので美濃の里とよぶようになったとする。継《つぎ》の潮《みなと》の条には北九州の火（肥）国（熊本県）の肥の君の先祖が到来してよみがえった湊（八家川の河口）だから、継の潮という地名ができたと伝える。

こうしたたぐいの伝承は揖保《いいぼ》郡にもあって、飯盛山《いいもりやま》の条には讃岐国（香川県）の宇達郡の飯《いい》（ご飯）の神の妾《め》である飯盛大刀自《おおとじ》が渡来したので、飯盛山と名づけ、佐岡の条には北九州の田部が来住して土地を開墾し、五月に田植祭をしたので佐岡という地名ができたとする。韓荷嶋の条には韓人が漂流した地だから嶋の名となり、少宅《おやけ》の里が本《もと》の里を漢部《あやべ》の里といったのは漢人がこの地に住まいしたからだと伝承する。

神前《かんざき》郡では糠岡《ぬかおか》の条に渡来してきた渡来人らが城を造ったという注目すべき記載があり、賀宅郡の猪養野の条には「日向」（宮崎県）の肥人が移住してきたと記す。

人間ばかりではない。飾磨郡には豊国（大分県）や筑紫国（福岡県）の神々の来住の伝承もあって、さらに宍禾《しさわ》郡には新羅国の王子と伝える天日槍《あめのひぼこ》（天之日矛）が在地の神（伊和大神）や葦原志《あしはらし》許乎命《こおのみこと》（大国主神）と争ふ興味深い説話も収録している。

いまは瀬戸内海を中心とする渡来伝承の一部をかえりみたにすぎないが、本来の島国根性は閉鎖的偏狂なものではなく、陸つづきの国よりもはるかに外に向って開かれた精神であったことを物語る。

2 関西の特色

関西という地域は、現在では関西イコール近畿とみなされているが、本来の関西は美濃（岐阜県）の不破《ふわ》関、伊勢（三重県）の鈴鹿の関、そして越前（福井県）の愛発《あらち》関のいわゆる三関の面を関西とよんだ。それなら、関東・関西はいつごろから史料にみえるのであろうか。関東が史料にみえるのは関西よりも早く、『続日本紀』の天平十二年（七四〇）十月二十六日の勅であった。そこには「朕（聖武天皇）意う所有るに縁《よ》りて、今月の末暫く関東に往《おもむ》かむとす」と記す。ついで同じく『続日本紀』の天平宝字元年（七五七）十二月九日の条には、尾張宿禰《すくね》大隈が壬申の乱で功績をあげて、功田四十町を与えられたことを述べ、「淡海朝廷（天智天皇）諒陰の際、義を以って警蹕《けいひつ》を興し、潜《ひそ》かに関東を出づ。時に大隈参迎へて導き奉り、私第を掃《はら》ひ清めて遂に行宮と作《な》し、軍資を供助す。其の功実に重し」として、「令に依るに上功なり、三世に伝ふべし」と記述している。

ここにいう関東とは鈴鹿関の東であって、いわゆる「関東地方」の関東ではなかった。これは後述する東・東方・東国《あずまのくに》がもともとは「養老令」の「公式令」にいう「坂東」すなわち「駿河と相模《さがみ》の堺なり」（『令義解』）の東の地域ではなく、やはり鈴鹿関以東の関東の地域を指すのと同様であった。

関西の史料における登場は、関東よりもかなり遅く、『吾妻鏡』の治承四年（一一八〇）十月二十一日の条にみえる「先ず東夷を平ぐるの後、関西に至るべし」であり、ついで『吾妻鏡』の建仁三年（一二〇三）の八月二十七日の条に「関西三十八カ国の地頭職」とみえている。この関西は「三十八カ国」という国数から推しても、不破関・鈴鹿関以西の西日本を指すと考えられる。

この「関西三十八カ国」については、五畿内と南海・山陰・山陽・二島を除く西海諸道の国々および東海道の伊賀・東山道の近江を加えたものとする説と、伊賀にかえて北陸道の若狭を加える説があるけれども、いま関西イコール近畿とみなすような狭義の「関西」ではなく、不破関・鈴鹿関以西の西日本を指す広義の関西であったことはたしかである。

では「畿内」と「近国」が合体した「近畿」はどのように史料に登場するのか。前述したように「大宝令」の畿内は大和・摂津・河内・山背の四カ国で構成されたが、この四カ国畿内制は「飛鳥浄御原令」施行後に具体化して「大宝令」において明確となる。そのプロセスは持統天皇六年（六九二）四月の条に「四畿内」とみえるのをはじめとして、同年五月・六月・九月の各条に四例もあり、ついで『続日本紀』の文武天皇の大宝元年（七〇一）六月の条の「四畿内」となる。「大宝令」で確立した四畿内制は霊亀二年（七一六）の四月に河内国の大鳥・和泉・日根の三郡が和泉監となり、さらに天平勝宝九年（七五七）の五月に和泉国が河内国の南部前記三郡を分割して成立すると、畿内は五カ国で構成されることになる。

この畿内の周辺の国々が「近国」として位置づけられるのはいつごろからであろうか。「養老賦役令」には「凡そ調庸物は年毎に八月中旬に起輸し、近国は十月卅日、中国は十一月卅日、遠国は十二月卅日以前に納め訖《お》えよ」という近国・中国・遠国にかんする規定が定められている。そこにいわゆる近国が、畿内にたいしての近国の意味であることはいうまでもない。しかもその範囲は、すでに「大宝令」において明確になっていたと考えられる。というのは『古記』が近国について言及しており、近国として伊我（伊賀）・伊勢・尾張・参河《みかわ》・丹波・因幡・備前・阿波・紀伊・讃岐・近江・三野・若狭・但馬《たじま》・播磨・淡路の国を列挙する。この近国の制度は『延喜《えんぎ》式《しき》』（巻二二）にも受けつがれて、前記の国々以外に志摩・丹後・美作《みまさか》が加わる。

ここにいう「近国」は、流刑地の「三流」すなわち近流・中流・遠流のそれとは異なり、たとえば『続日本紀』の神亀元年（七二四）三月の条に「諸流配の遠近の程《みちのり》を定む」として「伊豆・安房・常陸・佐渡・隠岐・土左（土佐）の六国を遠とし、諏方（諏訪）・伊予を中とし、越前・安芸を近とす」とは内容が違う。唐の流刑では本人の居住地からの距離によって遠・中・近を定め、流三千里・二千五百里・二千里と区分したのに対して、日本の流刑地が都を中心に近・中・遠がきめられている点も軽視できない。

それなら、「大宝令」にいう近国がいつごろから史料にみえるかといえば、『日本書紀』の天武天皇五年（六七六）十一月の条にみえる勅に「京に近き諸国」とあるのが早い。畿内では公民の負担する調の半分と庸の全部を免除する優遇策が講じられていたが、そうした優遇策が制度化するまでには、いわゆる近国についても、調や労役の負担軽減がはかられたことがある。天武天皇十三年（六八四）には、伊賀・伊勢・美濃・尾張の四国において、調の年には労役を免除し、労役の年には調を免除するというような一年ごとに交替して調か労役かを省くという詔がだされたり、持統天皇六年（六九二）に、伊賀・伊勢・志摩の国造《くにのみやつこ》らに冠位を賜って、同年の調と労役を免除したりしたことなどがそれを物語る。

伊賀・美濃・尾張などは、壬申の乱において重要な役割をはたした地域であり、伊勢・志摩は、伊勢神宮ゆかりの地域であったからであろう。そして、文武天皇元年（六九七）の八月、文武天皇は即位の宣命につづいて、とくに全国の庸の半分と租や雑徭《ぞうよう》を免除するという課役免を強調しているのが注目される。民衆のあらたな掌握が時の政府の課題であった。とりわけ畿内と近国の支配が重要となる。

畿内と近国にもとづくいわゆる「近畿」という用語が誕生する背景をかえりみれば、畿内および近国の歴程の検証は、近畿における道州制のありようを検討するさいにも必要な作業となろう。現在では関西イコール近畿と位置づけて論議されているが、意外にも「近畿」という用語が具体化してくるのは、明治三十八年（一九〇五）のころからであった。たとえば山崎直方・佐藤伝蔵共編の『大日本地誌　巻四』では京都府・大阪府・兵庫・奈良・三重・滋賀・和歌山各県が近畿として扱われている。そして昭和三十一年（一九五六）四月には「首都圏整備法」が、昭和三十八年（一九六三）七月には「近畿圏整備法」が施行された。この「近畿圏」という発想は、道州制の区域を吟味するさいにも軽視するわけにはいかない。

ここで注意すべきことがある。古代における交通・政治・経済・軍事・警察などに重要な役割を果した三関の西にはあまり関は設けておらず、過渡的に関などが置かれても、三関のように重きをなすことはなかった。三関より西の地域に設定された三関以外の関などを検討することにしよう。

三関以外に『日本書紀』の天武天皇八年（六七九）十一月の条の竜田山と大坂山（穴虫峠）の関、「衛禁律」や「関市令」（『令義解』）の長門・摂津の関、『新撰姓氏録』（「右京皇別」下）にみえる和気関、『類聚三代格』の承和二年（八三五）十二月三日の太政官府にみえる長門国関、白河・菊多の剗《せん》（塹柵の関）、あるいは『出雲国風土記』に記す手間剗《せき》・戸江剗・阿志毘縁《あしびえ》山剗・遊託山《ゆたかやま》剗・荒鹿坂剗・三坂剗・多岐岐山剗のほか臨時に設けられる径・山の剗などがあった。

これらの関や剗のなかでも、三関はもっとも重視されて、「軍防令」によれば三関は兵士を配して警備し、鼓吹・軍器を置いて三関国の国守がこれを固守した。三関は非常のさいにとりわけ重要な役割をになったが、東国からの進入を阻止することよりも、天皇の崩御や反乱のおりに、事変が東国に波及することを防ぐことに主眼がおかれたとみなされている。天皇の崩御や反乱などのおり、ただちに朝廷から固関使が派遣されたのもそのためであった。

延暦八年（七八九）になると、国内政治の安定や交通の阻害を理由として三関は廃止されたが、弘仁元年（八一〇）には伊勢国の鈴鹿関・美濃国の不破関に近江国の相坂関を加えた新三関が設定された。もっとも相坂関は延暦十四年（七九五）の廃止（『日本紀略』）以前に存在しており、その設置の時期はさだかでないが、延暦八年の三関廃止のさいに、長岡京守備のために臨時に設けられたのではないかと思われる。

『文徳実録』の天安元年（八五七）四月二十三日の条には、相坂関の北に竜花（竜華）関・南に大石関を設置したことがみえている。当時飢饉《ききん》や疫病が続発して民政が乱れ、盗賊が横行して政情が不安定であったことが設置の背景にあったが、「京中郡盗鎮撫」のあとは、竜花・大石の両関はその機能を喪失した。

なお、和気関は「古関の意義」（「畿内および近国の歴史的考察」、『近畿圏』鹿島出版会）で論述したが、播磨と備前の間に一時的に設けられた関のひとつであったと考えられる。

美濃国の不破関・伊勢国の鈴鹿関・越前国の愛発関の「三関」の記事の初見は『続日本紀』の和銅元年（七〇八）三月二十二日の条の勅に「大宰府の帥・大弐、并せて三関と尾張守等とに、始めて傔杖《けんじょう》を給う」の記事で、このほか一七カ所に「三関」が登場するが、東山道に不破関・

東海道に鈴鹿関・北陸道に愛発関が設けられたのは、いったいいつごろであったのか。これを明記する史料はないが、『日本書紀』に記す六七二年の壬申の乱のおりすでに「鈴鹿関」がみえ、また「不破道」が大海人皇子側と近江朝廷側との重要な争奪の対象となっていたこと、そしてそれらの三関の位置が近江国のまわりにあって、大津宮からの北陸・東山・東海各道の出口に相当することなどから、天智朝には設定されていたと推測される。

このようにみてくると、三関の西には重要な関のなかったことがわかる。もとより山陽道などの幹道は整備したけれども、関西は国内はもとより海外に対してもかなり開かれていたことがわかる。

私がかねがね注目してきたのは、西国三十三カ所の観音霊場めぐりが、関西を中心にひろがっていったことである。これにならって坂東・秩父などでも三十三カ所の観音霊場が設けられたが、関西のような発展を示すことはなかった。

関西の観音信仰に対して、関東では不動明王信仰がひろがって、千葉県盛田市の新勝寺を中心に関東ばかりでなく、関西へも不動明王信仰が浸透していく。私は観音信仰は異文化を受容して新しい文化を生んでゆく調和の女性原理を象徴すると考えている。観音菩薩が三十三に変化して人びとを救済する信仰にもとづくように、海外にも開かれて渡来の文化を受け入れ、あらたな日本文化をはぐくんでいった先進地域が関西であった。それに対して不動明信仰は男性原理であり、調和よりも対決型の信仰であったのではないか。三関の西の大宰府まで、三関のような関が設けられなかったのはなぜか。そこにも関西文化圏のありようが反映されていると思われる。

3　海外との交流

舒明天皇二年（六三〇）から承和五年（八三八年）までの約二百年の間に、入唐した遣唐使は十五回であり、そのうちの一回は迎入唐使、二回は送唐客使であった。遣唐使が日本の歴史と文化の発展に大きな役割をはたしたことは多言するまでもない。したがってこの時代を「遣唐使時代」とよぶ研究者も多い。

しかし遣唐使のみが当時の外交のすべてではない。たとえば渤海との外交は、遣渤海使の派遣は神亀五年（七二八）から弘仁二年（八一一）まで一五回（送渤海使を含む）、渤海使の来日は神亀四年（七二七）から延喜十九年（九一九）まで三十四回に及ぶ。そのルートがすべて北ツ海（日本海）であったことも注目すべきである。唐使がわずか九回であり、しかも正式の唐使が八回であったのを想起するだけでも、遣唐使のみを重視する史観をそのままに支持するわけにはいかない。

遣唐使派遣の停止を奏言したのは菅原道真であった。寛平六年（八九四）の八月二十一日に、参議左大弁菅原朝臣（道真）は遣唐大使に、右少弁紀朝臣長谷雄は遣唐副使に任命されたが、道真は同年の九月十四日「諸公卿をして遣唐使の進止を議定せしめむことを請ふ状」を提出した(『菅原文草』『日本紀略』)。その「状」には前年(寛平五年)の三月に、商客王訥《おうとつ》らに托した在唐の僧中瓘《ちゅうかん》の「録記」に、唐朝の衰退(「大唐凋弊《ちょうへい》」)あるいは遣唐使の航海の危険が述べられていることを「遍《あまね》く公卿博士に下し、詳《つまびら》かにその可否を定められむこと」が進言されている。

菅原道真による「遣唐使進止議定の状」には在唐僧中瓘《ちゅうかん》の「録記」の状を引用して、「大唐凋弊」すなわち唐朝の衰退と、「或は海を渡りて命に堪えざる者有り、或は賊に遭ひて遂に身を亡《ほろ》ぼす者有り」すなわち遣唐使の航海の危険が述べられているが、停止進言の理由はそれのみにとどまらない。そのひとつには国家財政が窮乏しており、遣唐使派遣の支出が当時の政府の負担になっていた事情もあった。

遣唐使の停止によってわが国が「鎖国」の状態に入ったのではなかった。そのことは、前述したように寛平六年九月三十日以後も、渤海との交渉はつづいていたし、「大唐商賈人《しょうこにん》」との交易は実際に行われていた。遣唐使の停止以前においても私的な商取引が禁止されていたことは、たとえば大宰府に来た「大唐商賈人」との関係について、仁和元年(八八五)の十二月二十日、「王臣家及び管内吏民の私に費直を以て競売するを禁ず」と命じているのをみても明らかである(『日本三代実録』)。そのことは逆にいえば公的な交易ばかりでなく、私的な商取引も行われていた実情を反映する。

そうした状況は遣唐使停止の後においてもかわってはいない。その状況はたとえば延喜三年(九〇三)の八月一日にだされた「太政官府」に「諸使関を越えて、私に唐物を買ふ事を禁遏《きんかつ》すべき事」の理由として、「唐人商船来着の時、諸院諸宮諸王臣家等、官使未だ到らざるの前に、使を遣はして争い買ふ、また墎内《かくない》富豪の輩《やから》心《こころ》遠物を愛して直を踊《たか》くして貿易す」と述べられているのにも察知することができよう。商取引の公正を期すために、律令のさだめに従って、官司の交易の前に私に交易をしてはならぬというのである。

事実、唐の商人らの来日は継続しており、延喜三年の十一月二十日には唐人景球らが「羊一頭・白鵞五隻」を献じたり(『扶桑略記』裡書、『日本紀略』では十月二十日の条)、延喜九年閏八月九日には、これより先に唐商人が大宰府に来着し、唐商人の貨物及び孔雀《くじゃく》が同年十一月二十七日にもたらされている(『扶桑略記』『日本紀略』)。

そしてまた僧奝然《ちょうねん》のように、「商買客を待ちて渡る」入唐僧《にっとう》もあった。東アジアにおける古代日本の外交あるいは交易といえば、海外の文物や文化を、日本がどのように受容したか、さらに海外からどのような人びとが渡来してきたかに考察の重点がおかれてきた。しかし永観元年(九八三)に入宋した奝然が、すでに日本に伝わっていた「孝経一巻、越王の孝経新義第十五の一巻」を、宋へ逆に持参するような場合もあった(『宋史』日本伝)。

古代の日本では海外からの文物や文化を導入し、渡来の人びとが来日して、内なる歴史の発展に寄与した事例が多いけれども、倭あるいは日本から海外へ文物が伝わり、倭人あるいは日本人が海外へ移住した事例もかなりある。

いまは遣唐使は「廃止」ではなく「停止」であり、遣唐使の停止によってわが国が「鎖国」の時代に入ったわけではない状況を述べてきたが、鎌倉時代や南北朝の代においても海外との交流がとだえたわけではない。

文永十一年（一二七四）と弘安四年（一二八一）の元軍と高麗軍による来襲すなわち元寇によって鎌倉時代の海外とのまじわりはとかく軽視されがちだが、たとえば鎌倉時代の仏教に宋や元から来日した僧が大きな役割を果したことひとつをみても日宋・日元の交流のありようをみることができる。北条時頼に招かれた蘭渓道隆《らんけいどうりゅう》は建長寺の住持となり、道隆についで鎌倉に入った兀《だっ》菴普寧《たんふねい》に時頼は参禅して印可《いんか》（免許状）を得た。北条時宗も大休正念《だいきゅうしょうねん》に参禅している。円覚寺の高僧となった無学祖元《むがくそげん》は時宗に助言したことで有名である。

執権北条氏の所領（得宗領）であった津軽四郡・西浜・外浜・糠部《ぬかべ》郡のうち、青森県五所川原市の十三港《とさみなと》を含む西浜は、御内人《みうちびと》安東氏の支配下にあって、十三港から元末・明初の青磁などが多数出土して注目をあつめた。

また広島県福山市の芦田川河口の草戸千軒《くさどせんげん》遺跡からは、七十以上ものさまざまな形の井戸・家並・道路跡のほか、大量の宋銭・宋代や元代の青磁・高麗の青磁などが数多く出土し、かつての港町がいかに国際的なつながりをもっていたかを実証した。瀬戸内海を高麗や宋あるいは元との交易の船がさかんに往来していたことを物語る。

室町時代には、室町幕府の三代将軍であった足利義満が「日本国王臣源」という上表文を明の皇帝に贈って、積極的に日明貿易を展開し、遣明船を派遣し、朝鮮王朝からは回礼使が来日した。朝鮮通信使といえば江戸時代の慶長十二年（一六〇七）から文化八年（一八一一）までの十二回に及ぶ通信使が有名だが、実は朝鮮王朝側の回礼使は後に報聘使、さらに通信使を名乗った。室町時代すでに朝鮮通信使による善隣友好の外交がくりひろげられていたことは、あまり知られていないが、「信」を「通」ずる外交は実際に行なわれていたのである。

一三九八年から一四四三年までの間に朝鮮使節は十二回、来日し、通信使を称したのは一四二八年からといわれている。日本からの使節は日本国王使とよばれたが、正式のものは五十回におよぶと伝える。

将軍派遣の使節ばかりではない。朝鮮側では巨酋使とよんだが、畠山・細川・斯波・大内・島津などの諸大名も朝鮮との交易をした。足利将軍のなかで、もっとも熱心に朝鮮と通交したのは八代将軍義政で、将軍職を譲ってからもまじわりをつづけ、在世中に十七回も使節を派遣した。仏典の集大成ともいうべき大蔵経を入手することを、多くの大寺が望んだが、義政も大蔵経の入手を求め、寺社の募禄船《ぼろくせん》を派遣した。そのさきがけは天竜寺を建立するために、足利尊氏・直義兄弟が天竜寺船を派遣して、博多の商人至本《しほん》から通商の損益とかかわりなく五十貫を天竜寺に寄進したのにはじまる。

徳川幕府の文書や記録には先にも言及したように、「通商の国」としてはオランダと清（中国）で貿易をする国であり、「通信国」とは貿易ばかりでなく実際の外交を行なった国を指した。なかでも一六〇七から一八一一年までの十二回におよぶ朝鮮通信使の来日は特筆にあたいする。この「通商」と「通信」の実相をかえりみても、江戸時代がけっして鎖国の時代でなかったことがわかる。

江戸時代に江戸入りした外国使節は、前述の朝鮮通信使だけではない。たとえば寛永十年（一六三三）から始まるオランダ商館らの江戸参府があり、寛永十一年（一六三四）からの琉球使節の江戸参向もあった。

こうした「通信」「通商」のなかで朝鮮通信使がとりわけ注目されているのには、いくつかの理由がある。まず第一に忘れてならないのは、大義名分なき豊臣秀吉らによる文禄・慶長の役の戦後処理と国交回復をめざす努力の成果として、朝鮮王朝からの使節の来日が実現していることである。徳川幕府の要請にこたえて使節を派遣した朝鮮王朝側が、その第三回（寛永元年＝一六二四）までを回答兼刷還使《かいとうけんさつかんし》と称して、捕虜として連行抑留された人びとを取り返すことを任務としたこともみのがせない。刷還使といわずに信使あるいは通信使を名乗るようになってからも、その第六回（明暦元年＝一六五五）まで捕虜刷還の交渉はつづいている。

第二に注目されるのは、その使節団の質と量である。朝鮮通信使の一行はおよそ五〇〇名から四〇〇名におよぶ大文化使節団であって、政治家・軍人ばかりでなく、学者・医者・画家のほか歌舞・音曲《おんぎょく》の名手なども参加していた。江戸滞在中の曲馬上演は、将軍家光の求めで行なわれたのがそのおこりだが、第七回（天和《てんな》二年＝一六八二）からは「曲馬上覧」が恒例化した。なお「良医」の参加も第四回にあって第七回からは通例となった。

ちなみに使節団の人数については、第三回を三〇〇名とする説が多いけれども、近時の研究では四六〇名以上であったことが確かめられており、最後の回（一二回）は対馬どまりであったが、それでもその一行は三三六名であった。

朝鮮通信使のメンバーは多彩であって、幕府・各藩大名とのまじわりばかりでなく、日本の学者・文人・僧侶・医者・画家などとの交流もさかんであった。筆談唱酬（詩文の贈答）も活発に行なわれている。

徳川幕府と朝鮮王朝との間にくりひろげられた二〇〇有余年の外交には、時期による内容の変化があって、これを一律に論ずるわけにはいかない。たとえば特別行事としての日光参詣は、三代将軍家光が将軍の権威を確立した寛永年間（第四回＝一六三六、第五回＝一六四三）と四代将軍家綱の明暦元年（第六回＝一六五五）のみで、家康の日光山大権現廟に加えて、明暦度には家光の大《たい》猷院《ゆういん》廟にも参詣した。そこには幕府側の意図があったが、そうした思惑をこえての善隣友好を、朝鮮王朝・徳川幕府の両者が莫大な経費を負担して実施したことを直視する必要がある。幕府が費やした額は一〇〇万両をこえる場合もあった。

朝鮮通信使の時期区分については、第三回までを国交再会期、第八回（正徳《しょうとく》元年＝一七一一）までをあらたな通交関係の確立期、第一一回（明和元年＝一七六四）までを恒例遵守《こうれいじゅんしゅ》の安定期として、第十二回以後を衰退期とみなす説が妥当と考えられるが、通信使の来日が終わったのちも、対馬藩では朝鮮訳官使の来島を中心とする外交がつづく。

朝鮮通信使を媒介とするまじわりのなかで、私がもっとも重視しているのは、日本の民衆が朝鮮通信使とじかにふれあった民衆のまじわり、すなわち民際外交の展開である。

幕府や各藩大名が朝鮮通信使と民衆が直接にふれあうことを奨励したわけではない。むしろ民衆とのまじわりは禁じていた。それなのに第七回のころから、禁令をのりこえた日本の民衆が朝鮮通信使とじかに交流したのである。

国と国とのまじわり、いわゆる国際交流の促進はもとより肝要である。しかし国際には限界がある。なぜならいずれの場合においても、国益を無視して「友好」が結ばれるはずはない。しかし民衆の場合はイデオロギーにとらわれない自由があった。実際に国籍やイデオロギーに制約されない交流が結実した。

朝鮮通信使との民際の友好がくりひろげられた例のいくつかを紹介しよう。岡山県牛窓《うしまど》町の毎年十月の祭礼では、疫《やく》神社などで唐子《からこ》踊《おどり》が演じられている。この唐子踊の「唐子」は「韓子《からこ》」であった。二人の児童の対舞は、朝鮮通信使が牛窓に寄港して宿泊したおりに演じた「小童対舞」を、牛窓の人びとが見習って十月の神事芸能として受け継いだものである。

この「小童対舞」は、たとえば第九回（享保四年＝一七一九）の製述官・申維翰《シンユハン》の日本紀行録『海游録《かいゆうろく》』のなかにも記録されている。民衆が「雲の如く集まった」と述べる。そのありさまは対馬の藩儒雨森芳洲《あめのもりほうしゅう》（一六六八―一七五五）も体験しており、通信使への詩や文章の取次は、真文役の仕事のほかは無用にすべきだと回想している（『交隣提醒』）。第九回の通信使（四七九名）のうち、三使（正使・副使・従事官）・上々官（堂上訳官）は本蓮寺などに宿泊したが、その他の通信使の面々は牛窓の町屋に泊った。民衆とのまじわりの絶好の機会であった。第十回（寛延元年＝一七四八）のおりには、帰路荒天となって、十八日間も牛窓に滞在した。その間に民衆との交流がいっそう深まったことは多言するまでもない。

毎年十月の三重県津市の八幡神社祭礼には、分部《わけべ》町の唐人踊《とうじんおどり》が登場する。「唐人踊」というけれども、そのなかみは朝鮮通信使の行列にちなんだ「韓人踊」である。朝鮮通信使は守山から彦根へ、浜街道を通って摺針峠《すりはりとうげ》から大垣、名古屋へと向かう。三重県の津は通過していないのに、なぜ津の祭礼に正使・副使や形名旗《けいめいき》・清道旗《せいどうき》などの通信使行列が具体化しているのか。

三重県鈴鹿市東玉垣《ひがしたまがき》町の牛頭《ごず》天王社で演じられる唐人踊を調査したおりに、江戸に店舗をだしていた伊勢商人が、朝鮮通信使の行列を実見して、その感動を郷里の津へ伝えたことに始まるという伝承を聞いた。その服装が東海道を通ったオランダ使節に類似しているのも興味深い。分部町の唐人踊が記録されている史料は早く、慶安三年（一六五〇）の文書に記述されている。

　こうした通信使行列にちなむ民際の息吹《いぶき》は奉納絵馬や人形・玩具のたぐいにおよぶ。民際交流が国際交流の前提としていかに大切であったかをいまの世の人びとに教える。第八回・第九回の朝鮮通信使の真文役として活躍した対島藩の藩儒雨森芳洲が、「誠信の外交」を「誠信と申候《もうしそうろう》は実意と申事《もうすこと》にて、互いに不レ欺不レ争《あざむかずあらそわず》真実を以て交《まじわ》り候を誠信と申候」（『交隣提醒《こうりんていせい》』）と力説した名言は、江戸時代のみならず現在と未来の善隣友好にも生きつづける。

第四章　稲荷信仰の史脈

1　創建の伝承

日本全国の各地で数多くの稲荷の社が奉斎され祭祀されている。その社の数は三万あまりといぅが、境内や境外の摂社・末社あるいは会社や商店さらに個々の屋敷神としてまつられている稲荷の神を加えると、その数は倍増する。その数多の稲荷神の総本社が、京都伏見の稲荷大社である。

『社司伝来記』などによれば、その創建は和銅四年（七一一）であって（後述）、平成二十三年（二〇一一）は意義深い創建千三百年にあたる。その記念事業のひとつとして本書が編纂されることになったが、そのはじめにまず稲荷大神の信仰の由来をかえりみる必要がある。

伏見稲荷大社の創建にかんする貴重史料に『山背（城）国風土記』の逸文《いつぶん》がある。そこにはつぎのような注目すべき記載がある。

風土記に曰はく、伊奈利《いなり》と称ふは、秦中家忌寸等《はたのなかつへのいみきら》が遠つ祖《おや》、伊侶巨《いろこ》秦公《はたのきみ》、稲梁《いね》を積みて富み裕《さきわ》ひき。乃ち、餅《もちい》を用《も》ちて的《いくは》と為ししかば、白き鳥と化成《な》りて飛《と》び翔《かけ》りて山の峯に居り、伊禰奈利《いねなり》生《お》ひき。遂に社《やしろ》の名と為しき。其の苗裔《すえ》に至り、先の過《あやまち》を悔いて、社の木を抜《ねこ》じて、家に殖《う》ゑて禱み祭りき。今、其の木を殖ゑて蘇《い》きば福《さきわい》を得、其の木を殖ゑて枯《か》れば福あらず。

この『風土記』の逸文は、『延喜式神名帳頭註』『諸神記』『年中行事秘抄』『二十二社註式』『諸社根元記』に引用されている。延長三年（九二五）の太政官符による進達のさいの逸文とみなす説もあるが（伴信友も『験《しるし》の杉』では延長三年のころのものとする）、これは坂本太郎博士が明言されたように（「稲荷神社の和銅四年創立説について」、『朱』一一号）、和銅六年（七一三）五月の官命をうけて撰進された『山背国風土記』の逸文と考えてさしつかえない。普通には『山城国風土記』逸文と書くが、山背国が山城国に国名の用字が変わったのは、延暦十三年（七九四）の十一月八日の詔によってであるから、正しくは『山城国風土記』は『山背国風土記』と書くべきであろう。

右の引用文には通説と異なっているところがある。それは「秦中家忌寸等が遠つ祖、伊侶巨秦公」の箇所である。『日本古典文学大系』の『風土記』をはじめとして、通説は「伊侶具」と書くが（伴信友の校訂も同じ）、吉田（卜部《うらべ》）兼倶《かねとも》の奥書のある『神名帳頭註』の逸文には「伊侶臣」と記し、秦（大西）親業《ちかなり》の『稲荷社事実考証記』に引用する『社司伝来記』には朱書して「或名字作レ鱗」とするように、原伝は「伊侶巨」であったものが「伊侶臣」と誤写されたと考えられるからである。

「いろこ」は「うろこ（鱗）」に通じ、そしてその子孫の系譜には久治良《くじら》・鮒主《ふなぬし》など、動物類を名とするものがあって、「伊侶具」は「伊侶巨」であった可能性が強い。

ところで「秦中家忌寸等遠祖」「伊侶巨秦公」という書き方は通例の書法とは異なっている。「秦中家」の「中家」については、後述する天暦《てんりゃく》三年（九四九）五月の『神祇官勘文《じんぎかんかんもん》』に引用する「禰宜祝《ねぎはふり》らの申状」に、「秦氏の祖中家等」と記す。伴信友が「中家は名なり」と解釈したのには（『験の杉』）、それなりの理由があった。問題はその遠祖が「秦公」であったのに、「秦中家」が忌寸であるのは、いったいどうしてかということになる。

『日本書紀』の天武天皇十二年九月の条には、秦造《はたのみやつこ》に連《むらじ》の姓《かばね》が授けられ、さらに天武天皇十四年六月の条には、秦連に忌寸の姓が与えられている。したがって秦忌寸石勝《はたのいみきいわかつ》（『日本書紀』朱鳥元年八月の条）、秦忌寸広庭《ひろにわ》（『続日本紀』大宝二年四月の条）、秦忌寸百足《ももたり》（『同』慶雲元年正月の条）、秦忌寸足国《たりくに》（『同』神亀三年正月の条）などと忌寸姓の秦氏の人びとがあいつぐ。『本朝月令《ほんちょうげつれい》』所引の

『秦氏本系帳』に、大宝元年（七〇一）のこととして秦忌寸都里《とり》と記すのもこうした史実と矛盾しない。

少なくとも天武天皇十四年（六八五）以後になって、秦忌寸が登場してくることがわかる。秦《はたの》造《みやつこ》としては秦造河勝《かわかつ》（『日本書紀』推古天皇十一年十一月の条）、秦造田来津《たくつ》（『同』大化元年九月の条）、秦造熊《くま》（『同』天武天皇元年六月の条）、秦造綱手《つなで》（『同』天武天皇九年五月の条）などが名を列ねる。それなら「秦公」の時代はいったいいつごろであったのか。『日本書紀』の雄略天皇十二年十月の条に「秦酒公《はたのさけのきみ》」とみえ、また『古語拾遺《こごしゅうい》』には雄略朝のできごととして「秦酒公」の説話を記す。そして『新撰姓氏録《しんせんしょうじろく》』の左京諸蕃・右京諸蕃・山城国諸蕃にも、「秦酒公」の伝承を所収する。秦造以前の秦氏の首長が「秦公」を称した時代のあったことが推定できる。氏姓名の書き方としては、氏＋姓＋名の「秦公酒」とするのが通例だが、この秦氏の場合は、「秦酒公」と書く例が多い。もっとも他氏においても、「三輪文屋君《みわのふみやのきみ》」（『日本書紀』皇極天皇二年十一月の条）などのように、氏＋名＋姓の例もかなりある。「伊侶巨秦公」というような書き方は、『新撰姓氏録』（山城国諸蕃）の「川秦公」などのほか、『広隆寺来由記』の「秦氏系図」にもあって、酒秦公・意美《おみ》秦公・忍秦公・丹照秦公・河秦公などとみえている。ただし『山背国風土記』逸文の鳥部《とりべ》里の条では「秦公伊侶巨（具）」と書く。

『山背国風土記』逸文の伊奈利社の条に伝えるところを要約すると、①秦公伊侶巨が稲梁（穀物）を積んで富み栄え、餅を弓の的《まと》としたところ、白鳥となって飛翔し、山の峰にとどまって、稲が生じた。そこで社の名（伊奈利）とした。②その子孫の代におよんで、先のあやまちを悔い、社の木を根ごと抜いて家に植え、禱《いの》りまつった。今、その木を植えて繁れば福をうることができ、その木を植えて枯れれば福をうることができない、ということになる。

①は伊奈利の山の峰と伊奈利社の社名の由来を物語る説話であり、餅が鳥（白鳥）になる伝えは、『山背国風土記』逸文の鳥部里の条の「的の餅、鳥となりて飛び去《ゆ》き居りき、その所を鳥部と云ふ」の記事や、『豊後国風土記』速見《はやみ》郡田野の条の「餅をもちて的となしき、時に、餅白き鳥となりて、発《た》ちて南に飛びき」の記載などにもみえている。この餅と鳥（白鳥）の伝承には、穀霊信仰が反映されており、穀霊と餅、鳥（白鳥）と穀霊のつながりを示す事例として貴重である。

②はその後日譚ともいうべき部分で、社の木を抜いて家に植え禱祭したという伝承には、神霊のよります聖なる樹木を神籬《ひもろぎ》とした信仰が投影されており、伏見稲荷の後代の「験の杉」の信仰につながる要素をうかがうことができる。「イナリ」の語原については諸説があるけれども、『山背国風土記』逸文が「伊禰奈利生ひき」と記すとおり、イネ（稲）ナリ（生）とみなすのが妥当であろう。イナリについては「稲荷」の表記よりも「伊奈利」の表記のほうが古い。『山背国風

土記』の逸文に「伊奈利」と記すばかりでなく、たとえば天平十年（七三八）の『駿河国正税《するがのくにしょうぜい》帳《ちょう》』には「伊奈利臣」と書く。こうした用例はのちの代にもかなりあって、『年中行事秘抄』『二十二社註式』『公事根源《くじこんげん》』などにも稲荷山を「伊奈利山」と記す。

本章のはじめに、『山背国風土記』逸文の伊奈利社の条をめぐって、改めて検討をこころみたが、伊奈利社の創建年次をめぐってはさらに考究すべき点があるからである。

伊奈利社の創建については、天暦三年（九四九）の五月二十三日の『神祇官勘文』に「件の神社立ち始むるの由、たしかに所見無し、但しかの社《やしろ》の禰宜祝《ねぎはふり》らの申状に云ふ、この神、和銅年中始めて伊奈利山三箇の岑の平かなる処に顕《あらわ》れ坐《ま》す」と述べているのが古い。ところで和銅四年（七一一）創建説はいつごろから具体化してくるのであろうか。『年中行事秘抄』は「かの社の禰宜祝らの申状」を引用して「和銅年中」とし、『二十二社註式』は「人皇四十三代元明天皇和銅四年辛亥、始めて伊奈利山三箇の峯の平かなる処に顕れ坐す」と記す。そして『神名帳頭註』では「和銅四年辛亥二月十一日戊午、始めて伊奈利山三箇岑の平かなる処に顕れ坐す」と述べる。すなわち平安時代の前期には「和銅年中」とされていたのが、室町時代のころになると、和銅四年説が登場してくるありようが察知される。卜部（吉田）兼倶の『神名帳頭註』の和銅四年の二月十一日は、すでに伴信友が指摘しているように（『験の杉』）、戊午《つちのえうま》ではなく丙戌《ひのえいぬ》であった。伴信友は「其は初午《はつうま》祭の起源にせむとて、みだりに日と干支を加えたる説なるべし」としたが、注目すべき見解であろう。

したがって『社司伝来記』に述べる和銅四年二月七日がもとの伝えであったと考えられる。問題は『山背国風土記』逸文に記述する秦公伊侶巨の「社の名となしき」の時代がはたしていつかということになる。伴信友は「和銅年中」説にもとづいて、「この伊侶具（巨）の云々の事は、和銅年中の事なり」とみなした。だが、そこにはつぎのような疑問が残る。

秦公伊侶巨の時代は、「秦中家忌寸等が遠つ祖、伊侶巨秦公」とはっきり述べられているとおり、秦中家忌寸の時代よりは、はるかに前の時代であった。そして秦氏が秦忌寸になった時代は、天武天皇十四年（六八五）以後であるから、「秦中家忌寸」のころが「和銅年中」であったといえても、「伊侶具（巨）云々の事は、和銅年中の事なり」とは、考えられない。秦公の時代は「秦造」以前か、あるいは「秦造」のころと推定したほうが、『山背国風土記』逸文の文意に沿うことになる。尊称の姓《かばね》としての「秦公」の時代と、伴造《とものみやつこ》の姓としての「秦造」の時代の伝承については、これを明確に区別することはむずかしい。たとえば『日本書紀』が、雄略天皇十二年十月の条では「秦酒公」と書きながら、同じ『日本書紀』の雄略天皇十五年の条には、「秦造」「秦造酒」と記すように、「秦公」と「秦造」とが併用されている例もあるからである。

いずれにしても、「山の峯」に「伊禰奈利」、「社の名」とした伊侶巨の時代は、「和銅年中」よりは古いというべきであろう。伊奈利の社が創建される以前に伊奈利山の信仰が存在し、神体山としての「お山」の信仰を前提に「お塚《つか》」の信仰が稲荷信仰を多彩にしたことは、享禄・天文年間（一五二八～五五）に、稲荷の祀官秦長種《はたのながたね》が描いた「稲荷山旧跡図」にうかがわれる。こうした「お山」の信仰を母体として秦氏が伊奈利の社を創建したとみなすことができよう。

2 信仰の原像

伏見稲荷大社の信仰は、和銅四年（七一一）以前にさかのぼり、和銅年中の「秦中家忌寸《はたのなかつへのいみき》」の時代よりも前に、「秦公《はたのきみ》」の時代にすでに「伊奈利《いなり》」という「ヤシロ」の名があったことがたしかめられる。そして『山背国風土記』逸文が、餅が白鳥となって、「飛び翔りて山の峯に居り、伊禰奈利《いねなり》生ひき」と述べるように、聖なる稲荷山の信仰を背景として「伊禰奈利（稲生）」すなわち「伊奈利」という「ヤシロ」の名が誕生したと伝えるのである。ちなみに伊奈利社の三字の「伊奈利」が二字の嘉字「稲荷」と表記される初見の記事は、「伊奈利」社の神に神階従五位下が贈られた『類聚国史』の天長四年（八二七）正月十九日の条である（後述参照）。

稲荷山が古くからカミの鎮まる神奈備《かんなび》（神体山）として信仰されていたことは、御膳谷の御饌《みけ》石《いし》をはじめとする磐座《いわくら》があり、近時古墳の副葬品と考えられてきた三ノ峰出土の吾作銘・二神二獣鏡や変形四獣鏡をはじめとする出土品は、かつてカミまつりの祭祀遺物とみなされたように

（大場磐雄・佐野大和「山城国稲荷山を中心とする考古学的調査」、『神道史学』第五輯）、その地は祭祀遺跡であるとみなす説が有力となっている（白石太一郎「古墳からみた伏見稲荷大社の奉斎氏族」、『朱』第五一号）。

『山背国風土記』逸文が、「ヤシロの木を抜じて、家に殖《ね》ゑて禱《の》み祭りき」と記す「ヤシロの木」も神籬《ひもろぎ》（神体木）としての信仰を反映する。こうした稲荷山を「お山」とする信仰がのちのお塚の信仰へと発展してゆく。

ここでお塚信仰について若干述べることにしよう。前述のように享禄・天文年間のころ、伏見稲荷大社の祠官であった秦長種《はたのながたね》が描いた稲荷山の絵図には、「上ノ塚」「中ノ塚」「下ノ塚」「命《みょう》婦塚《ぶづか》」が書きとめられているが、その数は時代とともに増加して、昭和十四年（一九三九）度の境内お塚調査では、その数およそ二五〇〇とされているが、昭和四十年度と昭和四十一年度の調査では、稲荷山全域のお塚は、あわせて七七六二基であったが、その後のお塚の新設は限定されている。

参詣者たちは、このお塚に詣でることを「お山する」というが、それはけっして計画的・組織的になされたものではない。稲荷大神を熱烈に信仰する民衆の、おのずからの信仰が、おびただしいお塚の建立を生みだし、「お山する」にぎわいをつくりだすにいたったものである。

無名のお塚もあるが、昭和四十年度・昭和四十一年度の調査によると、それはわずか四〇基であって、お塚のほとんどに末広大神とか金徳大神とかというような称号がつけられている。そこにみいだされる神名の多様性は、稲荷の「お山」によせた庶民の信仰そのもののありかたを反映するかのようである。『古事記』や『日本書紀』の神話に由来する神々もある。たとえば出雲系とされる大己貴大神、少彦名大神などがそれである。各地の有力な神社の神名をお塚の神名にしたものもある。たとえば諏訪大神、石上大神、熱田大神などというぐあいにさまざまであった。庶民信仰の多様性は、正一位閻魔地蔵菩薩とか延命地蔵王とか、あるいはまた虚空蔵童子（像）とか弘法大師（像）とかのお塚すらをつくりだす。そもそも神に正一位とか正三位とか正五位とかの神階を奉るしきたりは、奈良時代の天平年間のころからはじまる。その前提には、神と人とが連続し一体化する、日本的な神人感が内在していたが、これに加えて神仏習合思想の影響のあったこともみのがせない。

日本の神はきわめて開放的である。神は仏を排除しない。神は仏法を悦び給うとする信仰は、やがて仏法が優位となるにつれ、神も衆生のひとつとされるようになり、さらに仏法を護る護法善神としての意味づけが強まる。神階を神に贈る現象は、そうした状況のなかで具体化をみたわけだが、庶民の神仏への期待と願望は、前記のような正一位と閻魔大王と地蔵菩薩とをミックスした「正一位閻魔地蔵菩薩」というようなお塚さえも創造してやまないのである。

なまはんかな合理主義では、お塚信仰のいのちを認識することはできまい。それは一見奇妙であり、同時にまた不思議である。神の霊域に弘法大師（像）のお塚があるのは、けしからんことだという人があるかもしれない。しかし、そのような見解は、あまりにも偏狭である。いかにも、慶応四年（一八六八）の三月二十八日に神仏判然令がだされて、神仏混淆・神仏習合の長い歴史に終止符がうたれたかにみえる。たしかに社僧のたぐいは消滅し、神宮寺などはいちじるしく減少した。

だが、庶民の信仰においては、依然として神仏習合はつづいている。多くの日本人の家庭では、神棚と仏壇とが平和的共存をつづけているし、何々神社の氏子であって、何々寺の檀家であるという日本人は珍しくない。ところによっては、氏子総代と檀家総代を兼任している人もいるし、神社の祭りで密教風に護摩を焚くところもある。

それらの人々にとっては、神と仏の崇拝は矛盾しない。神さまも御先祖さまなら、仏さまも御先祖さまということになろう。純粋な教理上のたてまえからすれば、神と仏の教えには差異がある。場合によっては対立するかもしれない。事実、中国の歴史をひもとけば、儒教と道教と仏教の対抗はきわめて熾烈であったことがわかる。世に三武一宗の法難とよぶ、北魏の太武帝、北周の武帝、唐の武宗、後周の世宗のあいつぐ仏教の弾圧などは、その代表的な例である。

日本においても、たとえば織田信長が一向宗や天台宗を弾圧したり、徳川幕府がキリシタンを徹底的に取り締まった例などはあるけれども、教義などの論争はあっても、宗教と宗教との戦いはほとんどない。そのようなありようが、お塚の信仰を生みだすのである。

ところで伏見稲荷大社の鎮座するところは、京都市伏見区深草藪之内町であり、深草の歴史はさかのぼって古い。古文献にみえる深草は、『日本書紀』の欽明天皇即位前紀に「山背国紀伊郡深草里」の人として物語られる深草の秦大津父《はたのおおつち》の伝承が古い。「馬」に乗って伊勢へ旅をし、「商價（交易）」している富豪として描かれ、天国排開広庭尊《あめくにおしひらきひろにわのみこと》の寵愛をえて大いに富み栄えたという。そして広庭尊が即位するにいたって（欽明天皇即位後）、「大蔵省《おおくらのつかさ》」の官人になったと伝える。この「大蔵省」とは大同二年（八〇七）に斎部広成《いんべのひろなり》がまとめた『古語拾遺』の雄略天皇の条に記す大蔵に相当し、国の財政にかかわる蔵部《くらべ》（貢物・出納の管理などにあたる官人）を意味すると思われる。

朝鮮半島南部の東側の新羅《しらぎ》をその直接のふるさととする秦氏が居住した深草の地域は、発掘調査によって弥生時代中期には農業をいとなむ人びとのくらしがはじまっていたことが明らかになっている。そして四世紀末から五世紀の段階になると、韓式土器を残した渡来の人びとが宇治市のあたりに居住し、さらに深草あたりへと勢力を伸張させる。

古墳時代中期のU字形刃先を装着した風呂鍬《ふろぐわ》の普及や畜力耕具である馬鍬《まぐわ》の登場は、深草秦氏らによってもたらされた農具の革新を反映する（上原真人「「お稲荷さん」よりも昔の稲作」、『朱』第五一号）。秦大津父の馬を使用しての交易の物語は、そのような文化を背景にしたと考えられる。

したがって深草には朝廷ゆかりの屯倉《みやけ》が設けられていた。皇極天皇二年（六四三）十一月、聖徳太子（厩戸皇子）の嫡子山背大兄皇子《やましろのおおえ》が、蘇我入鹿らによって斑鳩宮を包囲され窮地におちいって、生駒山にのがれたが、そのおり三輪君文屋《みわのきみふみや》が山背大兄皇子に「深草屯倉におもむき、ここより馬に乗りて東国に詣《いた》り、再起することを進言したと『日本書紀』が述べているのも興味深い。その地は深草秦氏の本拠地であり、秦大津父の馬による伊勢との交易のエピソードにうかがわれるように、馬の文化が存在していた。

『日本霊異記』中巻第二十四話に、楢《ならの》（奈良）磐嶋《いわしま》が馬と船によって越前の敦賀で交易している説話も参考になる。

大阪府の寝屋川市の地域にも秦氏の勢力があって、秦・太秦《うずまさ》の地名があり、五世紀後半から六世紀はじめにかけての太秦古墳群にもそのありようが反映されている。北河内には馬の牧《まき》があって、実際に数多くの馬の埋葬例が検出されている。

深草秦氏の勢力が、六世紀に入って京都市右京区西南部から西京区東北部の嵯峨野・嵐山の地域にひろがっていったことは、大型古墳や群集墳の築造などにもうかがわれるが、あわせて北河内の秦氏とのつながりにも注目する必要がある。

馬の文化は交通・軍事ばかりでなく、農耕や交易にも寄与したが、新しい技術と交易によって富を集積していった深草秦氏が、稲荷山の信仰を前提に、「ヤシロ」を創建した背景もみのがせない。

3　大神の神威

伏見稲荷大社の内拝殿の奥、本殿に鎮座する稲荷大神は五社相殿《あいどの》で、向かって左（北）から田《た》中大神《なかのおおかみ》（田中社）・佐田彦大神《さたひこのおおかみ》（中社）・宇迦之御魂大神《うかのみたまのおおかみ》（下社）・大宮能売大神《おおみやのめのおおかみ》（上社）・四大神《しのおおかみ》の五神である。

もともと宇迦之御魂大神・佐田彦大神・大宮能売大神の三神が奉斎されていたことは、延喜五年（九〇五）から編纂がはじまって延長五年（九二七）にできあがった『延喜式』（五〇巻）の巻九・巻十のいわゆる神名帳のなかに、山城国紀伊郡の名神大社として「稲荷神社三座」と明記されているのをみてもわかる。

宇迦之御魂大神のウカノミタマは倉稲魂とも表記し、ウカはウケと同じで「食（食物）」の御魂の神であり、『古事記』（上巻）には速須佐之男命《はやすさのおのみこと》（スサノヲノミコト）と大山津見神《おおやまつみのかみ》の娘の神大《かんおお》市比売《いちひめ》との間に生まれた神として「宇迦之御魂」の神を記す。『延喜式』の大殿祭《おおとのほがい》の祝詞には「是稲魂《これいなだま》なり、俗の詞に宇賀能美多麻《うかのみたま》」とみえる。『山背国風土記』の逸文に「伊禰奈利《いねなり》」が「伊奈利」の由来とするにふさわしい稲魂の神とあおがれてきた。

佐田彦大神は『二十二社註式』に猿田彦《さるたひこ》神とするように、天孫降臨神話における先導の神猿田彦神とする信仰にもとづく。『日本書紀』（巻第二の第一の「一書」）によれば猿田彦神は「伊勢の狭《さ》長田《なだ》の五十鈴《いすず》の川上」に到ると記述する。サナダとサルタ、サナダとサダも聖なる田と関連し、伊勢の宇治土公《うじとこのきみ》らの遠祖太田命《おおたのみこと》は猿田彦神の子孫と伝える。

大宮能売大神は宮中の御巫《みかんなぎ》の祭る八神の一神で、朝廷で篤く信仰された神でもあり、『延喜式』の大殿祭の祝詞では、宮中の安泰を守り「言直《ことなお》し和《やわ》しまして、皇御孫命《すめみまのみこと》の朝《あした》の御膳《みけ》・夕べの御膳に供《つか》へまつる」宮人の神と述べられている。大同二年（八〇七）に斎部広成のまとめた『古語拾遺』では太玉命《ふとだまのみこと》の子と記し、「内侍《ないし》（女官）の善言・美詞をもて、君と臣との間を和げ」る神とする。

稲荷大神の三神は稲の神、田の神そして神饌と善言の神としてあがめ奉斎されたことを示唆する。清少納言の『枕草子』や右大将藤原道綱の母の『蜻蛉《かげろう》日記』などに「三社詣で」「三社明神」と述べられ、『拾遺和歌集』や『千載和歌集』などに「みつの社」と歌われていた稲荷大神三座の神が、いったいいつごろ五社の神になったのであろうか。

そのありようをうかがわせるのは、後白河法皇の撰になる『梁塵秘抄《りょうじんひしょう》』のつぎの歌である。

稲荷をば三つの社《やしろ》と聞きしかど

今は五つの社なりけり

『梁屋秘抄』は嘉応三年（一一七一）のころにほぼ完成しているので、平安時代の末ごろから鎌倉時代のはじめのころには五社の稲荷大神になっていたことはたしかである（『神祇拾遺』では弘長三年＝一二六三と伝える）。ただし延喜八年（九〇八）に藤原時平が「三箇社」を修造したように個別の社で、現在のような五社相殿の本殿になる明応八年（一四九九）のころまでは、個別に社殿が造営されていた。

五社の稲荷大神を構成する田中大神・四大神《しのおおかみ》とは、どのような大神であったのか。三所大明神へのプロセスについては、なおさだかでないところもあるが、新たな二座の神、田中大神や四大神は藤原頼長の日記『台記』にもみえるように、古くからまつられていた神であった。

伏見稲荷大社から北へ約一キロメートルのところに境外摂社田中神社が鎮座し、鎌倉時代中期の『古今著聞集』には、和泉式部が稲荷社へ詣でた時、「田中明神」の付近で時雨《しぐれ》にあったおりの説話を記載する。江戸時代中期の『稲荷谷響記』には「東福寺門前田中ノ町」の「田中社旧跡」は広大な社地を有していたが、東福寺の造営によってその多くを失ったという。境内に田中社神蹟＝荒神峰があるのにも注意する必要がある。

四大神については不明の点が多いけれども、『古事記』（上巻）には大気都比売神《おおげつひめ》の子として若《わか》年神《としのかみ》・夏高津日神《なつのたかつひのかみ》・秋毘売神《あきびめのかみ》・久久年神《くくとしのかみ》としてみえる。京都市西京区の松尾大社の境内末社四大神社の祭神が春若年神・夏高津日神・秋比売神・冬年神であるのが参考になる。物部氏の伝承を中心にまとめた『先代旧事本紀』では久久年神を冬年神とし、本居宣長は「久々」を「基」とみなしている。春夏秋冬の移りかわりのなかの稲が生長・変化してゆくさまにもとづく神名とみなすことができよう。境内摂社の大八嶋社は四大神を祭神とし、社殿のない禁足地として祭祀されているのもみのがせない。

田中大神も田の神であり、四大神も稲に関連する神であったと推察しうるが、伏見稲荷地域の在地の神として信仰された神々であったと思われる。

稲荷大神の神威は神階昇叙の歩みにも反映されている。日本の神々には、その神威にしたがって神々に朝廷が神階を奉授した。天平三年（七三一）に越前の気比《けひ》神に従三位の神階を賜ったのをはじめとして、延暦十年（七九一）まで少なくとも二十六神に神階をたてまつったことが史料にみえるが、稲荷大神への神階昇叙は、菅原道真が中心になって編集した『類聚国史』（巻三十四）に記載する天長四年（八二七）正月十九日の淳和天皇の「稲荷神」への宣命《せんみょう》に明記するとおり、天皇が病になられたのは東寺の塔の用材に「稲荷神社の樹」を伐採したためであるとの卜占《ぼくせん》の結果がでたので、内舎人《うどねり》の大中臣雄良《おおなかとみたけなが》を遣わして礼代《いやじろ》（幣帛）を献《たてまつ》り従五位下を奉授したのがはじまりである。この宣命が「伊奈利」の社を「稲荷神」「稲荷神社」と表記する初見となる。

承和十年（八四三）には従五位上、同十一年には従四位下、同十二年名神の列に加わり、嘉祥三年（八五〇）には従四位上、仁寿二年（八五二）には祈雨のため奉幣、天安元年（八五七）に正四位下、貞観元年（八五九）に正四位上、同九年止雨奉幣、同十二年に従三位、元慶元年（八七七）に祈雨奉幣、同四年大極殿の完成を奉告、延喜元年（九〇一）には正三位、延喜の制では名神大社、祈年、月次・新嘗の官幣となる。

天慶三年（九四〇）には正二位より従一位に進み、天慶五年（九四二）には正一位になったと伝える（延久三年説もあるが、天慶五年説が有力）。そして延久四年（一〇七二）の三月には後三条天皇の行幸があった。このころには、京中はもとより全国でも有数の大社としてあおがれた。稲荷大神は神階正一位の大明神として有名だが、十世紀のなかばのころには、正一位稲荷大明神の神威を天下に示すこととなった。

伏見稲荷大社は全国各地で奉斎されている稲荷社・稲荷神の総本社といってよいが、正一位稲荷大神の勧請《かんじょう》が平安時代後期のころから行われていたことは『稲荷社事実考証記』が記す、建久五年（一一九四）十二月二日の後鳥羽天皇の稲荷行幸のおり、「当社は五穀衣食住の守護神」であって「諸人の尊信せしむべき」であり、「信心の輩が其の所々に鎮祭致し候」も、それは「当社の分神に候」、よって「本社勧請の神体には正一位の神階を書き加え相授くる旨、勅許下され候」の所伝にもうかがうことができる。

建久五年十二月の稲荷行幸が祇園社とあわせて行われたことは、『仲資王記』や『百錬抄』にもみえるところだが、はたして「正一位の神階を書き加え相授くる旨」の勅許があったかいなかはともかく、「伝来の修法」で「当社社司共」が「一子相伝」して、「正一位神体勧請」を執行してきたことは所伝のようであったと思われる。

寛政四年（一七九二）の二月に、奉行所から稲荷社の祠官あてに、「正一位稲荷大明神神体勧請」を「他所の者」が行っても差し支えないかとの問い合わせがあったというのも、稲荷勧請がさかんになされていた状況を反映する。

この照会にたいする解答として、祠官全員が「一社総集会」して、建久五年十二月の故事をまとめているのが注目される。

稲荷大神の神威の弥栄は、平安時代後期以来さかんとなった正一位稲荷大明神勧請の信仰の史脈にもみいだすことができよう。

第五章　沖縄のまつり

1　神道の原像

すぐれた国文学者・民俗学者であり、歌人・作家でもあった折口信夫（釋迢空）の学問については、序章でも述べたように、古代学であった。折口のいう「古代学」とは、歴史の時代区分としての「古代」を研究する学問ではなく、中世や近世あるいは近代や現代にも生きつづける古代的精神や古代的要素、換言すれば古代的なこころとかたちの探究が、折口古代学の中核となった。

折口古代学の輪郭とその特色は、昭和四年（一九二九）から翌年にかけて、大岡山書店から出版された『古代研究』国文学篇、『同』民俗学篇第一冊、『同』民俗学篇第二冊にも、はっきりと反映されている。そしてその古代学をよりあざやかにしたのは、折口独自のまれびと論であった。折口の「異郷」への思索は、大正五年（一九一六）の「異郷意識の進展」（『アララギ』十一月号）、大正九年の「妣《はは》が國へ・常世《とこよ》へ」（『國學院雜誌』五月号）などに内在していたが、大正十一年そして大正十三年の沖縄調査によって決定的となり、前述の『古代研究』国文学篇の「国文学の発生」（第三稿）の「まれびとの意義」に結実する。

そしてつぎのように定義した。

「まれと言ふ語の溯れる限りの古い意義に於て、最少の度数の出現又は訪問を示すものであつた事は言はれる。ひとと言ふ語も、人間の意味に固定する前は、神及び継承者の義があつたらしい。其側から見れば、ひとに就て今一段推測し易い考へは、人にして神なるものを表すことがあつたとするのである。人の扮した神なるが故にひとと称したとするのである。」（傍線は原文、『折口信夫全集』第一巻所収、中央公論社）

折口にとっては沖縄は古代学研究の宝庫であって、仮装した人間が「神」となって異郷から来訪するという沖縄の民俗が、折口のまれびと論を生みだす。折口は昭和十年（一九三五）にも沖縄の調査におもむいているが、昭和十九年の四月から三年間、國學院大学で折口の講義を熱心に受講した私は、そのころから沖縄へいつの日かおもむいて調査したいと思っていた。

そしてまだ米軍の軍政下にあった沖縄の本島及び先島《さきじま》（とくに宮古島・石垣島・竹富島）へ、昭和四十六年の八月にはじめて訪沖した。当時は沖縄を訪れるのに、パスポートが必要であった。昭和二十一年の一月、沖縄の人びとの意志をふみにじって、強制的に行政分離が断行されたおり、沖縄のまつりと民間伝承に多くのものを学んできた折口信夫は、「沖縄に憶ふ」という一文を公にして「此ほど、間違ったことはない」と痛憤した。

昭和四十七年の五月十五日、ウチナンチュウ（沖縄人）の念願が漸く実現して本土に復帰したが、今もなお在日米軍基地の大部分が沖縄に存在する。その現実に胸が痛む。

復帰を記念する沖縄研究国際シンポジウムの第二回（一九八二年）・第三回（一九九七年）・第四回（二〇〇一年）そしてアジア史学会の第九回総会・研究大会（一九九九年）が沖縄県那覇市で開催されたおりなどには研究発表をし、これまで八回におよぶ本島・先島の沖縄のまつりの私なりの調査を行なってきた。

沖縄にはニライカナイの信仰が古くからあって、はるかな海の彼方に、ニライカナイとよぶ楽土があると信じられてきた。この信仰は奄美大島から沖縄本島そして先島（宮古・八重山諸島）にまでひろがっている。もっとも地域によってよび方が異なり、本島ではギレーカネーともよび、奄美の道の島あたりではニライをニルヤあるいはネリヤ・ネラヤとよんでいる。そのニライカナイから訪れてくるニライの神が人間にセジ（霊力）を与えると古くから信じてきた。先島の西表島《いりおもてじま》ではアカマタという来訪神が各戸をめぐり、祝福して歩くまつりがある。そのアカマタ神はニロー神ともよばれ、やはりニライカナイから訪れる神という信仰を背景とした。前述した折口古代学のまれびと信仰の由来も、ニライカナイの信仰と深いかかわりをもつ。

全国で神社のもっとも少ないのは沖縄県であった。それもそのはずである。今でも本島や先島には数多くウタキ（御嶽）があって、ウタキをオタケ・ウガミとよぶ地域もある。ウタキは森のなかや山の麓にある例が多いけれども、場合によっては海辺の崖や崖の上にあるものもある。そこにまつられているのは、ムラ建てをした遠祖あるいはそのムラの生んだ偉人で、その墓所であったものがのちにウタキになったとする説もある。

ウタキは聖域で社殿は全く設けられていない。しかも男子禁制でまつりをする神女でなければ立ち入れないのが原則であった。それをイビとよぶところもあって、「忌み避ける場所」の意味という。その神のよりましは自然石（三ツ石が多い）であったり、クバの木やガシュマルの木であったりする。日本の神道の岩石をよりましとする磐座《いわくら》や神体木を神籬《ひもろぎ》としてまつるのと共通するところがある。

ウタキはウガシジョ（拝所）ともいわれ、本島北部の国頭《くにがみ》あたりではウガミ・ウガン・ウガンジョなどとよぶ。宮古島ではウタキやムトゥ（元）と称し、墓をムトゥとよんでいるのが注目される。

それなら、沖縄で神社が具体化してくるのは、いったいいつごろであろうか。明治十二年（一八七九）の琉球処分によって琉球は沖縄県となるが、そのおりからであるという説は誤りである。琉球処分以前に護国寺に波上宮《なみのうえぐう》、臨海寺に沖宮《おきのぐう》、神徳寺に八幡宮、神応寺に識名宮《しきなぐう》、遍照寺に末吉宮、聖現寺に天久宮《あめくぐう》、神宮寺に普天間宮、観音寺に金武宮《きんぐう》の、いわゆる琉球八社が存在していた。

琉球では臨済宗系と真言宗系の寺院が建立されていたが、社を併置した寺がいずれも真言宗系であったことは興味深い。八幡宮の祭神が応神天皇・神功皇后と玉依姫《たまよりひめ》であり、ヤマトの八幡宮と異なって玉依姫が配祀されていること、さらに八幡宮以外の社の祭神については、熊野権現の勧請《かんじょう》にもとづくものの多いこともみのがせない。黒潮を媒体とする熊野修験者とのつながりや真言密教と熊野信仰の習合を推測させる。

創建の時代がかなり具体的なのは、那覇市の末吉宮である。天界寺の鶴翁和尚が日本で修行中に熊野へおもむき、帰国後、尚泰久王に再三申し出て、一四五六年のころに造営されたという。そして八幡宮は尚徳王が鬼界ヶ島へ遠征におもむこうとしたおり、一四六六年のころの誓願によると伝えている。

これらの社の建立がウタキやウガンジョの信仰とまったく無縁であったとは思われない。金武宮・識名宮・天久宮・普天間宮などは、鍾乳洞を神域として、ウタキ・ウガンジョの信仰と重層した。琉球八社のほかにも長壽寺の長壽宮、照太寺の御伊勢堂、さらに天神社・荒神社・恵美須神社・真壁宮・弁才天社などがまつられていた。

しかし都道府県の全国公認の神社のなかで、もっとも社数が少ないのは沖縄である。その背景にはおよそ二つの状況が考えられる。ひとつには、琉球処分（一八七九年）以前からのウタキやウガンジョなどの祭祀と信仰の生きた伝統があり、これを容易に神社として編入・組織化できないあらがいがあったことであり、他のひとつには明治の政府が沖縄の神々とそのまつりを軽視ないし差別した現実があった。

明治四年（一八七一）の五月、太政官布告によって、官国弊社以下郷社の社格がさだめられ、同年の七月には村社、明治六年のころからは村社のもとに無格社という社格が設定された。明治二十三年の一月、琉球八社のうちで那覇市若狭町鎮座の波上宮（波之上宮）は官弊小社に列したが、他の七社は無格社として位置づけられた（のちに宮古島の宮古神社・那覇市通堂町鎮座の世持神社が郷社となる）。そしてナンミー（波上宮）の祭神は伊邪那册尊・事解男尊《ことさかおのみこと》・速玉男命の三神であって、そこにはエビス信仰の要素も重なりあっている。

日本の「神典」ともされた『古事記』『日本書紀』などにみえない祭神が、政府公認の神社としては容易に認可されなかった事情は、県社、沖縄神社の造営のプロセスにもはっきりとうかがうことができる。県社創建のこころみは、「明治天皇御即位記念事業」のひとつとしてはじまったが、なかなか具体化をみず、明治四十三年（一九一〇）四月のころ、県の主導による「県社・建設理由書」が提出された。祭神は舜天王を主神とし、源為朝と「故侯爵尚泰（王）」を合祀するものであった。

たびたびの陳情や決議にもかかわらず（大正四年十月一日付の「県社創立願書」では源為朝が消えて、尚泰王のほかに阿摩弥姑《あまみこ》・志仁礼久《しにれく》が祭神とされている）、県社の創建は認められず、ようやく公認をみたのは大正十五年（一九二六）であった。いかに他の府県とは異なった神社行政が行われていたかは、こうした推移からも察知されよう。

宮古島の平良市西原に鎮座する大主神社は、大正九年（一九二〇）にウガンジョを改築した社であって、ウタキにつながる聖域にある。

神社と称されてはいるが、郷社でも村社でも無格社でもない。ここには宮古島の太陽神であるアガリテダ・ウマテダ・大主（ウパルズ）の神をはじめとして、米の神・畠の神・粟の神など、多数の神々がまつられていた。民衆のくらしのなかに生きる、民俗神道の社であった。

国家神道イコール神社神道ではない。神社神道のいにしえにさかのぼれば、神体木や神奈備（神体山）あるいは神の依《よ》り代《しろ》となる神籬《ひもろぎ》（常緑の榊など）や磐座《いわくら》（聖なる岩や石）が神座《かみくら》であって、本殿や拝殿などの成立は新しい。

その点では、沖縄のウタキやウガンジョは日本の神道の原像をうかがうよすがでもある。そこには折口古代学が見出した神々の原初の姿があった。それを明治政府は無視し、軽視したのである。

2　民俗の伝統

沖縄の民俗には注目すべきものが多い。ここでは春の禊《みそぎ》と関係のある旧三月三日のサニツ（サンニチ）浜下りの行事を中心に考察することにしよう。

日本の神道においては、神社神道はもとよりのこと、教派神道などにあっても、禊と祓は神事を執行するさいの重要な行法として現在もうけつがれている。その禊や祓を日本固有の行法とする見解もあるが、それはあまりにも閉鎖的な島国史観に歪曲された考え方といわざるをえない。「祓除《ばつじょ》」は、中国周代の官制を記した『周礼』にも書きとどめられており、許慎（三〇〜一二四）の『説文解字《せつもんかいじ》』にも、「祓」は「悪を除く祭なり」と明記されている。『後漢書』の礼儀志には「是月（三月）上巳、官民皆、東流水上に禊《けい》す」とあって「洗濯祓除」することが述べられている。三月のはじめの巳の日の「祓禊」の年中行事は、中国の古典にしばしば登場し、『後漢書』には「三月上巳、水浜に祓禊」あるいは「祈禳を為し、自ら潔濯す、之を禊祠と謂《い》ふ」と記されている。この三月上巳は後に三日と定まり、三月の禊は春禊、七月十四日に行なうのは秋禊とよばれる。

るようになった。

この春禊は朝鮮半島でも行なわれていたことが、たとえば高麗の高僧一然《いちねん》が一二八〇年代にまとめた『三国遺事』に引用する『駕洛国記《かろ》』に、有名な加耶《かや》（加羅）の始祖とされる首露（王）の亀旨峰降臨の伝承にも反映されている。その所伝によると、首露が亀旨峰に降臨した日は、「三月の禊浴の日」であった。

女の節供のようにいわれる雛祭のころともなれば、いつも思いだすことがある。それは沖縄の竹富島で見聞した、旧暦三月三日の浜下《はまう》りの行事である。その日、島の人々は、浜辺へでて、潮に手足をひたし、素足で浜の白砂をふむ。

一見するとなんでもない浜遊びのようだが、この行事には、昔話が重なっていて、異類求婚譚と結びついた行事であった。蛇が美男子に姿をかえて美しい娘のもとへ通い、娘にその種を宿した。ある日、大きなガジュマルの木の下で、蛇がひそひそとはなしあっているのを立聴《たちぎき》した父親はびっくりした。あの美男子の正体は蛇であったのか。なおも蛇のひそひそ話を聞いていると、娘が浜辺の白砂をふみ、潮にひたると流産するという。そこで急ぎ家に帰った父親は、娘を浜辺につれていき、蛇にいった通りにしたら、みみずよりも太い蛇の子がゾロゾロと生みおとされたと伝えるのである。

その昔話のゆかりで浜下りの行事をするのだと島の古老が語られた。この三月三日の行事は、八重山諸島ばかりでなく、沖縄本島にも、宮古島などにもある。とりわけ宮古諸島のサニツは古風で、よもぎを入れてつくった餅（フーチームチ）などをもって海辺へでかけ、多良間島では数家族の集団で浜下りをなし、海岸の拝所に貝や魚などをそなえて健康を祈願する。浜下りをする集団の中心となる家の存在が、宮古島の狩俣や多良間島の例などで注目される。

蛇と娘の婚姻譚としては、『古事記』にみえる三輪山の神と活玉依毘売との話が有名である。蛇聟入りの代表とされる苧環《おだまき》型がそれである。苧環型では、蛇神と娘との間に神の御子が出生する説話となる。類似の説話は、古代の朝鮮にもあって、『三国遺事』の甄萱《せんけん》の出自伝承にもみいだされる。蛇ではなく大みみずになっているが、やはり苧環型に属するといってよい。

沖縄の浜下り由来譚となった蛇と娘の婚姻は、昔話研究者の分類にしたがえば立聴（聴聞）型である。立聴型は、日本の各地に伝承されていて、その多くは五月五日の端午の節供と結びついている。そこでは菖蒲の湯に入ったり、菖蒲の酒や薬を飲んだりして、蛇の子をおろす話になる。奄美大島では四月の初午に麦飯とにらを食べて潮を渡ると流産する話になって、初午の麦飯に関係づけられている。

このように立聴のなかみも、細部ではちがっているけれど、沖縄の浜下りで興味深いのは、古風のしきたりが、女性だけの行事でなかったことだ。村々の集団が、老若男女を問わずに参加するのである。

端午の節供は、いまではすっかり男子の祝日になっているが、もとをさかのぼれば田植の民俗とつながりのあったことがわかる。早乙女の聖なる日であった。むしろ「女の家」・「女の天下」などとよばれた日であった。したがって近松門左衛門の「女殺油地獄」にも、五月五日は「女の家」と記されもしたのである。

端午の節供を男子の日とするのは、戦国時代のころからのならわしである。この日のみを「子供の日」とするわけにはいかない。雛人形の原像は、祓物の人形《ひとがた》とする説がある。いまでも流し雛を行なう地域もある。沖縄の浜下りも「けがれ」を流す行事となって定着した。そしてその話が「本土」では五月五日と重なるところが少なくない。三月三日の浜下り、その古風にちなんで雛祭のいまのありようをかえりみる。

沖縄本島のノロやユタ、先島のツカサやサス、そしてカムガカリヤなどの神女・巫女のありようにはシャーマニズムがいまに生きつづいている。そして彼女らによるまつりの息吹を感得した。沖縄におけるニライカナイなどの信仰に、折口信夫が〝まれびと論〟構築のよりどころを見出したのも、沖縄の歴史と文化の基層に感動したからにほかならない。

だが南島にかんする調査の旅を重ねるなかで、日本の文化のルーツを沖縄に遡及して探究する視角ばかりでなく、ヤマトの文化がウチナワ（沖縄）にどのように受容されていったか、そしてさらに、沖縄の文化がアジアとどのようなつながりをもったかを探究する必要を痛感するようになった。近時の私見は「沖縄文化の原像」(『沖縄文化の源流を探る』所収、復帰二十周年記念沖縄研究国際シンポジウム実行委員会)や「沖縄文化の原像と変容」(『日中文化研究』五)で述べておいたが、沖縄の歴史と文化の考察においては、日本とのかかわりばかりでなく、朝鮮・中国などとの関連もまた軽視するわけにはいかない。

そのような琉球(沖縄)の存在を、みごとに象徴するのが、首里城にあった「萬国津梁《しんりょう》の鐘」の鐘銘である(現在は沖縄県立博物館で展示)。「戊寅《つちのえとら》(一四五八)六月十九日辛亥」の紀年のあるこの鐘銘である。「琉球国は南海の勝地にして、三韓の秀を鐘《あつ》め、大明を以て輔車《ほしゃ》となし、日域を以て唇歯《しんし》となす、此の二つの中間に在りて、涌出せる蓬萊《ほうらい》の嶋なり、舟楫を以て、萬国の津梁となす」と。

三韓(朝鮮)・大明(中国)そして日域(日本)の「中間」に位置し、「舟楫を以て、萬国の津梁」となったのが、「蓬萊の嶋」の琉球国であった。この認識は的確である。多くの先学が指摘したとおり、沖縄と「日域」との史脈はきわめて密接であった。そして古琉球以来の伝統が、島津の侵攻や中国の冊封《さくほう》体制などの影響のなかでも、根強くうけつがれてきたこともたしかであった。しかし沖縄の歴史と文化を単眼的に論じ去るわけにはいかない。朝鮮・中国をはじめとするアジアのなかの「中間」の嶋として、沖縄を複眼的に究明する視座もまたおろそかにはできない。琉球王国のなりたちとその原像をみきわめることにあわせて、その後の文化変容のプロセスを解明することもまた肝要である。

先に言及したサニツは、中国における三月上旬の巳《み》の日の春禊に由来し、ヤマト（日本）の雛祭りの雛下しともかかわりをもつ。そしてその民俗は前掲の『篤洛国記』の「三月禊浴の日」の伝承として朝鮮半島にも導入されていた。

沖縄では道路のつきあたりや辻の一角に、高さ二・三尺ほどの直方形の石を建て、その上部に鬼面、その下に石敢當の三字を刻んだイシガントウが立つ。なかには石垣に築きこんだものや石敢當と刻んだもの、あるいは無字石のものもあった。そしてその石をビジリ・ビジュルとよぶ地域もある。この魔除け石の信仰のルーツは、中国の石敢當にあり、『魯斑経』や『玉匣記』などには、その立て方や方式・寸法などが書かれている。

琉球王朝の祭祀と儀礼のなかには、聖節（中国皇帝の誕生日）や正月元日に、中国王朝賜与の冠服を着用して参加したり、あるいは『李朝実録』が記載するように、望闕《ぼうけつ》の礼（紫禁城遥拝）を執行したりした場合もあった。琉球が中国の冊封体制に組みこまれる以前の首里城は南面であったとする伝えもあるが、冊封体制下の首里城の正殿は南面ではなく西面している。そこにはテダ（太陽）の信仰を背景とする要素があったかもしれないが、西面する正殿には中国の紫禁城の方向に面した望闕の礼につながる要素もあったのではないか。首里城正殿のなかでは中国の冊封使が上座であり、薩摩藩の使節は下座であったこともみのがせない。

3　巫女とまつり

古老の話にはなんともいえない味わいがある。年輪の渦を重ねた生きざまが、それぞれの語り口ににじみでているからでもあろうか。民俗調査のおりおり、土着の古老の話に学ぶことが多い。であいのありがたさをそのたびごとに想う。

一九七一年の八月下旬、私は沖縄の宮古島にいた。宮古島の狩俣・島尻の両村には、巫女の組織による祖神《うやがむ》の秘祭がいまに生きつづいている。

狩俣の祖神祭は、旧十月から旧十二月にかけて行なわれ、神がかりの素質ある女人が、神に召されて祖神となる。その期間の五度の神事に、現人神《あらひとがみ》の信仰が脈うつ。

狩俣の神人《うやぱー》の老巫女から、祖神祭にかんするあらましを聞かせてもらうことになった。

こころよく会っていただいたが、話がその深部におよんでくると、話は途絶する。それもそのはずであった。籠《こも》りの座における神事は、関係の女人以外は、みることも話すこともできない。神事のタブーは、はっきりと生きていた。

その拒否の見事さに感動した。神事や祭礼が、観光資源化し、ショー化しつつある昨今、それを拒否する不動の姿勢が、まこと貴重であった。先島の村人たちの生きた祭のたましいが私の胸に強くひびいた。

一九七二年の九月中旬、私はふたたび宮古島をおとずれた。祥雲寺の住職で、宮古島の郷土民俗資料館を自力で運営している岡本恵昭氏のすすめによるものであった。岡本さんの宮古を愛するこころはきわめて熱い。

宮古島の巫女には、ツカサのほかにサスとよばれる民間の司祭者がある。村サスとか家サスとかよばれる人たちがそれである。首里の王府は伝統的なサスのまつりを支配しようとして、ツカサの組織をつくったが貫徹できず、いまでも村サスの方が上位にある例は少なくない。

先島のまつりの伝統は、宮古島の御嶽の祭祀に絶えることなくうけつがれてきた。宮古島の巫女集団のなかで注目すべきものに、神《カム》カカリヤがある。沖縄本島のユタに類似しているが、生と死の世界を分担するこれらの巫女たちは、ヤマトの資本によって宮古島の聖地がつぎつぎに買い占められつつある現状を、悲しみ嘆く。

ある古老は、一八七九年の琉球処分以後の歴史をふりかえっても、そして異民族支配下のその時にあっても、祭の場までが奪われることはなかったと怒りにふるえる。「復帰」の実態は、観光開発を名目に御嶽の収奪すらも現実化した。

神カカリヤの巫女たちは、これを黙視するにとどまってはいない。聞けば、一九七一年の九月、島内一六〇名ばかりの神カカリヤが、清嶽神道の会を結成して、ふたたびヤマトの資本と交渉をもったとのことであった。御嶽を守り、御嶽に生きてきた巫女たちのいのちがそこに輝く。

当年八十歳という神カカリヤの語り口を、はっきりと覚えている。御嶽を守ることができても安心はできない。御嶽への道がビルの建設などによってさえぎられては、まつりのかみみち（神道）がだめになる。「どこまでもやるさ」。

宮古の神々も、首里王府による祭祀の統制をうけてきた。そして沖縄の神々の多くがそうであったように、明治政府以来の神祇政策のなかでたえず疎外されてきた。神と共に生きる島の人々にとっては、神の蔑視が人の差別と重なってなまなましい。

巫女集団のなかでも、神《カム》カカリヤの人たちはいっそうの屈辱をうけてきた。御嶽を守り生かす運動にたちあがった神カカリヤの多くが、昭和のはじめに、官憲による弾圧をうけた経験をもつという。その時のありさまを、神カカリヤの老女は、ついこの間のことのようにまざまざと語る。留置場に入れられた彼女らは、何も悪いことをしたおぼえはないと尋問を拒否し、留置場のなかで宮古諸島の古謡アヤグを歌いつづけた。類似宗教行為としての取り締まりのなかで、神の道を守りつづけた神カカリヤたち。釈放の後も、見張りをたてて、神ネガイをかかさなかった巫女たちの信条。その土着のエネルギーが、御嶽の危機のなかにふたたびよみがえる。その血と汗のにじむ体験談に、身のひきしまる思いであった。神カカリヤの信仰を俗信である、迷信であると、一方的にだれが嘲笑しうるであろうか。

先島でも利潤追求の資本の正体があらわになりつつある。自然の破壊と人間の疎外が進行し、一部ではまつりの観光化もしだいに顕在化しつつある。

まつりのなかで人々は共同体への帰属意識を確認する。そして生きるはげみと喜びとをわかちあう。土着の人々のたましいがふれあって昂揚する。だが、その共同体的帰属意識を権力が活用する場合のあることも忘れるわけにはいかない。村人のまつりを権力が編成する時、祭は権力による支配の場へと変質する。

狩俣の老巫女の拒否の姿勢、平良市の神カカリヤの古老にみた神ネガイのいぶき。そこには宮古島民のたくましい宮古だましいが凝集する。人の世に失われつつあるもの、すでに失われたものが、宮古島の神々の世界に生きる。遠くにありて想う「ふるさと」ではない。逃避と憧憬の「ふるさと」でもない。神と共に生き、土に密着しての生きた「ふるさと」が、巫女たちの語り口にあふれる。

一九七二年の九月十三日、私は竹富島にいた。その前年の八月下旬、竹富島に立寄ったおり、古老の方々から来年のユーンカイ祭には、ふたたびくるようにとすすめられていたからである。

ニライカナイの信仰が根強く生きつづける先島では、いまもなお来訪する神々の世界が島民のくらしと共にある。宮古では来訪神を世乞い、世直し、竜宮神などとして迎えるところが多いのだが、八重山ではミルクの神、世持神などとして来訪する神々が仰がれる。ユーンカイとは世迎えの意味である。

はじめて竹富島をたずねたおり、信仰会長の上勢頭亭《うえせどとおる》さんから、ユーンカイ祭の話をうかがった。そのおりからこの祭のことが、私の脳裡に深くきざみこまれていた。ニーランの浜で神の船を迎えるこの神事には、八重山のニライカナイの信仰が、はっきりと生きつづけているのではないか。

この祭にかんする詳細な報告を私はまだ見たことがない。九月十五日、午前八時、ニーラン石のところで、六人のツカサを中心にした島民のユーンカイ祭がはじまる。ニノサジ（手布）を頭にまいたまつり人たちの姿は、久高島の十二年ごとの午の年に行われる秘祭のイザイホー神事に用いられるシルサージ（白鉢巻き）にどこか似ていた。

〝トウンチャーマ〟の合唱のなかに恵みの種を載せた神の船が迎えられて、ネウスイの御嶽（聖地）へと神事列が向かう。そこに二人のツカサが待ちうけていて、ネウスイ御嶽でまた祭がある。ネウスイとは根おそいで、島に種子の根をおろす神事を意味するのでもあろうか。

ネウスイ御嶽からコバモト御嶽へ、コバモト御嶽での神事がすむと、すぐそばの小高い丘（クースクバー）の神事へと進む。ハヤマワリハイクバリの神が、八重山の島々に種子を分配するこの儀式は、日の出の方向に向かって行なわれる。クースクバーの神事には、テダ（太陽）の神の信仰が重なりあって息づく。

神事列が沖筋の部落へはいったさいも、仲筋からハザマの部落へと神事列が進んでゆくおりも、島の人々は、ガアーリとよばれる祈りの手踊りと合唱をもって、ニーランの神を迎えるのだ。その素朴ではずんだリズムに思わず胸が熱くなる。それは豊年を期待し、豊年をことほぐ島民の歌声であった。

神事のかたちが時の移りかわりによって変貌してきたことは否定できない。事実簡略化されているところもある。けれども、まつりする島民のこころは滅びてはいない。

ユーンカイ祭に参加することを許されて、島の人々と共に神道《かみみち》を歩んだその日をついにこの間のことのように想起する。

いまは沖縄のまつりをになう神女たちと、宮古島のユーンカイ祭を中心に、調査当時の報告の記録と実感を述べたにすぎないが、一九七二年当時のまつりの状況を伝える調査として、それなりの意味をもつ。まつりもまた歳月の経過と共に変貌と盛衰の道をたどる。

折口古代学が沖縄のまつりと民間伝承から、古代のこころとかたちを追跡したように、私もまた一九七一年の八月から八回におよぶ沖縄の神事と民俗にかんする調査を進めてきた。この小文はいまでも私にとっての貴重な記録となっている。

結びの章　日本の神道の課題

1　神道とは何か

縄文・弥生の時代以来、日本文化の基層を形づくってきた信仰に神道がある。そしてその信仰は、鎮守の森に象徴される全国各地の神社をはじめとする神々の世界にうけつがれている。かねがね日本の神道の課題について考えてきたが、この小文を本書の結びの章にかえた。

「神道とは何か」。日本の歴史や文化に関心をいだく外国の研究者が、時おり私に対して回答を求める質問である。ある人は、戦前・戦中のいわゆる国家神道に疑義をもっての問いであったり、他のある人は、いわゆる神社神道に興味をかきたてられての疑問であったりする。

なかには日本文化の源流を探求するためには、仏教伝来以前の日本列島の「固有信仰」をみきわめなければ、日本文化の基層は明らかにできないとする真摯な質問もある。

しかし神道とはいっても、その内容は多様であって、これを簡単に意味づけることは、なかなかむずかしい。かつて津田左右吉博士は、「神道の語の種々の意義」について、次のように述べた（『日本の神道』、『津田左右吉全集』第九巻、岩波書店）。

その第一は「古くから伝へられて来た日本の民族的風習としての宗教（呪術を含めていふ）的信仰」であり、その第二は「神の権威、力、はたらき、しわざ、神としての地位、神であること、もしくは神そのもの、などをさしていふ場合」である。そしてその第三は「第一の意義での神道」あるいは「神代の説話に、何等かの思想的解釈を加へた其（の）思想をさす」ものとし、その第四は「何れかの神社を中心として宣伝せられてゐるところに特異性のあるもの」、その第五は「日本の神道の教へ又は定めた、従つて日本に特殊な、政治的もしくは道徳の規範といふやうな意義に用ゐられた神道」であり、その第六は「いはゆる宗派神道」であると区分した。

この津田博士の「神道の語の種々の意義」についての論説は、昭和十二年（一九三七）から昭和十四年にかけて発表された考察のなかにみえる見解であって、当時の「日本の民族精神といふやうな観念を神道の名によって表現しようとする傾向もあるやうであるが、これは神道の語の濫用とすべきであろう」との警告を含めての論究であった。

津田博士の論文には、まま文体のととのわぬところがあり、その表現には屈折したところがあって、津田博士の神道にかんする吟味のすべてが、この六つに限定されているとはいいがたい。しかし津田説の「神道の語の種々の意義」についての見解は、前述の六つの分類によってそのおよそを推察することができよう。

津田説にいう第一と第二の用例は、日本の古文献にみいだされるところであり（後述参照）、第三のそれは平田篤胤らが提唱した平田神道ないしは山崎闇斎らの天人唯一・君臣合体を強調した垂加《すいか》（しでます）神道などのたぐいを指す。第四は伊勢外宮の祠官らが主張した度会《わたらい》（伊勢）神道、吉田兼倶らの組織した京都の吉田神社を中心とする吉田神道などを意味し、第五はいわゆる国家神道、第六は教派神道、すなわち実行教・扶桑教・御嶽教・黒住教・金光教・天理教・大成教・禊教・神習教などのいわゆる神道十三派を念頭においたものであったと考えられる。

この津田説の分類では、各神社を中核とする神社神道が欠落し、また鎮守の森の信仰などを中心に各地の民衆生活に生きつづけてきた私のいう民俗神道の実相も見失なわれている。そればかりではない。いうところの「古くから伝へられて来た」とする、その「古くから」という時代概念があいまいであり、仏教伝来以前のいわゆる「固有」とされる信仰の世界にも、朝鮮半島から日本列島へ渡ってきた人びとが、それまでの在地の神を祭祀したり、渡来の神（たとえば今来の神）を奉斎したりするような渡来人の信仰が重層していた。さらに津田説が指摘する「古くから伝へられて来た日本の民族的風習」の「日本」が、日本列島の意味なのか、日本国の意味なのかもさだかではない。わが国が「日本」国を称するようになるのは、七世紀の後半からであって、それ以前の段階は、いわゆる「倭」ないしは「倭国」であった。「民族的風習」と規定されているが、津田説の「民族」や「国民」の概念もまたすこぶる観念的であって、その実態は不明確であった（「津田史学の方法と課題」、『日本古代国家成立史の研究』所収、青木書店）。

いずれにしても、神道の語とその使用内容には、前述したように「種々の意味」があったから、外国の研究者の質問に対して、単純明解に回答することは容易ではない。

しかしはっきりといえることは、宗教的認識ないしは宗教的体系をともなった神道が成立する以前には、津田説にいう第一・第二の神道や鎮守の森などを中心とする民俗神道の世界が、日本文化の基層に存在し、第三〜第六の神道が、第一・第二あるいは民俗神道などを前提として発展してきたのが史実である。

2　古典にみえる神道

その点をまず日本の古典にみえる用例から検討することとしよう。わが国の古典で、「神道」の語がもっとも早く登場するのは『日本書紀』であって、まず用明天皇即位前紀に「天皇、仏法を信《う》けたまひ、神道を尊びたまふ」とみえている。この文にいう「神道」のなかみが問題だが、これは用明天皇を批評しての文章に記す「神道」の語であり、用明天皇が「日の神を祀る」ことをうけての表現であろう。

つぎは孝徳天皇の即位前紀に述べるもので、孝徳天皇を「仏法を尊び、神道を軽《あなず》りたまふ」と批評している文にみえる「神道」である。その「神道を軽りたまふ」の内容は明確であった。『日本書紀』はこの文に注記をして「生国魂社の樹を斮《き》りたまふ類《たぐい》、是《これ》なり」と述べている。孝徳天皇は大化元年（六四五）の十二月に難波の長柄豊碕《ながらとよさき》に宮居を遷した天皇であって、ここに記す生国魂社《いくくにたま》とは難波の生国魂神社であり、おそらく難波宮の造営のさいに、生国魂神社の神聖な樹林を伐採して利用したことをうけての記述であろう。その行為を「神道を軽りたまふ」内容として『日本書紀』の編纂者が批評している。

三つ目は大化三年（六四七）四月の詔のなかの「惟神」にかんする注記の「随神道」・「自有神道」である。この注記を義注とみるか訓注とするかで論議はわかれているが、たとえば北野神社所蔵本（第一類）の『日本書紀』古写本などにもこの注記はみえていて、たんなる後人の追記ではない。この「神道」の語は、神そのもの、神のはたらきを意味したものであった。

『古事記』などには「神道」の語の用例はないが、『日本書紀』における「神道」の語はいずれの場合でも、特定の教義によって体系化された宗教的な認識としては使用されていないことを改めて注目したい。『日本書紀』の用例ばかりではない。

六国史二番目の『続日本紀』の延暦元年（七八二）七月二十九日の条に記す神祇官及び陰陽寮の言上のなかに「今乃《すなわ》ち医薬御《ぎょ》するに在りて旬日を延引す。神道の誣《し》ひ難《がた》き、抑由《そもそもよし》（理由）有り」と「神道」の用語がみえる。この言上は、最近「災害」がしきりに起り「妖徴《ようちょう》」（妖《あや》しいできごと）があいついでいるのを、亀卜をもって占わせたのにもとづくものであった。

そしてそれ以後の古代文献においても、たとえば『類聚三代格』の延暦十七年（七九八）の官符、『類聚《るいじゅう》国史』の弘仁七年（八一六）の勅などの「神道」の語も、津田説にいう第一あるいは第二の意味で用いられていた。

いまは『日本書紀』をはじめとする古典における「神道」の用例を列挙して、その「神道」の語の意味を吟味してきたが、もうひとつ注意すべきは、『日本書紀』の用明天皇即位前紀や孝徳天皇即位前紀の「神道」が、「仏法」と対比して、いうならば対句として表現されている点である。『日本書紀』の編纂者たちは、「仏法」に対して、神そのもの、神まつりのしきたり、神のはたらきを「神道」の語をもって記載したことがわかる。「仏法」の受容によって、それ以前からの神や神のはたらき、あるいはまつりのしきたりを、「神道」の語で表現したと考えられる。

3　神道と道教

ところで「神道」の語が、日本独自の用語であるなどということはできない。「神道」の語じたいをアジアのなかで再検討しなければならない。グローバルな神道研究の必要性は、ますますたかまりつつあるが、そのような基礎的な作業をなおざりにして、神道の世界性・国際性を強調しても、それは一過性の蜃気楼にすぎない。

「神道」の語の由来については、仏教の六道思想を典拠とする説もあるが、もっとも有力な見解は、道教の典籍にもとづくとみなす説である。実際に『易』(観の卦《け》の彖《たん》伝)では「自然の理法」

を意味して「神道」の語が用いられており、また『晋書』（隠逸伝）では道家の道を「神道」と称し、『後漢書』（方技伝）などでは、種々の呪術や方術・仙術などを「神道」と表現した例もある。私見では「神道」の語の由来は、道教の「神道」と密接なつながりをもつと考えている。「惟神」を古来から「かんながら」とよんできたが、『後漢書』（隠逸伝）では「惟神の常道」と書かれており、「道家の道」を指して用いられていた。中国梁の陶弘景によって確立した道教教団を、南京市東南の茅山《ぼうざん》を本拠にしたから茅山道教とよぶが、その茅山の華陽洞天（教道修行の聖地）の「玉碣《ぎょくけ》」（円形の立石）には「神道在今（神道今に在り）」と刻まれていたという（『真誥』）。この「神道」とは「神仙の道」であったことがわかる。

このことは茅山道教の継承者であった唐の道士呉筠《ごいん》がその著『玄綱論』で「神道をもって教を説く」章・「神道を畏《おそ》る」章などを設けて、道教に言及しているのをみても、その「神道」が神仙の道ないし道教を意味していたことを物語る。

ここで改めて想起するのは、天皇が神と詠まれている歌のはじめは、壬申の乱以後の天武天皇からであるとする通説である。

すなわち『万葉集』には、天武天皇が大伴御行《おおとものみゆき》によって、

〝皇《すめらぎ》は　神《かみ》にしませば　赤駒《あかごま》の　はらばふ田居《たい》を　都となしつ〟（四二六〇）

と歌われ、また、

〃大王《おおきみ》は　神にしませば　水鳥の　すだく水沼《みぬま》を　都《みやこ》となしつ〃（四二六一）

と歌われたことがみえている。そして持統天皇も、

〃皇《すめらぎ》は　神にしませば　天雲《あまぐも》の　いかづちの上に　いほりせるかも〃（二三五）

と柿本人麻呂《かきのもとのひとまろ》によって歌われている。

壬申の乱のさなかに、「神日本磐余彦天皇《かむやまといわれひこ》」（神武天皇）の「陵《みささぎ》に馬及び種々《くさぐさ》の兵器《つわもの》を奉《たてまつ》れ」という託宣が大海人皇子《おおあまのおうじ》（のちの天武天皇）の軍に下ったという（『紀』）。そうした神統意識の高揚が、実力をもって皇位についた天武天皇以後にはっきりしてくる。天武・持統両天皇のみが「皇は神にしませば」・「大王は神にしませば」と歌いあげられたのではない。天武天皇の第四皇子である長皇子《ながのみこ》も、

〃皇は　神にしませば　真木《まき》の立つ　荒山中《あらやまなか》に　海をなすかも〃（二四一）

と歌われ、天武天皇の第六皇子であった弓削皇子《ゆげのみこ》も、

〃王《おおきみ》は　神にしませば　天雲の　五百重《いおえ》が下《した》に　隠《こも》り給《たま》ひぬ〃（二〇五）

と偲ばれもした。天武天皇の皇親もまた〃神にしませば〃とあおがれたのである。天武天皇が「皇《すめらぎ》は神にしませば」と歌われながら、他方で「大王《おおきみ》は神にしませば」と歌われているのは興味深い。「皇（天皇）」と「大王」と。その二つの流れが、天武天皇像のなかに重なって意識されている。

天皇という称号がいつごろから使われるようになるのか諸説があるけれども、私見では大阪府柏原市の松岳山上から出土した戊辰年《つちのえたつ》（天智天皇七年＝六六八）の船王後《ふねのおうご》の墓誌に「治天下　天皇」が三カ所、「天皇」が二カ所みえているのが早い例であると考えている。そして遅くとも天武朝に用いられていたことは、奈良県明日香村の飛鳥池遺跡から丁丑年《ひのとうし》（天武天皇六年＝六七七）の木簡と共に出土した木簡に墨痕あざやかに「天皇」と墨書されていたことで明らかである（『私の日本古代史』下、新潮選書）。しかし天武天皇の代においても、天皇を「大王」と認識していた官僚がいたことを『万葉集』の「大王」という用字（たとえば四二六一）が示唆する。

だが、天皇ないし大王が神と歌われている例は、天武朝以前にもある。

埼玉県行田市の稲荷山古墳から出土した鉄剣の銘文には「獲加多支鹵大王」とあって、五世紀後半の「獲加多支鹵大王」が雄略天皇の名であることはたしかだが、この雄略天皇をめぐる『古事記』の説話にはつぎの歌が記載されている。

〝呉床居《あぐらい》の　神の御手《みて》もち　弾《ひ》く琴《こと》に　舞《まい》する女《おみな》　常世《とこよ》にもがも〟

『古事記』によれば、この歌は雄略天皇が吉野の宮におもむいたときの詠とする。吉野川のほとりに姿のうるわしい童女《おとめ》がいた。天皇はその童女と婚《まぐわ》いして、大和の長谷朝倉宮《はつせのあさくらのみや》に帰った。のち、ふたたび吉野におもむいたさい、その童女とであって、天皇みずからが琴をひいて童女に舞をまわせた。童女の舞がみごとであったので詠まれた歌と物語るのである。

この歌で注意されるのは、雄略天皇が「呉床居《あぐらい》の神」と歌われていることである。この歌はもともと独立の歌謡で、『古事記』の編集者が、雄略天皇の説話に挿入したものではないかとする見かたもある。だが、この歌の意味するところは、「呉床居（あぐらをかいている）の神みずからが、神の御手で弾くことにあわせて、舞をまう童女は、永久にかわらないでほしいものよ」ということで、雄略天皇の説話と無関係な歌ではない。

『古事記』では、雄略天皇が「御呉床《みあぐら》」にますおりのできごとであったと記す。〝呉床居の神の御手もち〟との歌いぶりには、「呉床居」が神の枕詞《まくらことば》としても用いられているが、この歌を物語とまったく無関係の独立歌謡であったとは考えにくい。私はやはり雄略天皇にまつわる歌物語として理解すべきではないかと思っている。

雄略天皇をめぐる歌物語のなかで、雄略天皇が、「呉床居の神」として意識されていることは重要であろう。大王を神とする意識は、天武天皇よりも先行していて、物語上の雄略天皇にもみいだされるからである。

この神は、万葉歌人が〝大王は神にしませば〟と歌いあげ、また大宝令が「明神御宇天皇《あきつかみとあめのしたしろしめす》」とした神と同質ではない。アマテラスオホミカミの神代につながる神統譜観念にもとづいた神とは別の神であった。

その点について土橋寛説では「呉床居の神」は神仙的な思想にもとづく神と解釈されている

（『古代歌謡全注釈』古事記篇）。土橋説でもふれられているように、物語の舞台になっている吉野は『懐風藻《かいふうそう》』にも、神仙の境として詠じられている。

道教的な神仙の神と雄略天皇像とが『古事記』のなかで癒着している。日本の天皇号の由来が、道教思想の天皇ともかかわりをもつことは、すでに津田左右吉氏によって指摘されているが（「天皇考」、『日本上代史の研究』所収、岩波書店）、雄略天皇像に神仙的な神観念がまつわって物語られていることはきわめて興味深い。

いまひとつ追記しておきたいことがある。「神社」の語も『墨子』（明鬼篇）にみえ、「神宮」の語も『詩経』（閟宮の詩、鄭玄の注）や『緯書』の「河図括地象」などに登場する。古代朝鮮の古典ともいうべき『三国史記』の「新羅本紀」には、炤知麻立干の九年（四八七）に、「神宮を奈乙に置く」と述べ、智証王の二一年（五〇二）に、「神宮を親祀」したと記す。

用語が同じであるからといって、もとよりこれを同一視することはできない。だが、「神道」、「神社」、「神宮」の語が、中国や朝鮮の古典にみえる例にもうかがわれるように、日本の神道の世界も、アジアとりわけ東アジアの動向に連動して成立し発展した側面のあることを軽視してはなるまい。そのような探究の彼方に、神道の実像がくっきりと浮かびあがってくるはずである。

神道と道教とのつながりは、延喜五年（九〇五）から編纂がはじまり、延長五（九二七）に完成した『延喜式』巻第八に、六月と十二月の晦《みそか》に執行される大祓の祝詞とならんで、百済系の渡来氏である「東《やまと》（大和）の忌寸部《いみきべ》の横刀《たち》を献る時の呪（呪文）」が併記されているのにみいだされる。「西《かわち》（河内）の文部これに准《なら》へ」と註記されているのもみのがせない。そのおりの大祓の祝詞は中臣氏が奏上し、大祓のさいの呪は東の文氏のみならず西《かわち》の文氏も実際に奏上していたことは、大宝二年（七〇二）の十二月十三日に、持統太上天皇が五十八歳で崩去となり、「大祓は廃せしむ。但し東西の文部の解除《はらひ》（大祓の呪）、常の如し」と、『続日本紀』が明記しているとおりである。

そしてその呪文は、

「謹請《きんじやう》、皇天上帝《くわうてんじやうてい》、三極《さんごく》大君、日月星辰、八方諸神、司命司籍《しめいしさく》、左は東王父、右は西王母《さいわうも》、五方の五帝、四時の四氣、捧ぐるに祿人をもちてし、禍災を除かむことを請ふ。捧ぐるに金刀をもちてし、帝祚《ていそ》を延べむことを請ふ。呪《ず》に曰はく、東は扶桑《ふさう》に至り、西は虞淵《ぐえん》に至り、南は炎光に至り、北は弱水に至る、千の城百の闕《みや》、精治萬歳、萬歳萬歳。」

であって、天上を支配する皇天上帝や紫微星のまわりの三つの星の神（三極大君）をはじめ「司命司籍」つまり人間の寿命を司る星の神とその帳簿を管理する星の神、そして男の神仙の最高である東王父、女の神仙の最高の西王母など道教ゆかりの上帝・大君・神仙などを列挙した呪文が、神道の宮中大祓で渡来系氏族によって奏上され執行されたのである。

4　汎神教の特色

日本の神道の「カミ」については、さまざまな説があるけれども、もっとも妥当な見解はつぎの本居宣長の考えである。本居宣長は、

「さて凡《すべ》て伽微《かみ》とは、古御典等《いにしえのみふみども》に見えたる天地《あめつち》の諸《もろもろ》の神たちを始めて、其《そ》を祀れる社に坐《いま》す御霊《みたま》をも申し、又人はさらに云《いわ》ず、鳥獣木草のたぐひ海山など、其余何にまれ、尋常《よのつね》ならずすぐれたる徳のありて、可畏《かしこ》き物を伽微とは云なり」（『古事記伝』三之巻）。

そしてつぎのように指摘する。

「すぐれたるとは尊きこと善きこと、功《いさお》しきことなどの優《すぐ》れたるのみを云に非ず、悪《あし》きもの奇《あや》しきものなども、よにすぐれて可畏きをば、神と云なり」

宣長がとくに「尊」「善」「功」ばかりではなく、「悪きもの奇しきものなども、よにすぐれて可畏きをば、神と云なり」としているのは注目にあたいする。「さて神代の神たちも、多くは其《その》代《よ》の人にして、其代の人は皆神なりし故に、神代とは云なり」とする視点は、新井白石が「神とは人なり」（『古史通』巻一）と力説したのと類似するが（白石の場合には「聖人」観がある）、この宣長の考えは、後代の神の意識についての論議にも大きな影響を与えた。

古代語の「カミ」と漢字の「神」とを同一視することはできないし、固有名詞をもたない「カミ」と、固有名詞を保有する「神」とを混同するわけにもいかない。畏怖の対象である「かみ」は人間の形をとることがなく、氏族の「祖神」であったことはないという指摘（溝口睦子「記紀神話解釈の一つのこころみ」(下)、『文学』四一―四）は適切である。原初的な威霊の「カミ」と共同体成員に認識され信仰されて集団の人格的表象として具体化した「神」との間には、「カミ」の観念の展開があった。

　日本の神道は多神教であると、多くの宗教学者によって説かれてきた。はたしてそうであろうか。『古事記』（上巻）には有名な天の石屋戸《いわやと》に、天照大御神が隠れる神話が載っている。そのおりに「是を以《も》ちて八《や》百《ほ》万《よろづ》の神、天安《あめのやすの》河原に神集ひ集ひて」審議する神話がある。『日本書紀』の巻第一の本文にも同じような神話が書かれていて、「時に、八《や》十《そ》万神《よろづのかみ》、天安河辺に会《つど》ひて、その禱《いの》るべき方《さま》を計《はから》ふ」と記されている。

　この八百万の神、八十万神という表現によって、日本の神道の「カミ」は多神教であると簡単にうけとられているが、本居宣長が述べたように、日本の古典などにみえる「カミ」をはじめ、各地の神社で祭祀している「御霊《みたま》」はもちろんのこと、「鳥獣木草のたぐひ海山など、尋常《よのつね》ならずすぐれたる徳のありて、可畏《かしこ》き物」はいうに及ばず、「悪《あし》きもの奇《あや》しきものなど」も「カミ」と仰いだのである。わざわいをもたらす禍津《まがつ》日《び》神もあれば、禍を問いただす直毘《なおひ》（日）神もある。

あらゆるものの、いのちあるものに「カミ」をみいだした万有生命信仰が、日本の神道の特色であった。自然物崇拝すなわちアニミズムと同じだとする宗教学者もかなりいる。たしかに『日本書紀』巻第二の本文に「草木咸《ことごとく》に能《よ》く言語《ものいう》有り」また第六の「一書」に「磐根《いわね》・木株《このもと》・草葉《くさのかきは》も、猶よく言語《ものい》ふ」とある例などは、アニミズムに類似するが、動植物は言うまでもなく、天地創造の神をはじめとして、尋常ならず可畏き人はもとより、海の綿津見神《わたつみのかみ》、山の大山祇神《おおやまづみのかみ》ほか、悪しきもの、奇《あや》しきものなど、すべてのいのちあるものに「カミ」をみいだし「カミ」と仰いだのである。

　私はこのような万有生命信仰を汎神教とよんでいる。動植物ばかりでなく無生物にも霊魂の存在を信じたアニミズムとはおもむきを異にする。

　多くの宗教学者は、もっとも進化した宗教が一神教であると説く。唯一絶対の神を信仰する民族は排他的になりがちである。二十世紀は戦争の世紀であり、最大・最悪の人権侵害は戦争であった。したがって二十世紀は人権受難の世紀であったといっても過言ではない。第二次世界大戦が終って、戦争の世紀は終焉したかにみえたが、一神教をめぐる民族の対立と紛争は、いまもなおつづいている。

　ところが汎神教では、どのような宗教も排除することはない。二つ以上の宗教が混合し重層する現象をシンクレティズム syncretism とよぶが、神道は仏教受容のそのおりから、たとえば『日本書紀』の欽明天皇十三年（五五二）十月の条には、「仏」を「蕃神」、敏達天皇十四年（五八五）三月の条には「仏神」と書く。そして天平十九年（七四七）の『元興寺伽藍縁起《がらんえんぎ》并《ならびに》流記《るき》資財帳』には「仏」を「他国神」・「仏神」と表現し、わが国最古の現伝仏教説話集といってよい『日本霊異記』では、「仏像」を「隣国の客神」と記載した。

仏教受容のそのおりから、仏あるいは仏像は、来訪する〝まれびと〟（客神）と受けとめられていた要素がきわめて強い。

そして神社に神宮寺を造営した例は少なくない。神仏習合の具体的な現実である。神仏の習合といえば、とかくいわゆる「中央」における習合の展開のみに眼を奪われがちだが、「中央」ばかりでなく、それぞれの地域においても神仏の共存あるいは習合も進行した。『託宣集』や『宇佐八幡宮弥勒寺建立縁起』によれば、神亀二年（七二五）に弥勒禅定院と薬師勝恩寺の造立が託宣されたという。そして天平九年（七三七）から翌年にかけて宇佐八幡の神宮寺ともいうべき弥勒寺の造営が本格化した。弥勒寺跡からは「弥寺」とヘラ書きした奈良時代の土器も出土しているが、この弥勒信仰にも、新羅で発展した弥勒信仰とのつながりがあったと思われる。

神宮寺といえば福井県越前町剱《つるぎ》神社の神宮寺が注目される。剱神社には神護景雲四年（七七〇）の国宝梵鐘が伝えられており、その梵鐘銘文によって「剱御子寺」という神宮寺が存在していたことがわかる。『新抄格勅符抄《しんしょうきゃくちょくふしょう》』には「天平神護元年（七六五）剱御子神□神封十戸」とあって、「劔御子寺」の創立がかなり早いことを推察させる。

劔神社境内から礎石二個がみつかり、その形式が美術史上の白鳳期のものであるばかりでなく、同町織田の小粕窯跡からはやはり白鳳期の軒平瓦・軒丸瓦類が発掘されており、遅くとも八世紀はじめの頃には劔御子寺の存在が推察される。わが国における神宮寺としては、もっとも早い例のひとつといえよう。

意外に思われるかもしれないが、伊勢神宮にも神宮寺が存在した時期のあったことはまぎれもない事実であった。それは『続日本紀』の天平神護二年（七六六）七月二十二日の条に「使を遣《つか》はして、丈六の仏像を伊勢大神宮寺に造らしむ」とあるのにも明らかである。天平神護二年までに、伊勢神宮の神宮寺が存在したことはたしかであった。

それならいつごろ伊勢神宮の神宮寺が創建されたのであろうか。『太神宮諸雑事記』には、天平十四年（七四二）の十一月に橘　諸兄《たちばなのもろえ》が伊勢神宮に参入して、聖武天皇の御願寺《ごがんじ》（のちの東大寺）の建立成就を祈願したとみえている。おそらく天平年間に伊勢の神宮寺が造営されたのであろう。

そして宝亀三年（七七二）の八月六日には暴風雨があって、これを卜《うら》なったところ、「伊勢の月読《つきよみ》神のたたり」と判明し、毎年九月には、荒祭《あらまつり》神に準じて、馬を奉献することになり、また度会《わたらい》郡の神宮寺を飯高《いいだか》郡の渡瀬《わたらせ》山房に移建することとなった（『続日本紀』）。

伊勢の月読神とは、伊勢神宮の別宮月読宮の神であり、ここでは月読神がたたりする神として登場する点もみのがせない（荒祭神は別宮第一の荒祭宮の神である）。さらに宝亀十一年（七八〇）の二月一日には、神祇官から「先に祟《たた》りあるがために、他処《よそ》に遷し建つ。しかるに今、神郡（度会郡）に近くして、その祟りいまだやまず、飯野郡を除くの外、便地に移し造らむ」との言上があって許可されている（『続日本紀』）。伊勢の神郡は、度会郡と多気《たけ》郡であり、飯野郡はもと多気郡の一部を分割した郡で、寛平《かんぴょう》九年（八九七）の九月には神郡となっている（『類聚三代格』）。

これらは神宮寺のいくつかを紹介したにすぎないが、日本で世界の宗教会議がなんの抵抗もなく行われているのも、その背景に汎神教としての神道が存在するからである。

5　幽冥界の探究

日本の神道では（教派神道などは除く）、教祖もいなければ、特定の教典がない。『古事記』や『日本書紀』あるいは『延喜式』の祝詞などを教典のように用いている例も少なくないが、もともと教典はなかった。

道教では老子が教祖であったかのように誤解している人もいるが、これは後に老荘思想と結びついたためであって、老子は道教の教祖ではない。中国の二世紀の前半、後漢の順帝のころ干吉《かんきつ》の説いた太平道や張道陵らの説いた五斗米道《ごとべいどう》が登場するが、その前提は神仙説や未来の兆《きざし》や吉凶を定める讖緯《しんい》説にあった。それらを四世紀前半の晋の葛洪《かっこう》らが教義化し、さらに六世紀の前半に梁の陶弘景が体系化した。道教は特定の教主によって整備されたわけではなかったが、多くの教典が作られていった。

不老長生の神仙の信仰にもとづく道教には現世利益の要素が強いが、教派神道などを別にすると、日本の神道にも現世の幸せを祈る現世利益の信仰が濃厚である。

神道と道教はともに此岸の宗教としての性格が共通し、彼岸の宗教としての要素は少ない。死後の世界をどのように認識するか。黄泉の国をどう位置づけるか。『古事記』（上巻）に火の神を生んだために亡くなり、黄泉の国におもむいた伊邪那美命《いざなみのみこと》を「黄泉津《よもつ》大神」といい、黄泉の国を支配する神を「黄泉神」、さらに黄泉の坂を塞いでいる磐を「道反之《ちがえしの》大神」または「塞《さや》ります黄泉戸大神」などと黄泉の国ゆかりの神々をあげている。

『日本書紀』（巻第一）はイザナミノミコトを伊奘冉尊と書き、黄泉国の神話は本文ではなく、第一の「一書」から第十の「一書」のなかで収録し、「泉門塞之《よみとにふさがります》大神」や「泉守道者《よもつちもりひと》」などについて述べている。

中国では黄は土の色、泉はいずみで、地下にある泉を指し、死者の国とするが、ヨミは暗黒を意味したと考えられる。『記』・『紀』の神話では、伊邪那岐命《いざなきのみこと》（『紀』では伊奘諾尊）が妻の神である伊邪那美命《いざなみのみこと》が亡くなっておもむいた黄泉の国を訪れたさい、すでに伊邪那美命が黄泉戸喫《よもつへぐい》（『紀』は黄泉之竈）をして、黄泉の国の火で作った食物を食べて、黄泉国人になっており、伊邪那岐命は絶縁して黄泉のケガレを「禊《みそ》ぎ祓へ」することになる。

「ケガレ」の本来の意味は、聖なる非日常の時間と空間のハレ（晴）に対するケ（褻）すなわち日常の生命力が枯れることを指し、その終局は死となる。

古代の日本では死はケガレとみなされていたため、幽冥界の神話は限られており、死を忌むしきたりは、西晋の陳寿が太康年間（二八〇―二八九）にまとめた『三国志』の『魏書』東夷伝倭人の条（いわゆる『魏志倭人伝』）でも、「始め死するや停喪十餘日、時に當りて肉を食わず、喪主哭泣し、他人就いて歌舞飲酒す。已に葬れば、擧家水中に詣りて澡浴し、以って練沐の如くす。」と死にあえば「水中」で「澡浴」（身禊）すると記すとおりであった。

『日本書紀』には「根の国」と書いた用例は十一あり、「根の国・底の国」・「母の根の国」など地下の底の国あるいは母の国なる大地を意味すると思われる例もあるが、『延喜式』の大祓の祝詞には、この世のツミ・ケガレを川から海へ流し、最後に根の国・底の国の速佐須良比咩《はやさすらひめ》が処分することが述べられており、この場合の根の国は海原のなかの国であった。

死後の世界が海の彼方にあるとする沖縄のニライカナイの信仰につながる他界観もあれば、『万葉集』の左註によって天武天皇の長男高市《たけち》皇子尊ゆかりの〝泣沢《なきさわ》の神社《もり》に神酒《みわ》据《す》え祈れども我が王《おおきみ》は高日知らしぬ〟（二〇二）のように、亡くなった高市皇子が〝天に昇って治められる〟という天上他界観もある。

同じ『万葉集』（巻第二）の弓削皇子《ゆげのみこ》（天武天皇の第六皇子）がなくなった時に置治 東人《おきそののあずまんど》が歌った〝王《おおきみ》は神にしませば天雲の五百重《いほへ》の下《した》に降りたまひぬ〟（二〇五）の〝天雲の五百重の下〟は、天の雲の幾重にも積み重なって目には見えない雲の下におかくれになったという意味である。この両首はともに死後の世界が天上と観念されていたことを物語る。こうした天上他界観が、天から山へ神々が降臨する伝承をはぐくんでいった。そして殯《もがり》をすませ、一定期間がすぎ去ると、充足されたたましいは祖霊となって、山あるいは天に鎮まるのである。

折口信夫師が問題視した京都禅林寺本の「山越し阿弥陀図」（「山越しの阿弥陀像の画因」、『八雲』第三輯）は、恵心僧都（源信）の創案ではなく、平頼盛の子である静遍上人（一一六六―一二二四）の最晩年のころの独特の来迎図《らいごうず》であり、画面左上隅の阿（梵字）字、正面向き転法輪印の阿弥陀、往生者の霊魂を導く持幡童子、浄土化された山水表現は、南都と高野山で醸成された真言念仏の信仰を背景にした来迎図で、日輪ではなく月輪とみなすほうが正しいとされている。そして京都金戒光明寺本の「山越し阿弥陀図」は禅林寺本よりは約一世紀後の作品で、浄土宗寺院において禅林寺本の形式に倣って制作されたものと考えられている。

したがってこの「山越し阿弥陀図」をただちに日想観と結びつけるわけにはいかないが、私が注目するのは、わが国における現伝最古とみなされている禅林寺本「山越し阿弥陀図」には、阿弥陀の左右に、山頂からおよそ三〇センチの高さまで広がる海が描かれていることである。その暗い海中に金色の阿弥陀そして銀色の光背が、山と山との間から来迎するかたちになっている。極楽浄土は海の彼方にあるのではなく、この山と海そのものを浄土として表現している。

この「山越し阿弥陀図」は、海上他界に山上他界が重なって、山上他界の優位を示しているかにみえる。

このように、日本古代の死後他界観は多様であって、日本の神道の幽冥観の考究をいっそう難しくしている。国学の研究の歩みのなかでも幽冥観を研究した国学者は少ない。国学者の大成者本居宣長でさえ、死後の世界は不可知とした。宣長没後の門人であった平田篤胤は『霊《たま》の真《み》柱《はしら》』を著して「霊の行方の安定《しずまり》」を考察し「天地泉《あめつちよみ》の三つの成初《なりはじめ》」を悟り「天地泉を天地泉たらしめ幸賜ふ功徳を熟知」することが重要だとして幽冥界の探究にとりくんだ。

平田篤胤はさきに『三大考』をまとめているが、天が日（太陽）であり、泉は月であるという考えは『霊の真柱』にもうけつがれている。そして、黄泉の国と死後霊魂の属する幽冥界とを『霊の真柱』では、はっきりと区別し、心や魂は天に属する元素によって、肉体は地に属する元素によってつくられたとみなした。そして霊魂は天に帰すといいながらも、死後の霊魂は永遠にこの国土にあるとみなした。その幽冥界を治める大国主神に仕えることによって、天とも往来することができると説いた。黄泉の国はケガレの国だが、死後の世界はケガレの国ではなく、禍津日神もケガレがあれば荒ぶるが、ケガレがなければ荒ぶることはない、その本質は善神であるとみなした。

死後の世界はこの国の外の別のどこかにあるわけではない。この国土の内のどこかにでもあるのだが、幽冥界と現世《うつしよ》とは隔《へだ》っており、現世とも隔っていて目には見えないが、冥府からは現世の人のしわざはよく見えると強調した。

篤胤の主張には牽強付会のところが多いが、死後の幽冥界とケガレの黄泉国とをはっきりと区別し、この現世に生きている人が幽冥界に帰するとその霊魂は神となり、その霊異なることはほどほどに従って、あるいは貴く・賤しく、あるいは善く・悪く、あるいは剛《つよ》く・弱くの違いはあるけれども、中でもすぐれたものは、神代の神の霊威にもおとらぬはたらきをなし、また事がおこらない前から、その事を人にさとらせるなど、神代の神と異なるところがないと、古典や古史の神の伝承にもとづいた幽冥観を提唱した。

霊魂は死後、大国主神のもとにおもむき、それに服し、幽冥界に鎮まり、現世の親縁者に幸せをもたらすとも説いた。

平田篤胤の冥府論は、その後の平田国学の信奉者によって深められてゆくが、より明確な来世への展望は、ついに未完成に終ったといわざるをえない。

平田篤胤の『仙童寅吉物語』や『仙境異聞』などをわが国における民俗学的聞きとりのきざしとして高く評価した、わが師でもあった折口信夫はどのように思考したのか。最後に折口信夫の他界観念をかえりみることにしよう。

折口信夫の最晩年における論文は、死の前年（昭和二十八年）の夏に書かれた「民族史観における他界観念」であった。日本人の他界への想いに対する探求は、折口の学問を貫くひとすじの糸であった。

大正五年（一九一六）の『アララギ』十一月号に発表された「異郷意識の進展」、ついで大正九年の『國學院雜誌』五月号に執筆された「妣《はは》が國へ・常世へ――異郷意識の起伏」以後、折口は繰り返し他界観念の問題を追究しつづけてきた。

大正十一年・大正十三年の沖縄探訪によって決定的となる折口の〝まれびと〟論も、こうした他界観念探求のなかの産物であった。そして「民族史観における他界観念」では、「完全に他界に居ることの出来ぬ未完成の霊魂」のありようを探索し、「神道以前の神道」をさかのぼってさぐることが執拗に問われている。

たとえば「民族史観における他界観念」のなかで、

「他界における霊魂と今生の人間との交渉についての信仰を、最純正な形と信じ、其を以て『神』の姿だと信じて来たのが、日本の特殊信仰で、唯一の合理的な考え方の外には、虚構などを加えることなく、極めて簡明に、古代神道の相貌は出来あがった。其が極めて切実に、祖裔関係で組織せられてゐることを感じさせるのが、宮廷神道である。之を解放して、祖先と子孫とを、単なる霊魂と霊魂の姿に見更《あらた》めることが、神道以前の神道なのだと思ふ。」日本の神々を祖先の神々の系譜（神統譜）におりこんだ「宮廷神道」ではなく、「之《これ》を解放」して、「霊魂と霊魂の姿」として見更《あらた》めることが、原神道の世界につながるというこの折口の指摘がもつ意味は深くかつ重い。

日本の学問の霊魂あるいは死者の世界についての探究は、あまりにもおろそかであった。平田篤胤のような異色の国学者もいたが、その思索の道はついに伝統とはならなかった。折口信夫が探求しつづけた「たましひ」の世界は、その他界観念についての最後の論文にも反映されている。

新たな神道神学の樹立をめざした折口信夫は他界にある霊魂と今生の人間との交渉は「まつりする」ことによって「神」の姿になると信じた古代神道のありようを、「民族史観における他界観念」を媒体に思索しつづけたが、それは日本の神道を充実してゆく課題として、現在もなおわれらに問いつづけていることを忘れてはならない。

6　贖罪の信仰

日本の神道に欠落しているいまひとつの弱点は、ツミに対する意識が稀薄なことである。たとえば前にも若干言及したが、『延喜式』の大祓の祝詞のなかの最後の部分はつぎのように述べられている。

「高山・短山《ひきやま》の末《すえ》より、さくなだりに落ちたぎつ速川《はやかわ》の瀬に坐《ま》す瀬織津比咩《せおりつひめ》といふ神、大海の原に持ち出でなむ。かく持ち出で往《い》なば、荒潮《あらしお》の潮の八百道《やおぢ》の、八潮道《やしおぢ》の潮の八百会《やおあい》に坐《ま》す速開《はやあき》つひめといふ神、持ちかか呑《の》みてむ。かくかか呑みては、気吹戸《いぶきど》に坐す気吹戸主《いぶきどぬし》といふ神、根の国・底の国に気吹き放ちてむ。かく気吹き放ちては、根の国・底の国に坐す速《はや》さすらひめといふ神、持ちさすらひ失ひてむ。かく失ひては、天皇《すめら》が朝廷《みかど》に仕へまつる官《つかさ》官《づかさ》の人等《ひとども》を始めて、天の下四方には、今日より始めて罪といふ罪はあらじと高天の原に耳振り立てて聞く物と馬牽《ひ》き立てて、今年の六月《みなづき》（十二月）の晦《つごもり》の日の、夕日の降《くだ》ちの大祓に祓へたまひ清めたまふ事を諸《もろもろ》聞こしめせ」と宣《の》る。

「四国《よくに》の卜部《うらべ》等《ども》、大川道《ぢ》に退《まか》り出でて、祓《はら》へ却《や》れ」と宣る。」

人間の犯したツミは瀬織津比咩《せおりつひめ》ほかの神々によって、山から川へ、川から海へと流され、さらに根の国・底の国へ息吹放たれて、速佐須良比咩《はやさすらひめ》という神がその罪を行方知れずに雲散霧消すると奏上されるのである。

しばしば日本人がツミの意識を欠落している例として、大祓の祝詞のこの部分が引用される。すでに白江恒夫説が考証しているように、『延喜式』の大祓祝詞は①から⑤の部分で構成されており、①・③・④の部分は天武朝の大祓祝詞であり、②と⑤の部分は、平安時代の「延喜に近い頃」に補完された追加の部分であった（「大ハラヘ詞の完成」、『古事記研究大成』所収、高村書店）。

とくに最後の⑤の部分にみえる瀬織津比咩ほかの神々は『古事記』や『日本書紀』などにはみえない新しい神格をおびた神々であり、「夕日の降《くだ》ちの大祓」とあるのは、宮中の人びとが朱雀門に会集する時刻を「申時《さるどき》以前」とする『延喜式』（四時祭式）の規定と合致する。そればかりではない。「四国卜部等」と記されているが、「養老令」などでは「三国卜部」であり、『延喜式』の宮内省の定めや十二世紀中頃の近衛天皇の大嘗祭に大中臣《おおなかとみの》清親《きよちか》が唱えた『中臣壽詞《なかとみのよごと》』など、「四国卜部」の用例は平安時代に入ってから使われるようになる。

しかしそれにしても、大祓の祝詞におけるツミの認識がきわめて軽いことは否定できない。それは日本の神道に贖罪の神がほとんど登場しないこととも関連する。

だが贖罪の神は存在しなかったのかというと、罪を贖った神は明らかに存在する。それは『古事記』に速須佐之男命《はやすさのおのみこと》と書き、『日本書紀』に素戔嗚尊《すさのおのみこと》と記し、『古語拾遺』が素戔嗚神と表記するスサノヲの神がそれである。『出雲国風土記』では須佐能袁命《すさのおのみこと》という用字で五カ所、須佐能乎命という書き方で二カ所に登場する。『出雲国風土記』では大原郡佐世郷の条に、須佐能袁命が「佐世《させ》の木（『和名類聚抄』にいう「佐之夫乃岐《さしぶのき》」〈ツツジ科〉）の葉を頭刺《かざ》して踊躍《おど》りたまふ時に、刺《さ》させる佐世の木の葉、地に堕《お》ちき。故《かれ》、佐世と云ふ。」という地名起源説話をあげるのみで、他は「須佐之袁（乎）命の御子」と御子の系譜を述べるにとどまる。

スサノヲの名義については、出雲の地名須佐にちなむとする説もあるが、やはりスサブ・スサマジの語幹とみなす説が妥当であろう。どんどん事が進み、手のつけられない状況になるさまを意味する。

このスサノヲがアマテラス大神に乱暴を働いて、アマテラスは天の石屋戸（磐戸）に隠れ、タヂカラオによって石屋戸が開かれて、スサノヲは高天原から追放されることになる。

そのおりに『古事記』（上巻）は次のように記す。「是《ここ》に八百万《やおよろず》の神共に議《はか》りて、速須佐之男命に千座《ちくら》の置戸《おきど》（多くの品物を置く台）を負《おわ》せ、亦鬚《ひげ》を切り、手足の爪《つめ》を抜かしめて、神夜良比《かんやらひ》夜良比岐」。スサノヲはその罪を贖《あがな》わしめられ、贖罪して高天原を追放されるのである。

『日本書紀』（巻第一）の本文では、「諸《もろもろ》の神罪過《つみ》を素戔嗚尊に帰《よ》せて、科するに千座置戸を以てして、遂に促《せ》め徴《はた》る（徴収する）。髪《かみ》を抜きて、その罪を贖はしむるに至る。亦曰《またい》はく、その手足の爪《つめ》を抜きて贖ふといふ」と記述し、はっきりと贖罪したことを明記する。

私がとくに注目してきたのは『日本書紀』の第三の「一書」の伝えである。そこには、風や雨の吹きしぶるおりに、笠や蓑《みの》を着たりあるいは束草《つかくさ》（たばねた草）で体を覆って、他人の家に入ることを禁じ、これを犯した者には「解除《はらへ》」（祓）をしなければならないという「太古の遺法」を特筆している。そしてスサノヲが高天原を追放されたおりに、長雨が降って、スサノヲはやむなく「青草」をたばねて笠や蓑をつくり、それを着て、宿を「衆神《もろもろのかみ》」に頼んだけれども、すべての神に拒否されて、辛《つら》く苦しみつつ高天原を追放されたことがその由来を物語るのである。

少し長くなるが、重要な伝承なので引用しておこう。

「卽《すなは》ち素戔嗚尊《すさのをのみこと》に千座置戸《ちくらおきと》の解除《はらへ》を科《おは》せて、手《て》の爪《つめ》を以《も》ては吉爪棄物《よしきらひもの》とし、足《あし》の爪を以ては凶爪棄物《あしきらひもの》とす。乃ち天兒屋命《あまのこやねのみこと》をして、其《そ》の解除《はらへ》の太諄辭《ふとのりと》を掌《つかさど》りて宣《の》らしむ。世人《ひと》、愼《つつし》みて己《おの》が爪《つめ》を収《をさ》むるは、此其《これそ》の縁《ことのもと》なり。既《すで》にして諸《もろもろ》の神《かみたち》、素戔嗚尊を嘖《せ》めて曰《い》はく、「汝《いまし》が所行《しわざ》甚《はなは》だ無頼《たのもしげな》し。故、天上《あめ》に住《す》むべからず。亦葦原中國《またあしはらのなかつくに》にも居《を》るべからず。急《すみやか》に底根《そこつね》の國《くに》に適《い》ね」といひて、乃ち共《とも》に逐降《やら》ひ去《や》りき。時に、霖《ながめ》ふる。素戔嗚尊《すさのをのみこと》、青草《あをくさ》を結束《ゆ》ひて、笠蓑《かさみの》として、宿《やど》を衆神《もろもろのかみ》に乞《こ》ふ。衆神の曰《い》はく、「汝《いまし》は是躬《これみ》の行濁惡《しわざけがらは》しくして、逐《やら》ひ讁《せ》めらるる者《かみ》なり。如何《いかに》ぞ宿《やどり》を我《われ》に乞《こ》ふ」といひて、遂《つひ》に同《とも》に距《ふせ》く。是《ここ》を以て、風雨《かぜあめ》甚《はなは》だふきふると雖も、留《とま》り休《やす》むこと得《え》ずして、辛苦《たしな》みつつ降《くだ》りき。爾《それ》より以來《このかた》、世《よ》、笠蓑を著《き》て、他人《ひと》の屋《や》の内《うち》に入《い》ること諱《い》む。又束草《またつかくさ》を負《お》ひて、他人《ひと》の家《いへ》の内に入ること諱む。此《これ》を犯《をか》すこ

　と有《あ》る者《もの》をば、必《かなら》ず解除《はらへ》を債《おほ》す。此《これ》、太古《いにしへ》の遺法《のこれるのり》なり。」

贖罪の神スサノヲは長雨のなかを笠蓑を着てさすらうのである。『日本書紀』の斉明天皇七年八月の条には「鬼有りて、大笠を着て、（斉明天皇の）喪の儀《よそおい》を臨み視る」と書かれているが、古代人の笠を着る鬼の信仰が、贖罪の神スサノヲの放浪の姿に重なる。

『古語拾遺』にも贖罪の神スサノヲの記述があって、そこでは次のように物語られている。

　「仍りて、罪過《つみ》を素戔嗚神に帰《よ》せて、之《これ》に科《おほ》するに千座《ちくら》の置戸《おきと》を以てし、首《かしら》の髪及《かみまた》手足の爪をも抜かしめて、之を贖《あがな》はしむ。仍りて、其の罪を解除《はら》へ、逐降《やらひにやら》ひき。」

ここでもスサノヲは贖罪の神として明確に位置づけられている。

日本の神道では「祓へ給へ、清め給へ」という修祓《しゅうばつ》によって、ツミやケガレが祓われ清められることになるが、贖罪の神スサノヲの存在をより重視して、ツミとケガレに対する思想を具体化してゆくことが、今後の神道を充実してゆくみちすじになるのではないか。

付論　私の古代学の背景

三つのふるさとと学問へのめざめ

平成二十三年（二〇一一）の六月、研究自伝の執筆を依頼されて、『アジアのなかの日本再発見』（ミネルヴァ書房）を出版した。その冒頭にも書いたが、私にはふるさとが三つある。そのひとつはいうまでもなく生まれ故郷の兵庫県城崎町（現豊岡市城崎）湯島だ。

山陰線で車窓から円山川《まるやま》がみえると、生まれ故郷の但馬そして城崎での幼き日の思い出が走馬灯のようにつぎつぎによみがえってくる。〃ふるさとの山、ふるさとの川、ふるさとの人はありがたきかな〃それが私の実感である。

私は昭和二年（一九二七）の四月二十九日、父佐々木政次郎と母きみの次男として、城崎町湯島に誕生した。一ノ湯の近くの呉服店であった。父は京都西陣の織屋（屋号綸清）をついだが、大正十四年（一九二五）の五月二十三日、午前十一時十分ごろに勃発した北但大地震のあと、その復興の機運と地元の知人の要請もあって、城崎に呉服の店をだした（のちに蒲団店なども営む）。したがって、私が生まれたころは、開店して一年ばかりがたった時期になる。当時としては珍しい洋風二階建ての店舗であった。

私の曾祖父の佐々木清七は、いわゆる東京遷都《せんと》によって事実上江戸（東京）が日本の首都となり、京都が衰退してゆくなかで、西陣機業の復興に尽力した。明治十一年（一八七八）にジャカード織機を民間ではじめて購入し、明治十四年からはこれに工夫を加えて自家工場で使用した。明治十八年に設立された西陣織物業組合の初代組合長となり、のちに商工会議所議員になっている。

明治五年に京都府の援助をえて、佐倉常七ら三名がフランスのリヨンに派遣されたが、その目的は絹織物の技術習得と新しい織機導入のためであった。佐々木清七は帰国後の佐倉をはじめとする技術者を集めて、経営者となり、西陣織の技術改良と業界の発展につとめた。曾祖父が技術者としてもすぐれていたことは、一八九三年のシカゴ万国博に出品した「祇園会之図繻珍壁掛《ぎおんえずしゅちんかべかけ》」の大作（京都国立博物館に寄託）や明治二十八年の第四回内国博覧会の出品「小袖幕之図繻珍壁掛」の傑作（西陣織物館蔵）をみただけでもわかる。

したがって、私の出身地は京都西陣ということになるが、出生地はまぎれもなく但馬の城崎である。

城崎小学校五年生のおりには、家庭の事情で、京都西陣の桃薗《とうえん》小学校に在学し、六年生のおりには再び城崎小学校に転学して、昭和十五年の三月に卒業した。同年四月、兵庫県立豊岡中学校に入学、一年三組の組長になる。当時の組長は学校の任命で、小学校の組長も三年生のころから回を重ねた。桃薗小学校はわずか一年の在学であったが、全校でひとり、毎年桃華賞《とうかしょう》を贈るしきたりがあって、幸いにも桃華賞を受賞した。担任の瀬戸口義雄先生のはげましのおかげであった。親類の西川蒲団店に寄宿したが、丁稚さんや女中さんと共同の生活で、リヤカーに蒲団をのせて、今出川の大宮東入ルの店から祇園まちの注文の店へ汗を流しながら運んだこともあった。そのおりの生活体験は、のちの人生に大きく寄与する結果となった。勉強机の前に「忍耐」と書いた半紙を貼って、朝な夕な「忍耐」をこころがけての日々であった。

昭和十六年（一九四一）の四月には京都府立第二中学校へ転校し、京都二中二年生を修了したころ、母と親交のあった京都府亀岡市の延喜式内社小幡神社の社家の上田家の三十三代目をついだ。なるべく、早く神職の資格を修得する必要があっての京都図学院・國學院大學専門部への進学であった。

したがって、私のふるさとは三つになる。ひとつは出身地の京都の西陣、ふたつは生まれ故郷の但馬城崎であり、三つは青春期から現在におよぶ最後のふるさとの亀岡ということになる。故郷喪失の在日の方々とくらべると、ずいぶん贅沢な話といえよう。『朝日新聞』が連載した『新人国記』の西陣の部で詳しく紹介され、さらに兵庫県の北但の部でも言及されたのは、そうした来歴にもとづく。

私が中学校（旧制）に入学した昭和十五年のおりは、一月に津田左右吉博士が出版法違反の容疑をうけて早稲田大学教授を辞任し、二月には『古事記及び日本書紀の新研究』・『神代史の研究』・『古事記及び日本書紀の研究』・『日本上代史の研究』・『上代日本の社会及び思想』が発売禁止になるという、ファシズムによる言論断圧の時期であった。

六月十一日に聖戦貫徹議員連盟が結成され、政府は各党の党首に解散を進言、八月には、「贅《ぜい》沢《たく》は敵だ」の看板が立ち、ついに十月十二日には大政翼賛会が設立されるというありさまであった。

当時の中学校の入学試験は、ペーパーテストのほかに口頭試問があった。当時の中学校には配属将校がいたが、「国体の精華は何か」と聞かれて、小学校で教えられたままに「万世一系の天皇」・「神国日本」・「外敵に敗れたことなし」と答えた。成績順にクラスの編成がなされて、私は一年三組の組長となった。

日本の歴史を勉強すれば誰でもわかることだが、軍国少年であった私は、たとえば六六三年の白村江の戦いで、唐・新羅の連合軍によって倭国の軍勢が大敗を喫し、撤兵を余儀なくされたことなどを、知るはずもなかった。

日中戦争から太平洋戦争へ、私の青春時代は第二次世界大戦の最中と重なる。玉砕につぐ玉砕、敗戦の色が濃厚となるなかでも、あるいは「神風が吹くかも」などとひそかな期待をしていた。

昭和三十四年（一九五九）の十二月三十日に出版した私の第一論文集『日本古代国家成立史の研究』は、『日本史の名著——書評にみる戦後の日本史学』（吉川弘文館）のなかの一冊として紹

介されたが、その「あとがき」に、

「第二次世界大戦の最中に大学に入り、戦後の混乱期に学窓をでた自分としては、日本歴史の研究にたち向う場合に、どうしても天皇制の問題をさけて論文を書くことはできなかった。戦火に傷つきまた斃れてゆく悲惨な学友の姿を身近に体験したわたくしは、日本の破局を血のにじむような思いで見つめていたが、青年学徒は唱導される国体の本義に殉ずべきであると考えてみたり、果してそれが「青年学徒」の生くべき道であるのかと疑ってみたりして、いつも焦慮と不安にかられていた。それは戦争中のいつわらぬみずからの姿である。丁度その頃、当時発禁の書とされていた津田博士の『神代史の研究』ならびに『古事記及び日本書紀の新研究』の二冊を友人の紹介で（早稲田大学近くの古書店で一冊を米二升で）入手して読む機会があった。そこに展開される「記・紀」の文献批判は、わたくしのこころに強い衝撃をあたえた。間断なく空襲警報が東京上空にもなりひびいていたその頃、燈火管制のもとで両書の要点をノートしていたときの感動は、いまもはっきりと思いだすことができる。しかしそれは未熟なわたしにとっては研究の外における感銘であり、研究の内側であたためることにはならなかった。敗戦の詔勅が発布されて、冷厳なる日本の現実をまざまざとみせつけられたわたくしは、しばらく茫然としてなすことを知らず、故郷に帰って百姓をしたりして日々をすごしていたのであったが、常に天皇制の謎がしこりとなって離れなかった。その謎を少しでも学問的に明らかにしてみたいという欲求が、復学を決心させる要因のひとつであったことは否定できない。かくて津田史学の成果や恩師故折口博士の方法を本気で学ぶようになったのである。卒業論文に「日本上代に於ける国家的系譜の成立に就いて」や「中宮天皇考」の問題をとりあげたのも前述の事情にもとづくところが多い。」と書きとどめているのは、偽《いつわり》のない心情を吐露した小文である。

中学二年生の時、担任の先生のお宅へ遊びにいったおりに、当時発禁（発売禁止）になっていた津田博士の『古事記及び日本書紀の新研究』を、先生の書棚でみつけた。先生が私に貸すことをためらわれていたのに、強引に借りうけて、わけもわからぬままに学校で習っている「上代」の歴史と異なっていることを肌に感じ、学問とはこういうものかと気づくはじまりとなった。

しかし本気で『古事記』や『日本書紀』をはじめとする古代の文献を読みはじめたのは、先ほどの「あとがき」に記したとおりである。

折口古代学との出会い

昭和十九年（一九四四）の四月、國學院大学専門部に入学したが、当時の國學院大学には折口信夫、武田祐吉、岩橋小弥太、金田一京助をはじめとする錚々たる教授が講義をされていた。私が三年間でもっとも熱心に受講したのは折口古代学であった。

折口信夫（釋迢空）は日本の民俗学の育ての祖ともいうべき柳田國男の高弟であり、すぐれた国文学者・民俗学者で、しかも傑出した歌人・作家でもあった。その学問はみずから古代学を称し、多彩な著作は『折口信夫全集』（三十一巻・別巻一巻、中央公論社）に収録されているが、折口古代学の輪郭とその特色を反映しているのが、昭和四年（一九二九）から翌年にかけて大岡山書店から出版されている『古代研究』国文学篇、『同』民俗学篇第一冊、『同』民俗学篇第二冊である。

当時は古書店でも入手することは難しく、コピー機などの全くない時代で、大学の図書館へでかけて、重要と思うところを大学ノートに書き写した。折口師の授業は国文学・民俗学・神道神学・芸能史を背景とする内容豊かな講義であって、講義メモをみながら考え考えての説明であった。二度ばかり「今日の講義は失敗でした。ノートは破って下さい」といわれたこともあった。「古代学」という用語を折口みずからが使いはじめたのは、昭和三年の國學院大学の『氷川学報』の「上代文化研究法」からだが、歴史の時代区分としてのたんなる「古代」ではなく、中世や近世、場合によっては近代や現代にも生きる古代的精神・古代的要素に重点をおいた古代学であった。

折口名彙には「貴種流離譚」・「天皇靈」などさまざまあるが、もっとも有名なのは「まれびと」である。そのまれびと論は『古代研究』国文学篇冒頭の「国文学の発生」（第三稿）に具体化する。「異郷から来訪する神」がまれびとにほかならない。台湾の『蕃族調査報告書』に示唆をうけて、人間が神に仮装して稀に来訪する沖縄の民俗のなかから古代信仰の核心に迫った。

折口の「異郷」への思索は、大正五年（一九一六）の「異郷意識の進展」（『アララギ』十一月号）、大正九年の「妣《はは》が國へ・常世《とこよ》へ」（『國學院雑誌』五月号）などに内在していたが、大正十一年そして大正十三年の沖縄調査によって決定的となり、前述の『古代研究』国文学篇の「国文学の発生」（第三稿）の「まれびとの意義」に結実する。そして「同」（第四稿）の「呪言から壽詞へ」と展開した。

『古代研究』民俗学篇第一冊のはじめに「妣が國へ・常世へ」の論文を設定し、「古代生活の研究」そして「琉球の宗教」などが収録されているのも、まれびとと常世の国への折口の深くて重い考究が背景になっている。

折口みずからが『古代研究』の「追い書き」のなかで『古代研究』は「新しい国学の筋立てを模索した」と述べ、「私は沖縄に二度渡つた。さうして島の伝承に、実感を催されて、古代日本の姿を見出した喜びを幾度か論文に書き綴つた」と書いている。折口は昭和十年（一九三五）にも沖縄の調査におもむいているが、折口古代学における沖縄は民間伝承の宝庫であった。

折口信夫と朝鮮半島というと、折口古代学を知っている人は意外に思われる人がいるかもしれない。折口の古代学の視野に朝鮮への想いがなかったわけではない。『私の日本古代史』上（新潮選書）でも明記しておいたように、それはついに開花しなかっただけである。

國學院在学中の四年間、朝鮮語の習得につとめた折口は、その後言語学者であり国語学者であった「金沢庄三郎先生の特別な心いれを頂いた」と述べている。

そして昭和六年の「熟語構成法から観察した語根論の断簡」では、金沢庄三郎の日本語と朝鮮語の同源論を批判する学界の風潮に対して反論し、金沢説を擁護した。

折口信夫と朝鮮といえば、意外と思われるむきもあろうが、折口学の展望のなかには朝鮮がひそんでいた。みずからがいう。「朝鮮民族や、大陸の各種族の民俗について、全く実感の持てぬ私ではないと信ずる」と。

「併し、其等の土地に居て、その実感を深める事が出来たら、分離すべきものは分離して、民族的民俗学の第一資料を、思ふに任せて獲る様になるだらう。私一己の学問にとつては、今の中は、其国々からは、有力な比較資料を捜るといふに止めねばならぬ。其地を踏まぬ私は、自然かう言ふ態度を採る外はないのである。今の中、沖縄の民俗で解釈の出来るだけはして置いて、他日、朝鮮や南支那の民間伝承も、充分に利用する時期を待つてゐる。」（「追ひ書き」）

私の考える折口信夫と朝鮮とのかかわりが、たんなるこじつけでないことは、折口自身の言葉によっても明らかとなろう。折口学と朝鮮とのまじわりを実感したのは、第二回の沖縄調査から帰ったさい、折口が目撃した関東大震災における朝鮮人虐殺、その「すさび」を「公憤」して詠んだ、大正十三年（一九二四）の『日光』誌上に発表された「砂けぶり」と接した時からである（のち数次にわたって改作）。

その「非短歌」の一節には、

おん身らは誰をころしたと思ふ。

陛下のみ名において——

おそろしい呪文だ。

陛下万歳ばんざあい

と歌われている。この二〇聯を貫く詩心は、折口が信頼していた民衆が暴徒と化して、多くの朝鮮人を虐殺した「すさび」であった。民衆のこころの荒廃であった。

大正十二年の九月四日、横浜から自宅へと歩きつづけた折口は、増上寺山門のあたりで自警団に囲まれ、その風体をあやしまれる。焼け野が原の眺望以上に、折口を悲憤と絶望に追いやったのは、朝鮮人虐殺の「やまと」の本質であった。

「一旦事があると、あんなにすさみ切つてしまふ。あの時代に値《ア》つて以来といふものは、此国の、わが心ひく優れた顔の女子達を見ても、心をゆるして思ふやうな事が出来なくなつてしまつた」

と記している。

朝鮮への思いのたけの深さは、「砂けぶり」にうつされてある。それにつけても、惜しまれるのは、大正十年、その翌年と壱岐採訪を行いながら、ついに対馬へおもむかなかったことである。「壱岐民間伝承採訪記」にも朝鮮への志向の片鱗はあるが、まだ十分ではない。

対馬へ五度わたって、対馬の文化がいかに朝鮮文化のうねりと深いかかわりをもっているかを、朝鮮半島ゆかりの多くの仏像や遺跡・遺物をまのあたりにしたこの私には、折口がもし対馬への旅をしていたなら、折口はその「一己の学問」の展望のなかにあった朝鮮を、対馬の「土地に居て、その実感を深める事が出来た」にちがいないとしきりに想ったことではあった。

折口学における朝鮮は、ついに未完だった。そしてその死角となった。もとより日本の立場よりする朝鮮への志向だけでは、朝鮮の古代に対面することはできない。朝鮮の側に立っての、日本の古代との対面も必要である。

だがそれにしても、時代をこえて、古代と対面することが可能であった折口その人にとっての朝鮮が、ついに結実しなかった「不幸」を、折口ひとりの「不幸」としえないところに、私の内なる課題が横たわる。日本にとっての朝鮮とは何であったか。朝鮮にとっての日本とは何であったか。それは私みずからが私の歴史学のなかで問いつづけてきたテーマのひとつであった。

折口古代学は「まつり」を重視したが、まつり（祭）の語源については、本居宣長が「マツリゴト」すなわち「神につかへる（奉仕する）こと」にあると説いたのが有名だが（『古事記伝』巻十八）、折口の恩師三矢重松博士の「祭りは献《まつ》りだ」とする説を高く評価した。今日ではまつりは「神に供物を献供すること」に由来したとみなす説がもっとも有力で、折口のまつり語源説はいまや学界の定説となっている。

折口の考えはそれだけにはとどまらない。「まつると言ふ語が正確に訣《わか》らないのは、古代人の考へ癖が呑みこめないからだ」として、天子を「みこともち」とよび、「宰の字をみこともちと訓《よ》む」のは、みこと（命令）のもち（伝達者）であるからだと強調した。

『古代研究』民俗学篇第二冊は「鬼の話」から「琉球の宗教の中の一つの正誤」までの二十九の論文で構成されているが、そのなかの「大嘗祭の本義」は折口古代学の面目を躍如たらしめる考察である。持統天皇は即位の翌年（六九二）に大嘗祭を本格的に執行したが、この祭は皇位継承の祭儀として重要な意味をもつようになった。

「すめみまの命《みこと》」とは天照大神の御孫ということであり、眞床襲衾《まどこおふすま》（折口は布団という）で日嗣《ひつぎ》の皇子《みこ》が日の皇子（天子）になるというあらたな見解を述べた。

折口は『古代研究』で古代人の生活を実感的に体得することが必須の条件であると力説した。たとえば真の『万葉集』の読みが可能となるためには、万葉びとの生活を実感し、体得しなければならない。「古代人の生活を全体として体験した見地に立って」古代を見直す探究が、折口の古代学であった。

私は昭和二十二年の三月に卒業したが、卒業まぎわに、はじめて折口先生から直筆の便りがあり、養母である上田多美にも丁重な書簡が届いた。当時の國學院大学の専門部長であった御巫清勇教授からも「既に折口教授よりの申し出をありたる事は御聞き及びの御事と存じます」との文面の手紙が、母へ郵送されてきた。

最優秀で卒業し、梨本宮賞を受賞したが、京都帝国大学文学部史学科への入学を決めて京都大学を受験し、合格発表があってのほどないころであった。折口師の養子となった折口（藤井）春洋さんの後をうけて、京都帝大卒業後は折口師のもとに来てほしいとの依頼状であり、その将来は保証するとの便りであった。

折口師は私がすでに上田家の養子となり、三十三代目の社家をついでいたことをご存じではなかったらしい。母はすぐに丁寧なおことわりの手紙をお届けし、私もまた受諾できない事情をしたためた。

その間の事情は、はじめて公にするが、実は第一歌集『共生』の序を書いてもらった岡野弘彦さんが、すでに「世の縁《えにし》・歌の縁《ゆかり》」（序）のなかで、つぎのように書かれた。

「國學院大学で長く理事長をつとめた松尾三郎という方が、折口先生が亡くなってのちに、ふっと私に話された。独身で通した先生は、十七年間も同居して召集を受けてから養子にした藤井（旧姓）春洋が硫黄島で戦死したのちは、家に来る若い者がなかなか居つかずに困っていられた。松尾さんは思い当る学生をあれこれと考えた末、ひそかに上田さんを推薦しようと思っているうちに、上田さんは郷里の神社をつがなければならぬというので去っていかれた。それで私に順が廻ってきたのだということであった。

もし、時の歯車が少しちがった動きをしていたら、上田さんと折口先生とのこの世の縁は、より深いものになっていたはずであり、私は伊勢の山村に帰って北畠氏にゆかりの神社の三十五代の神主をついでいたに違いない。折口先生のいう「未生以前」の縁の不可思議を、思わないではいられない。」

折口先生と私とのかかわりは、松尾三郎先生の話とはいささか異なっているが、春洋さん戦死のあと「家に来る者がなかなか居つかず」私に白羽の矢が立ったことは事実であった。

昭和二十年の十一月、春洋さん戦死の公報が届いたころ、東京市品川区大井出石町の折口先生のお宅にお伺いして霊前に詣ったことが印象に残っていたのかも知れない。

しかし折口古代学の私への影響は大きく、その批判的継承をこころがけて、研究をつづけてきたのはたしかである。

西田文化史学に学ぶ

國學院大学の専門部在学中、二十歳になって徴兵検査をうけたが、第二乙種と判定されて、徴兵されずにすんだ。しかし授業ばかりを受けていたのではない。群馬県の農作業の補助や、女学校の生徒の女子挺身隊の教練の指導のための学徒動員に従事しなければならなかった。

平成二十三年（二〇一一）三月十一日の東日本大震災は、マグニチュード（M）九・〇の大地震と大津波、その天災に加えての福島第一原発の事故による放射能汚染の人災、それらが複合しての未曾有の大震災であった。

大津波のテレビの映像をみながら、すぐに想い起こしたのは、昭和二十年（一九四五）の三月九日〜十日のB29約一三〇機による夜間の無差別爆撃、東京大空襲の悲惨さであった。約二二万戸が焼失、死傷者は約一二万人、罹災者は百余万人におよんだ。当時私は國學院大学専門部の学生で学徒動員のさなかであった。東京石川島造船所は集中爆撃され、働いていた多くの学友が犠牲となった。幸いに生き残った私たちは、その焼死体を探し廻った。戦争のむごさ・すさまじさを肌で実感した。そして三・一一の大震災はわれわれにいのちの尊さを改めて教え、自然の脅威と原子力のおそろしさをきびしい現実で示した。

その学徒動員の最中に、京都帝国大学西田直二郎教授の『日本文化史序説』（改造社）を読んで深い感銘をうけた。そして専門部を卒業したら、京大へ入学して西田教授の指導をうけたいと思うようになった。

そして昭和二十二年（一九四七）の四月一日、京都帝国大学（旧制）文学部史学科（国史学専攻）に入学した。

西田先生は京大助教授の時期にフランスに留学して、ヨーロッパの文化史学を直接に学ばれ、あるべき文化史学の方向を明示された。戦後の日本の歴史学界では、社会経済史の分野の研究が主流で、文化史学はとかく軽視されがちであったが、私は西田文化史学を高く評価して、『日本史研究の課題』（日本科学社）のなかの「文化史学の課題」で、つぎのように述べた。

「文化史学展開の本流は、決して文化史を特殊史として位置づけてきたものでもないし、文化史を政治や経済など以外のいわゆる文化現象のみを単純に対象とする学問として継承してきたのでもない。個人主義的な歴史観や政治主義・経済主義を中心とする一般史に対して、そのアンチ・テーゼとしての文化事象重視の歴史家の主張は、ややもすれば、人間生活の外的条件よりも人間生活の内的要因とその作用を強調してきたために、とかく人間精神の歴史的展開のみを力説する精神史としてのゆがみをはらんでいった。そのゆえにまた特殊文化史観を助長する結果となったが、文化史学の目的と方法とをめぐる主体性や基本的性格は、決してそこに脈うつものではなかった。

戦後におけるわが国歴史学界の動向が、主として社会経済史の分野を中心に発展してきたことに対する反動として、再び「文化の流れ」を重要視する傾向が現実化しつつあるが、これなども特殊文化史観にわざわいされたものとみなすことができよう。文化現象を社会経済的諸条件と切り離して、きわめて限定されたわく内において理解しようとする傾向は、現在の歴史教育の方向づけにもしだいに顕在化しつつあるが、そのような方向は、文化史の本来の姿をゆがめるものではあっても、文化に対する正当な認識をつちかうゆえんのものではない。」

このように、西田文化史学の本来のありようを再発見する必要を力説した。しかし西田先生は戦時中大倉精神文化研究所所長などをつとめられたことがわざわいして、教職不適格となり、京大を退職せざるをえなくなった。

昭和四十五年（一九七〇）の十一月に文藝春秋から出版した『日本の原像』（東京創元社より二〇〇一年再刊）の終章に、西田文化史学の課題に言及したこの論文と「折口新国学の問題点」とを収めているのも、研究をこころざした私の学問のありようともかかわりをもつ。

西田先生が退官されたあとの主任教授は、西洋史学の主任でギリシア史が専門であった原随園先生であり、柴田實先生と藤直幹先生が国史学の助教授として学生の指導にあたられた。三回生のおりに、台北帝国大学から帰国された日本近世の貿易史や鉱山史に造詣の深い小葉田淳先生が主任教授、助教授には古文書学・仏教史の赤松俊秀先生が就任された。柴田先生は京都大学教養部教授となり、藤先生は大阪大学文学部教授に転任されていた。一・二回生のおりにおおかたの単位は収得していたので、小葉田・赤松両先生の講義は受講していないが、卒業論文の審査は、両先生が中心であり、学位論文（文学博士）の審査は両先生と考古学の有光教一先生であった。

講義で印象に残っているのは考古学の梅原末治先生や東洋史学の貝塚茂樹先生である。梅原先生は受講生に「頭にノートせよ」とノートをとることを禁じられ、ある日突如として本日の講義を要約せよと答案用紙をくばられる。うっかり欠席しておれば、減点になりかねない。先生の講義内容のおよそは今でもかなり記憶している。人文科学研究所の教授であった貝塚先生は執筆してこられた原稿をまず読んで、あとで解説をされるという講義であった。のちにその講義の一部は、先生の甲骨文にかんする著書にとり入れられていた。力がついたのは、非常勤で出講されていた三品彰英先生の『三国志』の『魏書』東夷伝倭人の条（いわゆる「魏志倭人伝」）をめぐる演習であった。引用の『魏略』や裴松之の注を入れても、二千字たらずの原文を、毎回二行ばかりを吟味しての演習であった。そのみのりは、先生の労作『邪馬台国研究總覧』（創元社、一九七〇年）に反映されているが、文献批判の重要性をしっかりと学ぶことができた。のちに東北大学教授となった朝鮮史の井上秀雄君とは、いつも先生のそばにいたので、口の悪い学生からは「三品の狛犬」とからかわれたこともあった。

三品先生はアメリカに留学されて、文化人類学を学び、朝鮮古代史ばかりでなく、神話の研究においても注目すべき業績を残された。先生が主宰された日本書紀研究会には、直弟子の横田健一先輩をはじめとするメンバーのほか、考古学の小林行雄さんや井上秀雄君そして私などが参加した。先生の幅広い学問の姿勢は、私の神話研究にも影響をおよぼしている。

柴田實先生は西田文化史学の直系であり、江戸時代後期の心学者である柴田鳩翁の子孫であった。そしてみずから心学講舎明倫舎をうけついでおられた。心学とは貞享二年（一六八五）の五月十五日に、丹波国桑田郡東懸村（亀岡市東別院東掛）に生まれ、四十五歳のおりに京都の車屋町御池上ルで開塾して、女性にも受講をすすめた石田梅岩の学問である。当時としては画期的なことで、慈音尼兼葭のような女性のすぐれた心学者もそのこころざしを発展的に継承した。

黒柳家に奉公した商人出身の石田梅岩は、商人に自信と誇りを与え、たとえば「売利ヲ得ルハ商人ノ道ナリ、元銀ニ売ヲ道トイフコトヲ聞ズ」（『都鄙問答』）、「一銭軽シト云ベキ非ズ、是ヲ重テ富ヲナスハ商人ノ道ナリ、富ノ主《あるじ》ハ天下ノ人々ナリ」（『同』）と力説し、こころの本性を知り、本心を発明することの大切さを説いた。

西田先生のあとの日本文化史の講義を担当されたのは柴田先生であり、私は縁あって昭和三十三年（一九五八）の十月一日、京都府立鴨沂高等学校の教諭から、柴田教授のもとの助教授となり、昭和四十六年の三月十六日には京都大学教授となった。

石田梅岩は延享元年（一七四四）九月二十七日に六十歳でこの世を去ったが、亀岡市の名誉市民でもある私が、郷土の生んだ先学石田梅岩を顕彰せずにはおられない。昭和六十三年（一九八八）の三月、私が座長となってまとめた亀岡市生涯学習都市構想にもとづいて、関西でもっとも早く生涯学習都市宣言をし、その生涯学習のシンボルとして石田梅岩を位置づけ、生涯学習大賞（石田梅岩賞）の選考委員長、さらに財団法人石田梅岩顕彰会の名誉会長をつとめているのも、いわれあってのことである。柴田鳩翁は三十九歳のおりに、心学を学んで活躍したが、その子孫の柴田先生みずからが『石田梅岩』（吉川弘文館）を著しておられる。

昭和四十四年の五月二十三日、京都大学から文学博士の学位を贈られたが、そのおりの主査は前述の小葉田教授で、副査は赤松教授と朝鮮考古学に造詣の深い有光教一教授であった。緊張して審査室に入ったが、小葉田先生からは「君は無鑑査でパス」といわれ、赤松先生から学位論文（主論文『日本古代国家論究』、副論文『日本古代国家成立史の研究』）で「何をいちばんに強調したいのか」の質問があり、有光先生からは多鈕細文鏡についての説明があったのをはっきりと覚えている。

有光先生は京大文学部史学科（考古学専攻）を卒業後、朝鮮総督府博物館主任となり、京城帝国大学法文学部講師を兼ねて、考古学を講義された。金元龍ソウル大学教授は有光先生の教え子のひとりである（後述参照）。朝鮮半島で発掘したものは朝鮮で保存すべきであるという姿勢を、朝鮮半島が日本の植民地であった時期にも、一貫された貴重な考古学者であった。

有光先生は昭和二十七年の十二月に京都大学の助教授となり、昭和三十二年の三月に教授に昇進されたが、退官後は奈良県立橿原考古学研究所の所長をつとめられた。

在日朝鮮人の鄭貴文・鄭詔文兄弟が司馬遼太郎さんの紹介で拙宅にみえたのは、昭和四十年（一九六五）の夏のころであった。季刊雑誌『日本のなかの朝鮮文化』を刊行したいので、司馬さんと私に顧問として協力してほしいとの要請であった。司馬さんと相談しながら『日本のなかの朝鮮文化』は五十号までつづくことになる。

雑誌は予想以上に好評で、とくに座談会は中央公論社から四冊の単行本として出版された（後に中公文庫）。鄭貴文さんは多年の願いであった高麗美術館を平成元年（一九八九）の十月に創設、さらに高麗美術館研究所をつくって有光教一先生に所長に就任していただきたいという。「お願いしても引き受けてもらえないので、上田先生から頼んでほしい」と熱心に依頼された。

有光先生は頑固なところがあって、一度拒否されたのをひるがえしていただくのには工夫がいる。いろいろと考えて、鄭詔文さんが高麗美術館をオープンした時の挨拶文を持って、京都駅前のホテルでお会いした。その挨拶文の一節には「私が願いますことは、すべての国の人々が私たちの祖国の歴史、文化を正しく理解することで、真の国際人となる一歩を踏み出して頂くことでございます」とある。

有光先生は思案しておられたが、この挨拶文を読んで「上田さん、それではやりましょう」と快諾していただいた。そして平成元年の十一月には財団法人高麗美術館研究所の所長に就任していただいた。

そうしたご縁もあって、有光先生の『朝鮮考古学七十五年』(昭和堂)の推薦文は先生みずから「どうしても上田さんに」ということで、執筆したし、有光先生の白寿祝賀会ならびに『有光教一先生白寿記念論叢』の発起人代表となった。温厚でしかも信念のある有光先生は平成二十三年の五月十一日、一〇三歳で天寿を全うされた。

京都大学文学部の私の卒業論文の「日本上代に於ける国家的系譜の成立に就いて」は、六七二年の皇権簒奪《さんだつ》の戦い——壬申《じんしん》の乱が、いかに古代の氏族系譜のなりたちと深いつながりをもっていたかを、不充分ながらに研究した論文である。

副論文の「中宮天皇考」は、天皇という称号がいったいいつごろから使われるかを、私なりに研究した考察であった。

そのなかの『古事記』『日本書紀』の氏族系譜と壬申の乱とのつながりについては、『国史学』(五五号、一九五一年七月)に発表した。

第二次世界大戦のさなか、軍部を中心とする日本の帝国主義は、学校教育のなかでも、軍事教練を強制し、明治十五年（一八八二）の一月に発布された「軍人勅諭」を暗誦させた。そして「天皇陛下のおんために殉ずる」ことが、皇国臣民の道義と力説した。

「天皇制」という用語は、コミンテルン（共産党の統一国際組織）が一九三二年テーゼではじめて使用したが、日本における天皇制の成立は、壬申の乱後の天武朝ではないかと見定めての論証であった。

当時の京都大学史学科の国史研究室では、卒業論文の発表会があって、立命館大学の北山茂夫先生がそのおりの報告を聴かれて、岩波書店の『文学』に論文をまとめて発表するようにと勧めて下さった。

その論文が『文学』の一九巻一二号に掲載された「天武朝の歴史と文学」（一九五一年十二月）である。先輩の直木孝次郎さんに、『史学雑誌』の「回顧と展望」でこの論文を高く評価していただいた。

北山茂夫先生に私の古代学についてたえず批判的助言をいただき、立命館大学（後に京都大学教授であった林屋辰三郎教授には日本史研究会・芸能史研究会でいろいろとお世話になった。

戦後の民主化のなかで、歴史研究の主流は社会経済史を中心とするマルクス主義の方向へと大きく移行したが、私自身は社会経済史の分野の研究の重要性は認めながらも、政治と文学、政治と宗教、政治と芸能など、神話をはじめとする伝承史や文化史の研究を中心に、私自身の古代学を深めることができたのも、これらの諸先生のおかげである。

広開土王陵碑と郭沫若

昭和四十七年（一九七二）の十月、後に和光大学教授となった在日朝鮮人の考古学者、李進熙さんは、『広開土王陵碑の研究』（吉川弘文館）を出版した。陸軍参謀本部員であり、「隠密探偵方」であった酒匂《さこう》景信中尉（上田正昭『大王の世紀』小学館）が、陵碑の雙鉤加墨本（墨を塗った加工拓本）を明治十七年（一八八四）に持ち帰り、「倭」が「辛卯年」（三九一）に「来り海を渡り百残（百済）・□□・新羅を破り、以って臣民と為す」の部分を中心に石灰を塗布してすりかえたという見解を内外に公とした。そこで日本はもとより、韓国・朝鮮（共和国）・中国・台湾の研究者が論争に加わり、「広開土王陵碑」の研究は大いに発展した。

李進熙さんの労作は数多くの拓本を分析して、「広開土王陵碑」の研究と陸軍参謀本部の役割を詳細に検討した画期的な研究であった。私が痛感したのは、論争も大切だが、何よりもまず「広開土王陵碑」を拓文だけではなく、実地に観察することが必要であると考えた。

昭和四十九年（一九七四）の五月、京都市がかつての唐の都であった長安（陝西省西安市）と友好都市の締結をすることになり、当時の船橋求巳市長から、「先生は日中関係についても詳しい」ので代表団のメンバーに加わってほしいとの要請をうけた。もとより異存のあるはずはない。そのころは北京への直航便はなく、香港から列車で深圳―広州に入り、北京へまず入ることになった。

私は中国社会科学院考古研究所の夏鼎《かだい》所長と面談し、広開土王陵碑の観察を要望した。夏所長は快く応対して下さったが、郭沫若《かくまつじゃく》先生の承認がいるといわれる。しかし郭先生はご病気で入院中とのことであった。お土産に大著『唐招提寺』（共著、毎日新聞社、一九七二年六月）を二冊持参していたので、一冊を夏先生に謹呈し、他の一冊は郭先生へお届けいただいて、広開土王陵碑の現地調査ができるよう手紙を添えてお願いしたいと申しあげた。

広開土王とは高句麗の好太王であって、長壽王の父にあたる。高句麗は紀元前一世紀のはじめに興起し、遼寧省の桓仁を都とする。そして三世紀初頭に吉林省集安の国内城に遷り、四二七年に平壌（郊外）を都とした。広開土王という王名は陵碑にみえ、長壽王二年（四一四）に現在の集安市太王郷に、長壽王が先王の功績をたたえて建立した碑である。

高さ六・三六メートルの角礫凝灰岩の四角柱で、第一面十一行・第二面十行・第三面十二行・第四面九行で碑文は構成され、一行は四一字である。当時は外国人には公開されておらず、私が切実に懇望したのはそのためであった。

郭沫若先生は中国の歴史学者・文学者であり、政治家であって、四川省楽山県の出身であり、福岡医科大学を卒業後、大正十三年（一九二四）からマルクス主義を志向、北伐に従事されたが、国民党・共産党の分裂後、日本に亡命、千葉県市川市に居住して、中国古代史の研究に没頭、日中戦争では祖国のために戦い、中華人民共和国成立後は中国社会科学院院長そして副総理に就任された重要人物であった。

まさか私宛の親書がくるとは思っていなかったが、一九七四年六月十七日付の書簡が京都大学の上田教授宛に届いた。「五月十五日に手紙と大著『唐招提寺』を拝受して、すぐに拝読した」という文面ではじまる書簡には「好太王碑にかんする件は、すでに考古研究所に委託したので、暫らく時日を待ってほしい。必ず実現させるから」と記されていた。

そして昭和五十九年（一九八四）の七月十一日に、碑文を詳細に観察することができた。さらに一九九一年の五月、長春市でアジア史学会の大会が開催されたおりには、李進熙さんも参加され、吉林省文物考古研究所王健群所長の案内で一緒に広開土王陵碑の調査をした。私は一九九九年の五月にも現地を訪れているが、石灰は「辛卯年」箇所ばかりでなく、あちこちに塗布されており、拓工が読みやすい拓本を作って売るために石灰を塗布したのではないかと考えている。私の広開土王陵碑の研究にとって郭沫若先生のご厚情は忘れることができない。学問を深めるためには、真実を探究する情熱がいかに必要かを実感した。なお京都学派というネーミングは、郭沫若先生が京都大学の内藤虎次郎（湖南）の学問に対してなされたもので、世間のいわゆる京都学派とはおもむきを異にする。

アジア史学会の創立

昭和四十六年（一九七一）とその翌年（一九七二）は、アジアの考古学界にとって画期的な年となった。一九七一年の七月七日には、韓国忠清南道公州宋山里第七号墳が日本ともゆかりの深武寧王と王妃の墓であることが、ソウル大学金元龍先生を団長とする発掘調査団によって明らかとなった。そして昭和四十七年（一九七二）の三月二十一日には、奈良県明日香村檜前《ひのくま》で、日本の壁画古墳を代表する高松塚が、末永雅雄橿原考古学研究所長・関西大学名誉教授が中心の発掘調査グループによって検出された。ともに貴重な発掘成果であって、歴史の空白を豊かに充足した。

武寧王は倭国へ仏教を公に伝えた百済王として有名な聖明王の父であり、生前の実名が斯麻《しま》王であった。そして癸卯年（五二三）の五月七日、年六二歳でなくなったことは、忠清南道公州の宋山里での武寧王陵の発掘調査による墓誌石（買地券石）によって明らかになった。

武寧王の崩年については、『三国史記』の百済本紀に武寧王二三年（五二三）「夏五月王薨」と記されているが、学界ではこれを疑問視するむきもあった。しかし何人も疑うことのできないこの墓誌石によって、『三国史記』の伝承の正しいことが実証された。さらにこれまで聖明王の即位年については三つの説があったが、その即位年が五二三年であったこともたしかとなった。

問題はそればかりにはとどまらない。『日本書紀』の雄略天皇五年六月の条に述べる、武寧王（武寧は『三国史記』も明記するように崩後の諡《おくりな》）が「筑紫の各羅嶋《かからしま》（佐賀県鎮西町加唐島）」で生まれたので「嶋君《しまきし》」と名づけたという記載の信憑性がたかまった。この伝承は『日本書紀』の武烈天皇四年是歳の条に引用する『百済新撰』にもみえており、そこには「諱《いみな》（実名）は斯麻王」であり、「琨支《こんき》王子の子」と述べて、やはり「各羅」の嶋で生まれたと伝えている。もっとも『日本書紀』では斯麻王は琨支（琨伎）の兄の蓋鹵《かぶろ》王の子と註記し、『日本書紀』の雄略天皇五年四月の条では、加須利君《かすりのきし》を蓋鹵王とし、同年六月の条では蓋鹵王の児が「各羅嶋」で誕生したと明記する。

武寧王の実名「斯麻」が佐賀県鎮西町の加唐島での生誕に由来することは、これらの史料によってたしかめることができる。

墓室は塼《せん》を積みあげた単室墓であり、アーチ形天井に美しい蓮花文の塼、その見事さに感動する。そして、北壁に一個、東西の壁に二個ずつ、あわせて五個の燈盞をおく宝珠形の壁龕を作っている。木棺は高野槇であり、金製冠飾一対ほか多数の副葬品が出土した。

墓室の規模は南北四・二メートル、東西二・二七メートルだが、道教の信仰と関係ある買地券石など、副葬品には注目すべきものが多い。

高松塚は長さ二メートル、床幅一・〇四メートル、高さ一・一三メートル、石室の石の数は天井四、奥壁一、側面各三、南壁一という小規模な横口式石槨だが、北に玄武・東に青龍・西に白虎、そして天井に星宿図（天文図）があざやかに描かれ、東壁・西壁にそれぞれ文官・女官が四人ずつ（あわせて十六名）、人物像の高さはわずか三五センチとはいえ、日本でははじめての見事な壁画であった。

高松塚から南へ約一キロ、昭和五十八年（一九八三）には玄武の描かれていることがわかっていたが、平成十年（一九九八）の三月六日、キトラ古墳で青龍・白虎、詳細な星宿図の描かれていることが判明し、平成十三年三月に躍動する見事な朱雀、ついで十二支像（武器を手にもつ子・丑・寅・午の各像、申像は赤色顔料残存）がみつかった。

墓室の構造は高松塚古墳よりもキトラ古墳の方が古く、薬師寺本尊台座の制作推定年代である持統天皇二年（六八八）以後の七世紀後半とみなす説が有力である。高松塚の築造年代は、高松塚古墳出土の須恵器が七世紀末葉であり、副葬品の海獣葡萄《ぶどう》鏡と同笵の鏡が、長安（西安市）の独孤思貞墓からみつかり、しかも独孤思貞墓の築造年代はその墓誌によって神功二年（六九八）であることが判明した。

したがって高松塚が築造されたのは七世紀の末葉から八世紀のはじめであり、海獣葡萄鏡が日本へもたらされた時期は、大宝二年（七〇二）の六月十八日に筑紫を出発して入唐《にっとう》した遣唐使が帰国した年のうちの慶雲元年（七〇四）七月の粟田真人《あわたのまひと》ら、遅くとも慶雲四年三月の巨勢邑治《こせのおおじ》らのおりと考えられる。

いまなぜ武寧王陵と高松塚についてかなり詳しく述べてきたかというと、高松塚壁画古墳の検出によって、大韓民国からは金元龍先生を団長とする学術代表団が来日、朝鮮民主主義人民共和国からは社会科学院金錫亨院長を団長とする学術代表団が来日、それぞれ別の場所であったが、日本の研究者と高松塚をめぐって有意義な討論をすることができた。

中華人民共和国の社会科学院考古研究所王仲殊教授らも高松塚を実地に観察されたが、幸いにも私はいずれの国の研究者との討論の会にも参加することができ、これを契機に金元龍教授・金錫亨院長・王仲殊教授との交友をもつことができるようになった。

金元龍先生からのお招きで一九七二年の七月にはじめて訪韓し、つぶさに武寧王陵を現地で調査することができたのもそのおかげであった。朝鮮半島からの渡来氏族である秦氏の直接のふるさとがどこであるか、いろいろな説があって、独学で朝鮮半島の地名を考察された鮎貝房之進氏は、『三国史記』の「地理志」にみえる慶尚北道の「波旦県」がハタ氏のハタの語源であり、出自の故郷であろうと推定された。しかし『三国史記』は一一四五年十二月に高麗の文臣で学者であった金富軾《ふしょく》がまとめた史書であって、その成書化は日本でいえば平安時代末期となり、その信憑性が問題であった。

忘れもしない。昭和六十一年（一九八六）の三月、共同通信が、韓国の慶尚北道で甲辰年（五二四）の新羅の古碑がみつかったことを報じた。

是非その古碑をみたいと思って同年の七月に訪韓し、金元龍先生に慶尚北道蔚珍郡の郡長さんを紹介していただきたいとお願いした。金先生は「私もまだみていないのに熱心ですね」と微笑《ほほえみ》ながら紹介していただいた。日本人としてもっとも早く実見したのは私だが、そこにはまぎれもなく「波旦」という古地名があり、「奴人法」あるいは「殺牛」のまつりごとなども記されていた。この新羅古碑によって鮎貝説はきわめて有力となった。

広開土王陵碑をめぐる国際的な論争、そして高松塚をめぐる国際的な討議、そして一九八五年に日本で開催された高句麗文化展（江上波夫東大名誉教授と私が日本側の代表となる）など、古代の東アジアにかんする研究者の交流はますますさかんとなった。私は一九八〇年の八月、朝鮮の対外文化協会の招きではじめて訪朝し、奈良県明日香村の飛鳥寺の伽藍配置が一塔三金堂であるそのルーツが、平壌の清岩里廃寺（金剛寺）跡のみならず、平壌の力浦区域戊辰里の定陵寺跡にあることを、発掘現場で確認した。そして平壌市から西へ約三五キロの南浦市徳興里壁画古墳の調査を切望した。永楽十八年（四〇八）のころに築造された古墳であり、三百名近い人物の人物風俗画とあわせて六百五十字ばかりの墨書のあることをたしかめることができた。

前室北壁の上方の墨書は墓誌的性格をもち、被葬者は幽州刺史鎮という人物であり、信都県の出身で、中国人説が有力である。私がとくに注目したのは、前室南側の天井壁画であって、天の川をはさんでの「牽牛之象」と「織女之像」の七夕の信仰が、少なくとも五世紀のはじめには導入されていたことがわかったことである。

このおりの報告は『古代の道教と朝鮮文化』（人文書院）所収の「高句麗文化の内実」に詳述したが、金日成綜合大学考古学蔡熙国教授が案内され、逆に七夕信仰についての質問をうけたりした。最初は観察の時間は三十分と限られていたが、あまりにも貴重なので、ねばりねばって二時間ばかり観察することができた。「仙人持華」・「玉女持幡」などの女人とその墨書があり、「釈迦文仏（牟尼）弟子」とする仏教の信仰に道教の信仰が重層していたことを物語る。この壁画古墳の近くの山を「玉女峰」とよんでいるのにもいわれがあると実感した。

その訪朝で朝鮮の対外文化協会の幹部と親交をもったことが、昭和六十年（一九八五）の高句麗文化展に私が協力することになる理由のひとつである。高句麗文化展が成功したので、昭和六十一年の四月には江上波夫先生が団長となり、私が副団長として日本芸術文化代表団が訪朝することになる。平壌で社会科学院の代表の方々と討論したのは多言するまでもない。さらに同年の七月には京都市社会科学者学術代表の団長に私が推挙されて訪朝し、後に世界文化遺産となる壁画古墳の多くを見学することになる（中国側の吉林省などの壁画古墳も一九八四年・八五年の七月ならびに一九九九年五月の長春・集安を訪れたさいにかなり観察した）。

こうした内外の研究の発展にそくして、日中、日韓、日朝の古代史をめぐる国際的な学術シンポジウムが積み重ねられていった。そのような学界状況の発展のなかで、東アジアの古代を中心とする、国境やイデオロギーの枠をこえた、国際学会を設立すべきではないかとする期待が、徐々にたかまってきた。

私のもとに、中国の吉林省文物考古研究所の王健群教授から、東アジア古代史の学会を開設してはどうかという便りの届いたのは、昭和六十三年（一九八八）の十月であった。もとより異存はない。友人の中国側研究者に意向をたしかめ、信頼する韓国の研究者にも意見を求めて、その本格的な準備にとりかかったのは、一九八九年の一月からであった。平成元年（一九八九）の五月、秋田市制百年を記念するシンポジウムのおりに来日された、ソウル大学の金元龍名誉教授、中国の王健群教授と具体化のための打ち合せをして、同年の七月・八月に訪韓して金元龍先生・韓炳三国立博物館長らと協議、さらに訪中して社会科学院考古研究所の王仲殊先生らに発起人を要望し、朝鮮民主主義人民共和国の研究者にもよびかけて、平成二年（一九九〇）の三月十六日の東京パレスホテルにおける設立総会にいたった。

南北分断のきびしい現実、天安門事件など、設立準備にあたった日本側の設立発起人の人びとや関係者は、はたして順調に発足できるか、設立総会のその日まで、危惧と不安をぬぐいさることはできなかった。第一回の設立記念シンポジウム「東アジアの再発見――五世紀を中心として」の開催は、読売新聞社のご協力で、アジア史学会と読売新聞社の共催として、盛大かつ有意義に、三月十七・十八日の両日、東京有楽町読売ホールで、延べ一五〇〇人の参加のもとに実施された。

会長には江上波夫先生が選出され、会長の指名で私が会長代行に就任した。韓国からは金元龍教授・韓炳三国立博物館館長・李基白翰林大学教授、中国からは王健群所長・王仲殊考古研究所前所長／教授・安志敏副所長／教授、朝鮮からは金錫亨社会科学院院長・朴時教教授・孫永鐘教授がそれぞれ評議員に、日本側からは西嶋定生東京大学名誉教授・大塚初重明治大学教授・井上秀雄東北大学名誉教授そして私が評議員になった。

いずれの先生方とも想い出があるけれども、とくに金元龍先生・王仲殊先生と深いまじわりがあって、ソウルへおもむけば必ず金先生の研究室を訪問、何かとお世話になった。一九九三年十一月、七十一歳で黄泉路へ旅立たれたが、逝去される前の九月のお便りで、癌と闘病の生活をしており、「この世になにひとつ悪いことをしたはずはないのに」と悲愴な痛苦を訴えられてきたのにわが胸が痛んだ。

前述した昭和四十九年五月の訪中以来、中国には計十五回おもむいているが、王仲殊先生にはそのたびにお世話になり、日本と中国でのシンポジウムで同席した機会も多い。西安市の、神功二年（六九八）の独孤思貞墓で、高松塚から出土した唐の海獣葡萄鏡と同笵の鏡がみつかったことを最初に報告していただいたのは王仲殊先生であった。

この両先生なくしてはアジア史学会の創設は不可能であったのではないかと思っている。第六回の北京大会で江上先生が卒寿となられたので、私は会長となり、会長代行を西谷正九州大学名誉教授に就任していただき、第十四回の福岡大会まで十四回の研究大会を開催してきたが（沖縄県の那覇市、韓国のソウル市、中国の北京市・長春市でも）、東日本大震災をはじめとする震災や日韓・日中関係の悪化などのため、休会の状況にいたっているのは、まことに残念である。私も米寿を過ぎて体調不良となり、後継の研究者の方々が再興して、国境やイデオロギーをこえた学者と学者の民際的な学術交流を促進していただくことを待望する。それはアジアの古代学の前進に必ずや寄与するにちがいない。

あとがき

私がはじめて論文を公にしたのは昭和二十六年（一九五一）七月の「上代氏族系譜の形成過程」（『國史学』五十五号）と、同年十二月の「天武朝の政治と文学」（『文学』第五十四巻十二号）である。昭和二十五年の三月、京都大学文学部史学科を卒業するさいにまとめた卒論の要旨にもとづく論文であった。

壬申の乱（六七二年）で近江朝廷を滅ぼし、実力で即位した天武天皇の代に、王道と覇道が結合した「天皇制」が成立したのではないか。氏族の系譜の形成と壬申の乱は深いかかわりをもっているのではないか。天皇号が具体化するのは、この時期ではないか。こうした予想のもとに論証をこころみた。

それから早くも六十三年となった。この間数多くの単著を出版してきたが、「古代学」を書名に用いたのは今回はじめてである。日本古代史の研究においても、文書や記録を軽視するわけにはいかない。その文献批判を媒体に、充分に活用する必要がある。しかし文書や記録のみで、古代史の実相を明らかにすることはできない。私の日本古代史の研究は、文書や記録ばかりを中心に考察を進めてきたのではなかった。

遺跡・遺構・遺物はもとよりのこと、金属器や石材などに文字を記した金石文や、墨書のある木札すなわち木簡、神話・伝説・昔話などの口頭伝承、さらには神事や仏事、芸能そして古語・古地名など、日本古代史を総合的に研究する古代学の発展をめざしてきた。

日本は島国であって、アジア大陸の東部に位置する弧状の列島である。海上の道によって南海や東アジアの動向と密接に連動してきた。私が一九六〇年代から南海および東アジアのなかの古代日本のありようを問いつづけてきたのも、日本古代史は地域から東アジアへ、ローカルでしかもグローバル（グローカル）な究明が必要であると考えてきたからである。

平成二十六年（二〇一四）の四月二十九日に米寿を迎えた。私なりにおのが研究史をかえりみて本書をまとめることにした。「倭の五王の実相」は『歴史人』（四十二号）、「大和飛鳥の倭京誕生」は『日本書紀研究』（第三十冊）、「日本版中華思想の克服」は『環』（五十八号）、「稲荷信仰の史脈」は『伏見稲荷大社千三百年史』に、それぞれ掲載した論文だが、他はすべて自著の論説にもとづいた書き下ろしである。そして、私の古代学研究をはげまし、助言していただいた先生方への謝意をこめて「私の古代学の背景」を書き添えた。

このたびも藤原書店の藤原良雄社長のなみならぬご厚意とはげましによって出版すること

ができた。衷心より感謝する。本書が今後の古代学の樹立に、多少なりとも寄与することができれば幸いである。

二〇一四年十月吉日

上田正昭

著者紹介

上田正昭（うえだ・まさあき）

1927年兵庫県生。日本史学者。専門は古代史、神話学。京都大学名誉教授、世界人権研究センター理事長、高麗美術館館長、島根県立古代出雲歴史博物館名誉館長。1950年京都大学文学部史学科卒業。1963年京都大学助教授、71年教授。大阪文化賞、福岡アジア文化賞、松本治一郎賞、南方熊楠賞、京都府文化特別功労者、京都市特別功労者。主な著書に『帰化人——古代国家の成立をめぐって』（1965年、中央公論社）。『日本神話』（1970年、岩波書店）で毎日出版文化賞受賞。その他、『上田正昭著作集』（全8巻、1998-99年、角川書店）『私の日本古代史』（上下、2012年）『日本古代史をいかに学ぶか』（2014年、以上新潮選書）『渡来の古代史』（2013年、角川選書）『歴史と人間の再発見』（2009年）『森と神と日本人』（2013年）『「大和魂」の再発見』（2014年、以上藤原書店）ほか多数。

「古代学《こだいがく》」とは何《なに》か——展望《てんぼう》と課題《かだい》

2015年1月30日　初版第1刷発行 ©

著　者　上　田　正　昭
発行者　藤　原　良　雄
発行所　株式会社　藤　原　書　店

〒162-0041　東京都新宿区早稲田鶴巻町523
電　話　03（5272）0301
ＦＡＸ　03（5272）0450
振　替　00160－4－17013
info@fujiwara-shoten.co.jp

印刷・製本　中央精版印刷

落丁本・乱丁本はお取替えいたします
定価はカバーに表示してあります

Printed in Japan
ISBN978-4-86578-008-6

日本古代史の第一人者の最新随筆

歴史と人間の再発見

上田正昭

朝鮮半島、中国など東アジア全体の交流史の視点から、日本史を読み直す。平安期における漢文化、江戸期の朝鮮通信使などを例にとり、誤った"鎖国"史観に異議を唱え、文化の往来という視点から日本史をたどる。部落解放など人権問題にも早くから開かれた著者の視点が凝縮。

四六上製　二八八頁　二六〇〇円
（二〇〇九年九月刊）
◇978-4-89434-696-3

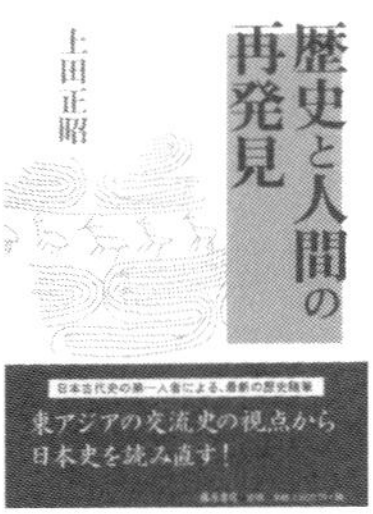

"鎮守の森"を捉え直す！

森と神と日本人

上田正昭

『古事記』に記された「共生」（＝「とも生き」「とも生み」）。日本の歴史と文化の基層につながって存続してきた「鎮守の森」は、聖なる場所でありながら人々の集まる場所であり、自然と神と人の接点として、"人間と自然との共生"を象徴してきた。日本古代史の碩学による、日本文化論の集大成！

四六上製　三一二頁　二八〇〇円
（二〇一三年八月刊）
◇978-4-89434-925-4

日本古代史の碩学が、東アジアの共生を唱える

「大和魂《やまとごころ》」の再発見

（日本と東アジアの共生）

上田正昭

「才《ざえ》を本《もと》としてこそ、大和魂の世に用ひらるる方も、強う侍らめ。」（『源氏物語』）。「『大和魂』という用語は、私の調べたかぎりでは『源氏物語』が初見である。いうところの『大和魂』とは戦争中さかんに喧伝されたような日本精神などではない。『日本人の教養や判断力』を紫式部は『大和魂』とよんだのである。」（本文より）

四六上製　三六八頁　二八〇〇円
（二〇一四年一月刊）
◇978-4-89434-954-4

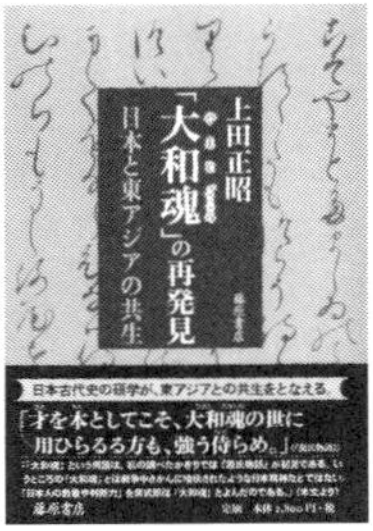

「在日」はなぜ生まれたのか

歴史のなかの「在日」

藤原書店編集部編

上田正昭＋杉原達＋姜尚中＋朴一／金時鐘＋尹健次／金石範　ほか

「在日」百年を迎える今、二千年に亘る朝鮮半島と日本の関係、そして東アジア全体の歴史の中にその百年の歴史を位置づけ、「在日」の意味を東アジアの過去・現在・未来を問う中で捉え直す。

四六上製　四五六頁　三〇〇〇円
（二〇〇五年三月刊）
◇978-4-89434-438-9